経済学とは何だろうか

現実との対話

青木泰樹

八千代出版

まえがき

「経済学は、現実の経済を分析する学問ではありません」といわれたら、あなたはどう思いますか。おそらく、経済学を学びたいと考えている人であれば、驚くでしょう。経済学を志す人の大半は、通常、現実経済の解明を目指していると思われるからです。「経済を知るために経済学を学びたい」という動機は、極めて自然なものです。しかし、残念ながら、現代の経済学はそうした期待に応えてくれそうにありません。最近の 20 ～ 30 年間、経済学は大きく変容しました。現実の経済問題に取り組む学問から、論理的厳密性を追求する学問へとその性格を大きく変えてきたのです。

それでは、なぜ現実性と論理的厳密性を同時に追求できないのでしょう。それに答えるためには、多少、理論の構造について知る必要があります。理論は現実の描写ではありません。理論に求められるのは、その論理（理屈）が様々な状況に当てはまるという意味での一般妥当性です。しかし、この一般妥当性が問題なのです。「一般」とは、どこまでの範囲を指すのかという点に関して意見が分かれるのです。例えば、われわれ人類の歩みを振り返ってみると、原始時代からはじまり中世封建社会、近世市民社会を経て現代資本主義社会へ至る歴史の流れがあります。理論は、原始時代から現代までの全ての時代状況に当てはまらなければ、一般妥当性を有するとはいえないのでしょうか。確かに、自然科学の場合は、そうであるように思われます。物理法則や化学反応式は、時代状況にかかわらず、一般的に当てはまると考えられるからです。しかし、経済学は社会科学です。自然科学と同列に扱うことは妥当なのでしょうか。この問題に関して、意見が分かれるのです。有史以来の社会や人間の全てに当てはまらなければ理論とはいえないのか、もしくは、例えば資本主義過程という歴史的一段階に当てはまるだけでも理論といえるのではないか、といった具合です。

理論の有する一般妥当性を決めるものは抽象化の程度です。抽象化の程度は、与件の設定に反映されます。与件とは理論の対象範囲を決めるもので、いわば相撲における土俵のようなものです。その範囲内で理論は構築されるのです。抽象化の程度を高めれば高めるほど、一般妥当性も高まります。しかし、抽象化は現実的諸要因を次々と捨象するプロセスに他なりません。それによって現実性から次第に遠ざかってゆくのです。もちろん、現実との関係を保持できるような仕組みを用意した上で、抽象化の程度を上げてゆく分には問題は生じません。凧（たこ）に糸がついている限り、いくら高く揚がってもまた現実に戻れるからです。しかし、抽象化もある段階を超えると糸が切れます。すなわち、元に戻れなくなります。その理論を用いて現実経済を分析することができなくなってしまうのです。現代の経済学は正しくこうした状況にあると思います。

しかし、急いでつけ加えなければならないことは、経済学の体系は一枚岩的な統一体ではなく、様々な経済学説の集合体であることです。つまり、経済学はひとつではないのです。その中には、様々な学説および学派があります。学派とは経済思想を同じくする諸学説の集合です。先に示した「現実分析ができない経済学」も、体系の中のひとつの学派にすぎません。実際、現実分析に適した学派や学説もあるのです。ではなぜ、現代の経済学を指して現実分析ができないと言い切れるのでしょうか。実は、現代経済学において中心的な地位を占める主流派もしくは正統派経済学といわれる見解を支持する経済学者の多くは、現実分析の可能な学説、すなわち抽象化の程度の低い学説を経済学の範疇から斥ける傾向にあるのです。捨て去ってしまったといってもよいかもしれません。つまり経済学を自然科学に近づけることを「科学的」と考えているのです。その傾向が助長された結果が、現代の経済学の状況です。現実を説明する理論の構築は非科学的であって、シミュレーションによって現実を理論に適合させることが科学的であると考えている経済学者の数は思いのほか多いのです。ベッドの長さに合わせて足を切らねばならない時代が経済学の世界にやってきたのです。

こうした経済学における現実的関心の不在という状況が、社会にとって何ら実害がないなら、それは経済学界というコップの中の嵐にすぎません。しかし、経済学界の動向いかんにかかわらず、現実の経済は生き物のように動いています。日々新たな事態に直面しているのです。政府を筆頭に、われわれ一般人もまたそうした新たな経済状況を理解し、問題解決に当たらねばなりません。その際の武器が、これまでは経済学であったのです。しかし、現代経済学は守備範囲を変更してしまいました。現実分析から厳密なる論理分析へと関心の矛先を変えたのです。野球にたとえれば、外野から内野へと守備範囲を変えたようなものです。もはや外野フライを捕ることはできません。しかし、現実はそうした経済学の事情に関わりなく、外野フライを飛ばしてくるのです。何本も何本も。一体誰が捕るのでしょう。

現代経済学、正確には主流派経済学における現実分析不在という穴を埋めているのは、現在のところ二つあります。ひとつは、主流派経済学自身です。言語矛盾のようですが、実際、主流派経済学者は自己の立脚する理論が現実を分析し得ないことを理解していません。それゆえ純粋論理で得た結論を用いて現実経済を説明しようとします。例えば、主流派財政学者がよく論ずるように、「現実の人間が理論を知り、それに従って合理的に行動すれば理論通りの帰結を得る。すなわち財政破綻する」といった類の説明です。彼らにとって理論は常に正しく、現実は常に誤っているのでしょう。しかし、この純粋論理の現実への適用は明らかに学問的守備範囲の逸脱です。本書では、そうした考え方を「経済論理の濫用」と規定してゆきます。二つ目は、経済学体系の中で現実経済を位置づけることなく、あくまでも部分的な経済知識や情報から現実分析を行うものです。人間の経済行動をいかに考え、経済活動の場をいかに捉えるかといった基本的な経済の見方、いわゆる経済観を提示することなく、現実経済の説明に使えそうな経済法則を脈絡なく持ち出し、統計データで装飾する方法です。そこには経済の全体像に関する論理の土台がありません。したがって、場当たり的な接近法といえましょう。

本書は、こうした経済学における現実分析の不在を正当な理屈で埋めることを目的としています。しかし、一挙に埋めることはできません。手順を踏む必要があります。ある程度の経済知識を持った人にとっては、少々退屈かもしれません。しかし、迂回生産は、後々、必ず利益をもたらすでしょう。先ず、現実分析の不在という状況へ至った原因を考えます。様々な経済学説の中から、なぜ現代の主流派が生まれたのか。そして、現実分析に好都合の経済論理が排除された理由は何かといったことを考えます。その理解のためには、経済学の構造と若干の経済学説史の知識を必要とします。また経済学者の学問姿勢を支配する科学哲学についても検討しなければなりません。本書の第１章で概略を示した後、第２章から第５章までがその説明にあてられます。特に第５章と第６章は、現実経済分析を放棄するに至った経緯とその論理を解説します。

次に第７章からは、現実の経済分析のあり方を考えます。人間は経済活動だけを行っている存在ではありません。政治、宗教、文化等の非経済領域で様々な活動を行っています。現実は歴史の一断面ですから、経済論理をベースに置くとしても、そうした人間の社会的活動をも射程に収めた分析の枠組み―それを経済社会学といいます―が必要になります。第７章では、経済社会学的分析の先駆者であるヨゼフ・アロイス・シュンペーターにならい、現実分析の方法論的な土台を構築します。第８章は、現実経済における貨幣分析に焦点を当てるものです。主流派経済学は、実物経済と貨幣経済とを峻別し、両者を没交渉としています。そして、現金通貨の変動と物価水準の変動を直接的に関係づける数量説的見解に立っています。このわかりやすい見解は経済通念と化し、インフレに関する人々の思考を停止させています。しかし、学問の世界ではなく現実の世界を前提とすれば、数量説的見解は誤りであることを第8章で説明します。

第9章は時論です。現実経済の中で経済論理がいかに利用され、時には悪用されているかを説明します。主流派経済学が現実分析として適さない最大の理由は、社会の構成員全員を同質的であると想定していることです。皆同じ価値観を有し、知識水準も情報量も同一と考えているのです。その前提の下では、経済の内部での利害対立は決して生じません。ある制度変更があったとしても、それは全員にとって好ましいかもしくはそうでないかの何れかになるからです。そこに意見の不一致はありません。しかし、現実には様々な利害対立が生じていることは説明を要しないでしょう。現代社会において利害対立が民主主義という制度的ルールの下で調整される以上、利害対立は政治過程における過半数の支持の獲得競争に反映されます。支持の獲得のためには、人々を説得する必要があります。とりわけ知的水準の高い人達を説得するには、誰をも納得させる理屈が必要です。その理屈として主流派経済学の論理が、特定の社会的勢力に利用されてきました。そうした事情をここでは説明します。

第10章は、日本における国債の累積問題を取り扱います。経済通念と化しているのは貨幣に関するものだけではありません。国債問題も同様です。国債問題は日本経済に重石のようにのしかかっていると思われていますが、そうした考え方は経済通念に基づく誤解です。国家の財政を個人の家計と同列に考え、世代間の貨幣循環を無視した結果、誤解が醸造されてきたのです。ここでは、そうした誤解を解き、正当な解釈を提示することを目的とします。それによって、ささやかながら現実経済分析への貢献ができればと思います。

筆者の基本的な経済認識は、現実経済は内在的な変動因を有しているというものです。同質的な人間からなる社会は決して変動しません。変動は全て外的ショックによって引き起こされるだけです。経済内部に他者と価値観を異にする異質な人間が存在してはじめて、経済は内部から変動します。経済過程を自律的に変動するものと捉えるか、均衡状態の継続と捉えるかは、経済学者のヴィジョンの問題です。筆者は前者の立場をとっています。経済学は現実経済を分析するためにあると考えているからです。こうした認識は、シュンペーターの方法に全面的に依存したものです。しかし、その方法論的基盤に立脚する理論的構築物は筆者独自のものであります。筆者は、浅学非才の身を顧みず、長年シュンペーター体系を研究してきました。それは学説史的関心から発したものではなく、現代的意義を汲み出すためでした。本書が現実経済の分析へどれほど接近できたかはわかりませんが、一歩踏み出すことが必要だと思い発刊に至りました。

本書は経済学研究にたずさわるあらゆる人達に読んでもらいたいと思っております。同時に、経済学を学ぼうとしている、もしくは現在学んでいる学生の皆さんや経済に関心のあるサラリーマンの方達にも是非読んでもらいたいと願っております。経済学に関する誤解、経済通念の落とし穴、経済論理を濫用する社会的勢力の存在等を理解していただきたいからです。そのために、本書は可能な限り平易に、そして丁寧に書くことに意を注ぎました。理解の一助とするために図式も多用しました。本書は理論から現実分析へ、そして具体論へと展開されています。それにつれて論理の妥当範囲も狭まってゆきます。現実経済を分析するためには、そうした方法をとらざるを得ないと考えているからです。しかし、本書における論理展開は筆者独自のものであるため、様々な批判や疑問が生ずるかもしれません。読者諸兄のご叱正を是非賜りたいと思います。

最後になりましたが、本書の出版にあたっては、八千代出版株式会社の森口恵美子氏にたいへんお世話になりました。ここに深く感謝の意を表させていただきます。また、本書を、筆者を常に支えてくれている妻と子供達に捧げることをお許し下さい。

2011年11月

青木泰樹

目　　次

第1章

展望：問題の所在

1. 経済学とヴィジョン

経済学とは何だろうか。この漠然とした問いかけを十人の経済学者に発するならば、おそらく十通り以上の解答が返ってくるのではないだろうか。それほどこの単純な問いかけは悩ましい。経済学者が学問に対していかなる姿勢で取り組んでいるのか、現実経済をどのように認識しているのか、さらに経済学を社会科学の中でいかに位置づけ、学問と現実との間合いをどのように図っているのか。そうした一切合切を考慮しなければ、この問いに答えることは難しい。

もちろん、その問いは経済学の分析対象、分析目的、分析手法を明示することによって簡単に答えられるのではないかと思われるかもしれない。しかし、経済学が社会科学の一員である以上、すなわちモラル・サイエンスである限り、学問の問題設定は各学者なり各研究者に委ねられている。この問題設定の自由度により、統一的な経済学の分析対象、分析目的および分析手法は存在しない。前の問いに十人十色の解答があるといった理由はここにある。すなわち、経済学者の問題意識の数だけ答えがある。しかし、経済学の教科書を学びはじめた学生や経済に関心を持ちビジネス書を手に取る一般の経済人にとって、この事情は理解しづらいであろう。なぜ経済学は統一体でないのかと疑問に思うはずである。統一された論理の体系と目される物理学や数学とどこが違うのかと。

門外漢からすれば、自然科学が分析対象とする自然現象は、例えば天体の運動や天候の変動などのように、個々の物的諸力の蓄積なり反応の結果として生じたものと思われる。自然科学は、それらを純粋に個々の諸力の物理的関係、いわば法則として説明するものであると一般には考えられている。すなわち自然現象は外面的にも内面的にも誰が見ても同じ客観的事実に見える。原子なり分子なりの運動に恣意の入り込む余地はない。他方、社会科学の分析対象とする社会事象は、特定の状況下で、様々な性向を有する諸個人の行動の集積もしくは摩擦軋轢の結果として現れる。同時に、各個人の属する社会集団間の利害対立も加味され複合的に現れる。さらに状況が変われば結果も変わる。つまり、社会事象は個人間の意図された行動もしくは意図せざる行動の集積と相互作用の結果として生ずる。個人間に組織が介在すれば、動きはより複雑となる。

われわれは社会事象の外面、例えばデフレやGDP水準を客観的な数値として観察することはできる。しかし、その内面、すなわちそれを引き起こした個々の人間の意図までは見抜けない。人間の「心」の中まではわからない。多様な行動をとる諸個人の心の中を見る客観的基準がない以上、われわれは人間の心を説明するために「仮説」を立てる必要がある。すなわち人間の意図的行動や無意識の性向を規定する仮説である。無論、仮説の設定は証明を必要としない極めて主観的なものである。あらゆる経済理論はそうした仮説から出発している。「人間はかくの如くあるもの」という仮説を立てて、次に、そうした人間の経済行動や社会関係についての議論がはじまるのである。

この点においてこそ、各経済学者の問題意識が問われることになる。仮説の設定は、まさに経済学者の思惟に依存した主観的な作業だからである。彼が人間や社会や歴史をどう捉えてきたのか、いわば彼のヴィジョンそのものが問われることになる。すなわち経済観、社会観および歴史観等である。一括りに世界観といってもよいだろう。もちろん、学者といえども完全に虚心坦懐な気持ちで社会事象に向き合うことは不可能である。当然、ヴィジョンの形成においても先入観、偏見およびイデオロギーを完全に払拭することはできない。しかし、その限界を自覚した上で、極力それらの排除に努めれば、それは科学的営為として認められよう。

理論の前提となる仮説の形成に際して、各経済学者の主観的な世界観であるヴィジョンが反映されていることが、経済学が統一体でない理由である。経済学を築いてきた著名なる経済学者達は、それぞれ独自のヴィジョンに基づき論理を展開してきた。アダム・スミスのヴィジョン、ワルラスのヴィジョン、マルクスのヴィジョン、ヴェブレンのヴィジョン、ケインズのヴィジョンおよびシュンペーターのヴィジョン等々。融合可能なヴィジョンもあれば、不可能なものもある。彼らの諸学説は「真偽」の観点から優劣をつけられる性格のものではなく、分析対象への妥当性の観点から「適否」を論じられるにすぎない。したがって、われわれは経済学もしくは経済学体系を「統一体」としてではなく、「経済諸学説の集合体」として認識することが適切である。たとえていえば、経済学体系は孤高の巨峰としてではなく、多くの頂を持つ山脈として存立しているのである。

経済学を経済諸学説の集合体として認識すると、次なる問題に突き当たる。それは各学説の経済学体系における位置づけである。各々の学説はいかなる方法論に立脚して、分析対象・分析目的・分析手法を規定しているのか。そして相互にどのような関係にあるのか。それを明示することこそ、経済学とは何だろうかという問いかけに答えるための第一の課題となる。したがって、本書では先ず「経済学の構造」を明らかにしたい。この認識なしに、あるひとつの学説にのみ立脚し、その学説の分析対象、分析目的および分析手法を経済学体系のそれと同一であると誤認することは、経済学研究にとって極めて危険である。特に、主流派経済学と呼ばれる経済学説を支持もしくは信奉する一般の経済人や経済学者の多くにこうした誤認が見受けられる。したがって、「そもそもなぜ主流派が形成されたのか」という問題を含めて経済学の構造を説明する必要があろう。

2. 経済学と現実経済：妥当性のジレンマ

次に、経済学とは何だろうかという問いかけを、経済学者にではなく一般の人達に発したら答えはどのようなものとなろうか。すなわち経済学という学問とは無縁であるが、現実社会で実際に経済活動を行っている人達に対してである。当然、彼らは経済学の分析対象、分析目的および分析手法といった形式的な学問の構成要件について思いを馳せることはないであろう。そのかわり、経済学の専門家より遙かに本質を突いた解答を与えてくれるかもしれない。曰く、経済学とは現実の経済を説明するための学問ではないのだろうかと。その直感的な解答は、一面の真理を突いている。一般の人達にとっての関心事は現実の経済であって、経済学ではない。経済学という学問内における学説間の相違やら学問的進展はいうに及ばず、経済学界における主流なり異端なりといった事柄が、一般人にとっての関心の埒外に置かれるのは当然のことである。現実経済との関連においてのみ経済学は意味を持つという見解は極めて常識的かつ自然である。しかし、経済学者の間では、こうした一般人の常識がなかなか通用しないことは後に明らかとなろう。

経済学の発展動向や種々の論争は、いわば経済学という学問内のコップの中の嵐にすぎず、それとは全く無関係に現実の経済過程は歴史的に営々と続いている。しかし、現実の経済過程が経済学の進展と無縁に見えようとも、経済学の進展は現実の経済過程と無縁ではあり得ない。そのことは経済学体系を構成する全ての学説の成立時に当てはまる。経済学の学問的成立を、始祖と目されるアダム・スミスの主著『国富論』(1776) に求めるなら、その歴史はたかだか二百数十年にすぎない。しかし、スミス以降のあらゆる経済学説は、その成立時点においては、たとえ方法論的立場は異なっているとしても、現実経済の仕組みやメカニズムを説明しようと追い求めてきた。この点に関しては、一般の人達と同じ問題意識を保持してきたのである。

しかし、理論化のためには抽象化を経ねばならない。ありのままの現実を描写することは歴史的叙述やジャーナリズムにとっては有益なことであるが、学問にとってはそれほどの価値を見いだすことはできない。なぜなら理論であるからには、ある程度の一般妥当性が要求されるからである。現実描写は一事象の解説にすぎず、他の事象には当てはまらない。すなわち他の事象の説明に援用することはできないのである。ここで「ある程度の」という言葉を冠したのには理由がある。対象が社会科学の理論だからである。一般妥当性もしくは普遍性という言葉は、正確には時代、場所、状況、人間を問わず同一である、あるいは同一の結果が再現するという意味である。その呼称はまさしく自然科学の理論に相応しい。しかし、社会科学の場合は異なる。理論の価値が、特定の歴史的状況を説明できるか否かによって判断されるからである。

社会科学の理論はある特定の歴史的状況、例えば分析目的によって異なるが 20 ～ 30 年なり 50 ～ 60 年なり、場合によっては数世紀に及ぶかもしれないが、そうした期間における社会事象の説明に資すればよいのであって、なにも有史以来、現代に至るまでの全てに妥当する論理を展開する必要はない。すなわち分析対象となる期間、時代、段階における社会事象に妥当すればよいのである。言語矛盾かもしれないが、いわば「限定的な一般妥当性」を有していればよい。原始時代より現代資本主義過程の社会事象全てに当てはまる共通の論理があったとしても、その内容はかなり希薄にならざるを得ず、現実を生きるわれわれにとっての有用性はほとんどなきに等しい。全てに妥当するということは、単に共通項の羅列にすぎないからである。

社会科学の理論に要求されるこの特定の歴史的状況の説明力こそ、自然科学のそれには要求されない「現実妥当性」といえる。先に指摘したように、一般の人達が経済学に求める現実経済の説明力とはまさにこの現実妥当性を意味している。これは社会科学の特徴であって、逆に自然科学の理論に現実妥当性を求める人などいるはずもない。自然科学の理論に要求されるのは普遍的な一般妥当性だけである。社会科学研究の困難さはここにある。社会科学研究において、一般妥当性（論理性）と現実妥当性（現実性）との兼ね合いをとることは非常に難しい。後に見るように、両者は二律背反の関係にある。論理的厳密性を追求すればするほど現実性からは遠ざかり、現実に近づけば近づくほど論理的厳密性からは遠ざかる。一般妥当性と現実妥当性という二重の妥当性を求められる社会科学にとって、このジレンマは不可避的である。

社会科学の一員である経済学も当然このジレンマを抱えている。あらゆる経済学説の出発点も現実経済にあった。しかし、スタートラインが同じであったとしても、各学説の抽象化の程度は異なるものとなった。各学説の創始者達は、自らのヴィジョンに基づき現実経済の観察から経済を理解するための本質と思われるものを抽出し、それに基づき理論を打ち立てた。経済学説間における抽象化の程度の差が、一枚岩的な経済学体系の創設を許さず、経済諸学説の集合体としての体系を生み出した本源である。一般妥当性を重視し抽象度の高い学説を打ち立てた経済学者もいれば、現実妥当性を重視し抽象度の低い学説を創設した経済学者もいた。そうした経済諸学説が、互いにパラレルに学問的に発展していった。それが経済学体系の全体像であって、抽象度の違う各学説を比較することは不可能であり、優劣をつけることもできない。

3. 社会科学としての経済学の性質

経済学説形成における具体的な抽象化の内容については後に詳しく論ずる

として、この段階で注意すべきことがある。それは、当初の抽象化の程度がその後の経済学説の性質を決定してしまうことである。これまで経済学体系は抽象度を異にする経済諸学説のパッケージであって、各学説は成立時には現実経済を説明することを目的としてきたと論じた。しかし、成立後はどうであろうか。各学説の成立後にも現実経済は変動を続けているわけである。各学説の精緻化や進展によって、現実経済に対する説明力は向上したのであろうか。この問いに対する解答もまた難しい。経済学説によって解答が異なるため、一概にはいえないからである。

一般に経済学説は、ヴィジョンを具現化した仮説に論理的構築物を載せたものである。学説の進展とは分析手法の精緻化や応用範囲の拡大を意味する。しかし、抽象化の程度は変わらない。すなわち当初の抽象化の程度が、学説の進展にかかわらず同一ということである。このことは成立時の抽象度の高い学説、すなわち論理的には厳密であるが現実妥当性の低い学説は、その後どれほど分析手法を精緻化したとしても現実妥当性は低いまま変わらないことを意味する。実際、経済学体系にはそうした学説も存在するし、逆に抽象度が低く現実妥当性の高い学説も存在する。問題は、分析目的に対する適否に応じて経済学説を選択せねばならないということである。木を切るためにはカミソリよりも斧が適しているように。

分析目的が決まれば、それに適した抽象度を持つ経済学説の選択が可能となる。それでは最も基本的な経済諸学説に共通の分析目的とは何だろうか。経済学を社会科学の一員であるとするなら、分析目的も社会科学のそれに準じたものとなろう。一般に社会科学は人間と人間、もしくは人間と社会との関係を分析する学問と考えられている。しかし、そうした関係は歴史的に多様な形態をとってきた。原始共産制社会、中世封建制社会、近代市民社会および現代資本主義社会等である。現代だけを見ても、宗教的価値観に基盤を置くイスラム社会、政治と経済の指針の異なる中国のような社会主義市場経済およびアフリカ諸国等で散見される軍事独裁社会では、人間と社会との関係は各々多種多様であろう。それら全てに妥当する包括的な論理を構築するのは社会科学の分析目的を超えており、有意性はないと前に述べた。各々の時代、各々の体制における分析に特化することによってのみ社会科学は意味を持つ。換言すれば、社会科学の目的は、分析対象全般に対する限定的な一般妥当性を保持しつつ、現実妥当性を追求することである。経済学においても事情は変わらない。

前に経済学の進展は、現実の経済過程と無縁ではないと論じた。現実経済は、いわば生き物であり、時に大きなうねりや変動を社会にもたらす。そうした現実経済のダイナミズムを経済学説は、分析上、射程に収める必要がある。経済学とは無縁な一般の人達の経済学に求めるものもそこにある。そのためには、現実経済の動向や変動を経済学説にフィードバックできる枠組みが必要になる。その枠組みを決定するのが抽象化の程度であった。本書では、一貫して経済学は社会科学であると考えてゆく。したがって、様々な抽象度の異なる経済諸学説のうち、現実経済の変動を経済内部の問題として分析し得る学説を取り出してゆく。経済学とは何だろうかという問いに解答するための第二の課題は、経済学は現実を分析できるかという問題設定である。すなわち現実経済の分析に堪え得る経済学説を探求してゆくことであり、具体的には、経済学は資本主義経済を分析し得るかという問題である。

4. 経済学における論争

経済学体系内の学説間の論争についても、誤解を避けるために、論じておこう。経済学体系が経済諸学説の集合体であるという認識に対して、通常、次のような疑問が生ずるかもしれない。すなわち経済論争を経て各学説の優劣が決まり、最終的には最も優れた学説が他の学説を包摂し、一元的な経済学体系をつくり出すのではないだろうかと。したがって、経済諸学説の集合体として経済学を認識することは、統一体としての経済学体系へ向かう過渡期の現象の叙述にすぎないのではないかと。この疑問は、工学的観点から経済諸学説を眺めた場合に生ずるものと思われる。いわば単純なる進歩主義的観点である。すなわち新たなものは過去のものより進歩しており、優れているはずだという考え方である。しかし、この観点で社会科学を見ることは根本的に誤っている。

例えば、パソコンや自動車といった工業製品を購入する場合を考えよう。一般的に新製品は旧製品より性能は優れているから、いずれ新製品は旧製品を凌駕し売場から駆逐するであろう。パソコンの中で一番優れたものが残り、自動車の中でも同様である。このアナロジーから経済諸学説の集合体である経済学体系を眺めれば、確かに最も優れた学説が残り、それが経済学体系そのものとなると結論づけられよう。しかし、単純な問題が残る。先の例でいえば、最も優れたパソコンと最も優れた自動車を比較した場合、どちらがより優れているのかという問題である。どちらが勝ち残るのか。答えは明らかであろう。用途や質の異なるもの同士を比較することは不可能であり、意味もない。それが抽象度を異にする経済諸学説を比較することができない理由である。経済学体系内の経済諸学説は統合され得ない。勝ち残る唯一の経済学説を決定できないからである。ただし、抽象度が同じであれば優劣はつけられよう。同一学派内における学説間の論争はまさしくそうしたものであり、それが当該学説の進展をもたらすといえる。

それでは抽象度の異なる経済諸学説間における論争とは何だろうか。なぜ異なる目的を持つ経済学説同士が、正確にいえば、異なる学説を支持する経済学者同士が何を問題として争うのか。その理由は三つある。第一に経済学の科学的性格に起因するものであり、第二に経済学の分析範囲に起因するものである。三番目は、学問的問題ではなく現実社会における社会的勢力間の利害対立に起因するものである。ひとつずつ見ていこう。

第一に、科学的性格に関して。前に社会科学は一般妥当性と現実妥当性という相反する目的を同時に要求される学問であると述べた。論理的厳密性と現実性の同時追求と言い換えてもよいだろう。社会科学である限り、どちらか一方に傾くことはできない。結局、ある程度の論理性を具備しつつ現実社会の動向を説明できる理論を構築せざるを得ない。経済諸学説も抽象度を媒介として二つの妥当性の兼ね合いを図ってきた。しかし、経済学研究の進展と共に、経済諸学説も大きく二つの方向に分岐した。ひとつは論理的厳密性を極端なまでに追求する方向であり、他は現実妥当性の保持を図りつつ論理を構築する方向である。

前者に関していえば、学説成立時の抽象度は変わらないものの、その後の分析手法の進展によって論理的厳密性が高まったものである。一例として、「市場（価格）メカニズム」を取り上げよう。市場メカニズムの原初のアイデアは、アダム・スミスの有名な「見えざる手」であった。これは、個人の利己的な行動が結果として社会全体の福利厚生につながるというスミスのヴィジョンであり、市場メカニズムの素朴な説明である。ただし、スミスが是認した個人の利己的行動とは、他者の共感が得られる、すなわち「他者がその行為を認める範囲内での利己的行動」を指している。つまり社会との関係を前提にした人間の経済行動が論じられている。スミスのヴィジョンが論証された、すなわち市場メカニズムの均衡解の存在が数学的に証明されたのは、1950年代である。しかし、そのときにはもはや自己の行動に対して他者の共感を求める社会的存在としての人間は理論から消し去られてしまい、無機質な市場メカニズムだけが残った。論理的厳密性の追求とは、論理に収まらない要素を経済学説から排除する過程ともいえる。

もちろん経済諸学説は二つに分岐したといっても、各々の分限、すなわち学問的守備範囲を守る限り、双方とも学問の進展にとって有益である。しかし、時として、そしてかなり激しく双方の学説間では論争が繰り広げられる。とりわけ現実経済が経済恐慌のような動乱期に直面した時期に、論争は過熱する。それは相手の論理に立脚してその内容の矛盾をつくという形態ではなく、相手の方法論に対する批判が主である。論理的厳密性を重視する経済学者は、現実性を重視する学説に対して、「それは科学的ではない」と批判する。逆に、現実性を重視する経済学者は、論理的厳密性を重視する学説に対し、「それは現実を全く説明していない」と批判する。前者は「科学とは自然科学の手法を用いることだ」と暗に主張し、後者は「それは社会科学ではない」という。この対立は「科学とは何か」という問題、すなわち科学観もしくは科学哲学の対立を内包している。この問題は、科学観が経済学者の研究活動を制約している理由と併せて後に詳述することになろう。

5. 効率性と社会的公正

経済論争の生ずる第二の理由は、分析範囲の設定に起因するものである。われわれは政治活動を通じて、自由、平等、公平および公正な社会を求めている。同時に経済活動を通じて、資本家や経営者であれば効率性を求め、勤労者であればそれを求められている。いわば社会の中には「基本的人権の保持」、「公正な社会の建設および運営」ならびに「経済的繁栄の達成」を求める運動が存在する。前二者への運動を動機づけるものを「社会を動かす論理」とし、後者のそれを「経済を動かす論理」としよう。社会を動かす論理は「社会的公正の追求」であり、経済を動かす論理は「経済的効率性の追求」である。社会の中には、また人間活動の中にはこの二つの論理、もしくはそこから発する二つの諸力が内在している。問題は二つの論理（諸力）の関係である。すなわち経済活動のエンジンである効率性の追求が、社会的にいかなる影響を及ぼすかである。よい影響ならば問題は生じない。しかし、もしも悪影響があるとするなら、効率性の追求は社会のためにある程度規制される必要が生じよう。逆に、社会的公正を追求することの効率性へ及ぼす影響も看過できない。悪影響があれば、経済界からの反動が生じよう。

経済的効率性と社会的公正との兼ね合いをいかに図るかという問題は、経済学説間でしばしば議論となってきた。特に経済政策に関して議論は先鋭化する。もちろん、経済的効率性を重視しない経済学説は皆無である。しかし、社会的公正の取り扱いに関しては経済諸学説ごとに異なっている。たとえ明示的ではないにせよ社会的公正を分析範囲内とする学説もあれば、分析範囲外とする学説もある。19 世紀末に生じた経済学説史上のエポック・メーキングである限界革命以降は、経済分析の範囲外とする学説が大半を占めるようになった。

そもそも社会的公正を論ずるためには、公正とは何かを定義する必要がある。それは社会の構成員の価値判断に依存するものであろう。したがって、そうした価値判断から免れるためには経済活動以外の社会活動、正確には非経済活動の一切を無視する必要がある。いわゆる没価値性（価値自由）に基づく経済学説の構築である。いわば社会を経済領域と非経済領域に分割し、経済学の分析範囲を経済領域だけに限定する方法である。そうした方法は、人間の経済活動を認識するための第一次接近として適切なものである。社会の中で、すなわち非経済領域の中で人間は様々な動機に基づき多様な活動を営んでいる。政治活動、ボランティア活動、文化活動、宗教活動、芸術活動等々。それらの全てを初手から包含した論理体系を構築することなど不可能だからである。

ただし経済学は社会認識の一助として存在している学問であることを忘れてはならない。経済学体系構築のための第一次接近として非経済領域を無視することが許容されようとも、未来永劫、経済学が非経済領域と無縁な学問として存在することまでは認められまい。人間の経済活動が、政治、法律、制度、文化その他一切の社会活動と全く無関係なものでよいと容認できるのは、経済分析の対象範囲を狭小な領域に限定する一部の経済学者だけであろう。

それでは経済領域のみを分析範囲とする経済学を非経済領域にまで拡張するためには何が必要であろうか。二つの領域の接点はいうまでもなく人間である。同じ一人の人間が、経済活動、政治活動、文化活動等を行っているからである。したがって、人間を媒介として両領域の接合の枠組みを設定する必要があろう。そのためには、経済領域で活動する人間を非経済領域でも活動できる存在として、「仮説」の中に設定しておくことが肝要である。すなわち人間は経済領域だけで活動を完結させる存在ではなく、非経済領域においても活動の余地を残したものとして設定されねばならない。具体的には、動機づけである。人間行動は経済領域に関わる要因ばかりでなく、非経済領域に関わる要因によっても動機づけられると設定しておくのである。後者からの誘因を与件とすれば経済領域を分析範囲とする経済学が成立し、それを緩めれば同じ経済学の論理を用いて現実社会を分析することが可能となる。そうした仮説の設定によって、経済学は社会科学の中で孤立した存在ではなくなり、他の社会科学に対して開かれた存在となる。将来的には、経済学をはじめ政治学、法学、社会学、心理学等の社会科学を統合した総合社会科学が成立するかもしれない。その第一歩が人間仮説の設定なのである。もっぱら経済領域に分析の焦点を当てる経済学をベースに、現実社会を分析する学問的枠組みを「経済社会学」という。本書では、後に論ずる現実経済の分析にこの経済社会学的手法を用いてゆく。

さて、前に現行の経済学説の中には非経済領域を分析範囲としないものが多いと述べた。したがって、そこでは経済的効率性だけが問題となる。そうした学説においては社会的公正という概念自体が消去されている。実のところ、社会的公正という概念（もしくは理念）は、為政者側と国民側の権利関係および国民内部の分配をめぐる利害対立の存在を前提としたものである。すなわち社会には人権や分配をめぐる利害対立があり、それを調整する基準が社会的公正という概念に結実されている。この世の中に利害対立があれば社会的公正という概念は意味を持ち、そうでなければ意味はなくなる。

社会的公正概念を消去した経済学説は、経済社会に利害対立は存在しないことを前提として成り立っている。つまり利害を異にする個人や組織が存在しないとしている。逆から見れば、社会の全構成員の利害が一致しており、相争うことなく、自由に経済活動ができる社会である。すなわち同一の価値観を有する同質な個人が容易に自己実現を達成している社会である。もちろんそうしたユートピア社会の想定もひとつの社会観であり、それを前提とした論理を否定するつもりは毛頭ない。しかし、この学説の論理を用いて現実経済を分析する場合は事情が異なる。とりわけ社会集団間の利害が衝突すると思われる経済政策に関してはどうであろうか。多言を要するまでもなく、社会的公正を考慮する経済学説と経済的効率性だけを主張する学説との間で論争が生ずるのは必然的であろう。

6. 経済論理の濫用と社会的勢力関係

経済論争の生ずる第三の理由は、学問的問題から発したものではなく、現実経済における社会的勢力間の利害対立に起因するものである。学問の世界から現実社会へ目を転じたとき、そこに様々な利害対立が存在していることは誰にとっても明らかであろう。ナショナリズムやイデオロギーに基づく政治的対立、宗教上の対立といった原理上の思想的な対立にはじまり、官業と民業の対立、株主と経営者の対立、経営者と労働者の対立、立場の異なる労働者同士の対立、大企業と下請け業者の対立等といった分配をめぐる経済的な対立に至るまで枚挙にいとまがないであろう。われわれの周囲には個人や組織の間で利害の不一致が渦巻いている。国民レベルで見たとき、とりわけ激しい利害対立は年金、医療、福祉、雇用、税制等の制度変更に際して、また成長戦略や景気対策等に関わる財政・金融政策の変更に際して生ずる。

経済制度の変更は、しばしば制度改革と呼ばれる。しかし、全ての個人や組織にとって利益となる制度変更はあり得ない。例えば社会保障制度を変更する場合、給付を受ける側と負担をする側は別であるから、給付の増額は負担の増額を意味することになる。そこに世代間対立の萌芽が生ずることは明白であろう。税制度の変更であれば、利害対立はより激しくなる。制度変更はそれによって利益を受ける側にとっては「改革」といえるが、反対に不利益を被る側にとっては「改悪」以外の何ものでもない。

こうした利害対立の温床である制度変更や経済政策の発動は、政治過程で行われている。一般に先進諸国では、政治的決定は民主主義という制度的ルールに基づいて行われている。いうまでもなく、民主主義は多数決原理に基づく政治的決定のプロセスを意味している。もしも全ての国民が同一の価値観を有し利害が一致しているならば、制度変更に関する政治的決定は容易であろう。全員一致が得られるからである。この場合、制度変更は国民全員の利益になる改革か、全員の不利益になる改悪かのどちらかしかあり得ない。前者であれば採用され、後者であれば棄却される。

しかし、国民間に利害対立がある場合には、そううまく事は運ばない。利害をめぐって、投票の過半数の取得を目指す政治的運動が生ずることになる。議院内閣制という間接民主主義のルールの下では、事態は一層複雑になる。国民の負託を受けた国会議員の利害関係と、彼の所属する政党の利害関係が付加されるからである。国民間での利害対立を反映し調整すべき政治過程もまた利害関係の渦中にある。

制度変更に関わる利害対立は、なにも国民間ばかりでなく、国民と企業との間で、また企業同士の間でも発生する。場合によっては、政権政党や官僚組織も対立に加わるであろう。国民一人が行使できる政治的権力は、たかだか選挙に際して投じる一票にすぎない。しかし、組織としての企業、とりわけ大企業は大きな経済的権力を有している。もしも全ての企業が小規模で無数に存在しているならば、すなわち大規模化する誘因もなく当該産業内で微小な存在にすぎないならば、そうした経済的権力を有することはなかったであろう。しかし、現実は異なり、強大な経済的権力は存在している。例えば、日本の場合、日本経団連や経済同友会の見解は政治過程に多大なる影響を及ぼしてきた。その詳細は後に論ずることになろう。

財界は経済的権力を有し、政権政党は政治的権力を有し、官僚組織は公的権力を有している。しかし、それぞれの権力が強大であったとしても、自己に都合のよい制度変更を簡単にできるわけではない。政治的決定は、あくまでも民主主義のルールに則る必要があるからである。多数の国民の支持を無視した制度変更を強行すれば、それを行った政権政党は次の選挙で下野することになる。民主主義の下で国民の支持を得るためには、国民を説得することが必要となる。ある制度変更や政策変更が、将来の国民および社会にとっていかなる利益をもたらすかを納得させねばならない。もちろん、説得には「理屈」が必要である。特に教育水準の高い国民を説得するためには、理屈は論理的でなければならない。その理屈に使われているのが経済学の論理に他ならない。

経済学が抽象度の異なる諸学説の集合体であることは繰り返し述べてきた。同じく抽象度が高い学説は現実経済の分析に適するものではないことも論じた。しかし、経済制度の変更および経済政策論議の中には、かなり抽象度の高い経済学説の結論をそのまま用いるものが多い。構造改革論、市場原理主義、グローバリズム、国債問題、デフレ問題、対外開放政策論等々。ほとんどの経済問題に関する議論の中でそうした傾向が見られる。もちろん、適用される経済学説自体に問題があるわけではない。適用する側が、自己に都合のよいと思われる学説の帰結を利用しているだけである。適切でない分析対象に意図的に適用している。これこそ経済論理の濫用以外の何ものでもない。

抽象度の高い経済学説は、経済的効率性の追求を目的としたものであり、社会的公正までを論じ得るものではない。その学説の前提が「同一の価値観を有する同質の個人の集合」として社会を捉えているためである。効率性の重視と社会的公正の無視というこの学説の帰結は、「異質な価値観を有する異質な個人の集合」である現実社会における特定の個人や集団にとって好都合な理屈に映る。前提条件さえ隠匿すれば、この帰結は厳密な論理から導かれたものであるから、かなりの説得力を持つ。このように経済論理を曲解し、自己の利益誘導のために制度変更や経済政策の発動を訴える議論が後を絶たない。当然、それに対抗する論理も登場する。利害対立をめぐる現実社会の中で、否応なく経済論理は政治的に利用され、経済論争の中に巻き込まれてゆくのである。

7. 目的と方向

本書は、経済学とは何だろうかという基本問題に対し明確に解答することを目的としている。そのために三つの角度から経済学を鳥瞰する。第一に、経済学という学問の性質と構造を解明することである。経済学は、経済諸学説の集合体であり統一体ではない。このことはいくら強調してもしすぎることはないほど重要な認識であり、経済学を理解するための第一歩である。しかしながら、経済学を学んでいる学生、経済学部を卒業した社会人、大学院はじめ経済関係の研究所に在籍している研究者および経済学者ですら、この認識を欠いている者が多い。これでは初手から、経済学を理解することなど不可能である。経済学に対する誤解の原因は、まさにこの認識の欠如に由来する。

それでは、この認識を欠いている人達は何をもって経済学と考えているのだろうか。おそらく学生であれば、自分の使っている経済学の教科書―たいてい特定の経済学説の立場で書かれたもの―をもって「これが経済学だ」と考えていると思われる。もしくは研究者や学者であれば、経済諸学説の存在は認めた上で、多くの経済学者が信奉し最新の研究成果のある経済学説をもって経済学と認識していると思われる。つまり自分が関わっている特定の経済学説を、経済学の全体像であると見なしている。それでは、このことのどこが不都合なのであろうか。

答えは簡単である。経済学の分析対象は広範であり、抽象化の程度の異なる経済諸学説が集まってその全体をカバーしている。各学説の学問的守備範囲は限定されており、特定の一学説だけでは全体を論じられない。当然、特定の一学説の分析対象も限定されている。そこが問題なのである。ちなみに抽象度の高い経済学説を経済学の全体だと考えている人に、「その学説を用いて資本主義経済における利害対立について論じてください」と問うたら何と答えるであろうか。おそらく答えられまい。答えるとしても、「資本主義経済などは存在せず、あるのは市場システムである。また、経済内部で利害対立の発生する余地はない」というより他にない。抽象度の高い学説は現実経済を分析し得ない。その学説を経済学の全体だと考えれば、経済学は現実経済を分析できない学問であると結論づけざるを得なくなる。もちろん、これは経済学に対する誤解以外の何ものでもない。現実経済を分析可能な学説も経済学体系の中には存在するからである。一部分から全体を推し量ることはできないのである。

経済学体系を経済諸学説の集合体と認識することによって、各学説の分析対象、分析目的および分析手法の相違について論ずることができる。本書では、仮説設定に関する方法論的観点ならびに分析範囲の規定から、経済諸学説を分類してゆく。すなわち経済学の構造を明示する。従来、経済学説間での論争について解説する著作は多いが、経済学体系の中でそうした論争がいかなる意味を持っているのかについて論ずる著作はほとんどない。経済学体系の構造さえ理解すれば、論争の多くが論理的な誤りではなく、適用の誤りに起因していることが理解されよう。

基本問題に対する第二の観点は、経済学が現実経済をいかに分析しているかという点である。いわば経済学の有用性を問うわけである。一般にマスコミや政府系の公的機関で現実経済について語る経済学者、経済評論家、官庁および民間研究機関のエコノミスト達は、三通りのグループに分類できる。先ず、抽象度の高い経済学説を用いて、誤ってそれを現実分析に適用しているグループ。ただし、その誤用が故意か否かは不明である。次に、同じく抽象度の高い学説に依拠しながらも、現実分析に際してはそれを用いることなく、全く別の論理や統計的事実を持ち出すグループ。すなわち自らの学問的立場と現実経済の分析とは異なると明言している人達である。ただし、その理由を方法論的に明示することはない。最後に、現実分析が可能な学説に基づいているグループである。最も妥当なグループであるが、なぜその学説で現実分析が可能なのかという方法論的基盤については明示されていないことが多い。

以上のことは、三者三様、専門家の間でも学問と現実との間合いを図ることが難しいことを意味している。一般の経済人であれば尚更であろう。現実の経済事象を自らの立脚する理論的枠組みの中でいかに位置づけたらよいのかという問題を解決しなければならないからである。本書では経済学説に求められる現実分析の要件を方法論的に提示しつつ、現実の問題、すなわちグローバル化段階における現代の資本主義経済を分析してゆく。

基本問題に対する第三の観点は、経済学の論理が現実社会の中でいかに利用されているか、あるいは時として濫用されてもいるという事実の認識である。いわば社会的勢力関係の中で経済学が翻弄されているという事実である。

われわれは、経済制度の変更や経済政策の発動によって多大な影響を受ける。制度変更等の背後には、その理由を説明するための理屈として経済論理が存在する。したがって、われわれは経済論理と無縁で生きることはできない。経済論理は、前提条件と論理的帰結からなっており、両者は密接不可分のセットである。前提条件が満たされた場合にのみ、結論は成り立つ。しかし、現実社会において、両者はしばしば切り離される傾向にある。特定の社会的勢力が、自らの利益誘導と世論操作を目的に、論理的帰結だけを取り出して喧伝する傾向がある。すると結論だけが一人歩きすることになり、それがゆくゆくはスローガンになってゆく。スローガンは至上目標に他ならず、内容の説明や批判の一切を受けつけない性格を有する。すなわちスローガンは、有無をいわせず、人々を思考停止状態に陥らせる。この段階に至れば、前提条件を問う者もいなくなるであろう。

　われわれが社会生活を営む上で、社会にとって重要な選択をする上で、また将来の子孫の幸せを考える上で経済学の知識、特に経済学の構造に関する知識は必須である。経済論理が世論操作のために使われているという事実を認識すれば、われわれはそれを見抜くために正確な経済知識を習得せざるを得ない。そうでなければ、われわれは特定の社会的勢力の意のままになってしまう。そうした意味で、経済学とは何だろうかという問題を考えることは、単に学問的関心からのみ発するのものではなく、社会生活を送るための必要性からも発するものなのである。本書では、学問としての経済学だけを取り扱うのではなく、経済学を取り巻く社会的勢力関係も含めて考えてゆくことにする。この観点なくして、経済学の真の理解には至らないと確信しているからである。

第2章

経済学の構造

1. 社会認識の方法：個人か集団か

社会認識の出発点は、人間と社会との関係づけである。社会は個々の人間から成り立ち、あらゆる社会事象は、個々の人間行動の集積の結果として生じている。したがって、「人間行動」と個々の人間行動の「集積の仕方」によって「社会事象（動向）」が決まることになる。すなわち人間行動および集積の仕方さえ規定されれば、結果的に社会事象が決定されることになる。

この形式的な認識までは異論の余地はないであろう。しかし、ここから社会認識の仕方、いわゆる認識方法が大きく二つに分かれる。問題は、全ての発端である人間行動が何によって決まるかということである。人間行動を動機づけるものは何なのか。一般的にいえば、それは個人の有する価値観ということになる。価値を得るため、もしくは価値を実現するためという明確な意志の下に人間は行動している。それでは価値観はいかに形成されるものなのか。

人間は、出自や生育環境によって先入観や偏見を必然的に有し、成長するにつれて様々な学問、思想および信条を学び、あるいは宗教的薫陶を受け、長ずるに人間関係から人生観や処世術を身につける。また個人の力ではどうにもならない時代の経済環境や制度的状況からも影響を被っている。こうした複雑な経験を経て、各人の価値観は形成されてゆく。注意すべきは、個人の価値観の形成に社会的状況が関わっていることである。人間を取り巻く社会環境が、人間の価値観に影響を及ぼしている。個人の有する価値観は、自分の所属する国家の歴史、伝統、宗教、文化、制度、国民性に縛られている。人間が社会的存在である以上、社会と全く隔絶した個人の価値観の形成はあり得ない。

個人の価値観が彼の行動を決定し、個人の行動の集積として社会事象が生ずる。しかし、社会事象の集積である歴史や伝統や文化等が、個人の価値観に少なからざる影響を及ぼすとするなら、状況はどう変わるか。個人の行動と社会事象との間に明確な因果関係を設定できなくなる。すなわち個人の行動の結果であるはずの社会事象が、次なる人間行動の原因となってしまう。歴史の進行の中で、どちらが真の原因なのか規定できなくなる。まさしくこれは同義反復、トートロジーである。ある意味、この状況は人間と社会との関係における真理といえる。

しかし、たとえ真理であったとしても、このトートロジーに安住している限り、社会認識は深まらない。人間と社会との相互依存関係の指摘などは、単に陳腐なる一般的事実にすぎず、学問的価値も内容もない。具体的に、両者はどのように関係しているのか、関係の仕方およびその作用・反作用によって社会はいかなる方向へ進展してゆくのか。われわれが求めているのは、そうしたより深化した社会認識なのである。そのために、われわれは社会科学への第一次接近として、便宜的にこのトートロジーの鎖を断ち切る必要がある。すなわち人間行動か社会事象—より適切には歴史的存在としての社会全体—のうちの一方を原因とし他を結果とする方法を、社会認識の方法として採用するのである。

第一の社会認識の方法は、「人間行動を全ての始発点とし、その行動を動機づける個人の価値観の形成に際して、社会は関与しない」と便宜的に設定することである。このような方法に立脚すれば、個々の人間行動とその集積の仕方を分析することによって、社会事象は解明されることになる。そうした方法を「方法論的個人主義」という。本来、方法論的個人主義は、個人の行動から社会事象を説明してゆくという極めて素朴な考え方一般を指すものである。それゆえ、この立場でも「個人をどう考えるのか」という問題、および「個人の行動はどのように集積するのか」という問題は残される。それらは問題設定をする経済学者のヴィジョンによって恣意的に決められるのである。したがって、例えば社会における人間の設定の仕方がM通りあり、集積の仕方がN通りあるとすれば、形式的には「M×N通り」の方法論的個人主義が存在することになる。

しかし、現代経済学の文脈の中で一般に論じられている方法論的個人主義は、特定の人間設定の仕方を指すことが多い。それは、「社会を構成する個人は全て同質である」との設定である。ここで同質（homogeneity）とは、同一の価値観および同一の情報量を有するという意味である。社会を同質的な個人の集合と見なす考え方全般を、他の方法論的個人主義と区別するために、本書では「同質的な方法論的個人主義」と呼称する。同質的な方法論的個人主義における個人行動の集積の仕方として、通常、想定されているのは、単純に部分を足し合わせれば全体となるという考え方である。すなわち全体を部分の加算集合と見なす機械論的な考え方である。また部分が全て同質であることから、部分を全体の特徴を全て備えたミニチュアと見なすこともできよう。たとえていえば、社会全体を金太郎飴のようなものと考えることである。個人は、飴全体を社会の構成員数、例えばN人で除した一片である。全て足し合わせれば元の社会全体となる。この場合、個人の存在が、社会全体のN分の１のミニチュアとして認識されることは明らかであろう。

もちろん、方法論的個人主義は、同質的なそれのみを指すわけではない。「社会における個人は異質である」と人間設定をする方法論的個人主義もあってよい。この場合には、異質（heterogeneity）をどの程度考慮するかという点に関して意見が分かれよう。社会の中に異質な行動をする個人の集団が二つあると考えるのか、三つあると考えるのか、もしくは個人全てが異質であると考えるか。そうした設定もまた経済学者のヴィジョンに関わってくる。しかし、ここでは「社会を構成する個人は全て同質ではなく、異質な個人も含まれる」という緩やかな基準を満たす方法論的個人主義全般を、「異質的な方法論的個人主義」と呼称することにする。それは、社会には価値観の異なる個人が存在し、情報量にも相違があるとする社会認識の方法である。

しかし急いで付け加えなければならないことは、「異質的な方法論的個人主義」なる言葉も概念も、経済諸学説の方法論的基盤として明示されることはほとんどないということである。すなわち経済諸学説の諸文献の中にこの概念は出てこない。しかし、明示されることはなくとも、方法論的基盤として「異質的な方法論的個人主義」に立脚する諸学説は多々存在する。例えば、日常的な業務に専心し変化を好まない人間類型と、自ら社会に変化を引き起こす指導者的な人間類型が併存するシュンペーターの学説。一般大衆と有閑階級という異質な主体間の関係を論じ、また製作者気質の本能（Instinct of Workmanship）に基づく産業家という異質な要素を分析に取り入れたヴェブレンの学説。民主主義という制度的ルールの下で利害調整はなされるとしても、労働者、産業家および金利生活者の対立図式の中で社会を捉えたケインズの学説等々。いずれの学者も、社会の中で利害対立が存在するという事実を分析の俎上にのせるためには、異質な個人の存在を初手から分析に組み込んでおく必要があると認識していたと思われる。したがって、経済学体系の構造を知るために、すなわち経済諸学説を分類する上で「異質的な方法論的個人主義」の概念は、ひとつの重要な基準である。それゆえ本書では、この概念を明示的に取り扱ってゆく。

方法論的個人主義に対する第二の社会認識の方法は、「方法論的集団主義（もしくは方法論的全体主義）」である。この方法は、方法論的個人主義と全く逆の因果関係を設定することによって成り立っている。すなわち個人の行動を動機づける価値観は、歴史的存在たる社会によって規定されているという考え方である。社会認識の出発点として社会全体を据えるなら、個人の行動はその結果となる。この場合、個人の価値観は、現行の制度や体制によって先決されている。したがって、個人ではなく社会そのものを分析すべきであるとの結論が得られる。それが方法論的集団主義である。

方法論的集団主義の例として、よく挙げられるのがマルクスの学説である。マルクスの場合、「社会の上部構造は、下部構造によって規定される」という有名な言葉によって表現される唯物史観が、社会認識の基礎にある。ここで下部構造とは社会的生産関係すなわち資本主義的生産様式を指し、上部構造とは政治、法律、制度といった経済関係以外の社会活動全般を指す。この中に個人を投ずるとどうなるか。個人は制度的に決められた生産関係の中に組み込まれる。すなわち資本家階級か中産階級か労働者階級のいずれかに生まれることになる。資本主義過程が進行すると、中産階級は解体され没落し、二階級社会が現出する。少数の生産手段を有する資本家と、多数の労働する以外生活の糧を得ることができない労働者である。前者は資本の論理に従って効率性のみを追求してゆく社会的存在である。他方、後者は労働者階級から抜け出す術もなく、生産の成果の分配にもほとんど与れず、民主主義制度の不備のために政治活動もままならない社会的存在である。彼らは、世に産業予備軍という大量の失業者が氾濫する中、いかに職を得て、それを保ってゆくかに日々奔走せざるを得ない。生活苦との戦いが労働者階級に属する個人の行動のほとんどを占めることになる。社会が資本主義のエンジンにより物的な繁栄をしてゆく一方で、社会の大多数を占める労働者達は、日々の糧を得るのに必死で他者を顧みる余裕もなく、ついには家族との絆さえも希薄になる。人間関係は断ち切られ、果てに、人間は社会で孤立した存在になる。いわば社会の物的繁栄が、結果的に「人間の疎外」をもたらす。これがマルクスの衝いた資本主義社会の矛盾点である。

マルクスの学説は、個人の行動は自分が所属する社会階級によって決められているという点で、方法論的集団主義と見なされている。個人の自由な行動が意味を持つような社会を実現するためには、前提となっている社会制度自体、正確には下部構造自体を破壊するしかない。いわゆるプロレタリア革命である。すなわち労働者階級にとって経済的状況を変えるためには、政治的状況を変えるしかない。しかし、政治的状況が経済的状況（資本主義的生産様式）によって規定されている以上、根本にある経済の仕組み自体を変える必要がある、とするのがマルクス学説のエッセンスである。マルクスの見た初期資本主義段階では、民主主義が制度的に未整備であり、かつ資本家階級の政治過程への強い影響力の下、労働者の声が政治に届かない状況にあった。その点が現代とは大きく異なるところである。いわば、民主主義という利害関係を調整する制度的ルールを持たない段階における資本主義経済の分析といえる。マルクスの学説を形式的に方法論的集団主義で捉えるなら、「社会（正確には社会の下部構造）が利害の対立する異質な個人を生み出す根源である」ということになろう。

これまで見てきたように、経済諸学説を分類する上で、各学説の根本的な社会認識の方法は三通りに大別される。「同質的な方法論的個人主義」、「異質的な方法論的個人主義」および「方法論的集団主義」である。本書では、近代経済学を主に扱うため、特に前二者を経済諸学説の分類の基準として考えてゆく。

2. 分析範囲の設定：抽象化と与件

社会認識の次の段階は、分析範囲を経済領域に狭めることである。すなわち複雑な社会事象の中から経済事象だけを抽出することによって、経済認識の獲得へと進むのである。この作業に抽象化の手法が用いられることになる。

一般に経済学は、経済領域における人間の経済行動を分析する学問として社会科学の一翼を担っている。その意味で、この段階を境に経済学の領域へと一歩踏み出すことになる。ここでの問題は、「経済活動を行う場である経済領域をどのように画定するか」および「人間の経済活動を動機づけるものとして何を考えるか」という二点である。これらの点に関して、かなりの見解の相違が経済学説の間に見られる。それゆえ上記二点も経済諸学説の分類基準として考えてゆく。

先ずは、経済領域の画定である。どの範囲をもって経済領域とするのかという問題である。先に指摘したように、経済学が独立した学問として成立するためには、社会科学の中での孤立化が必要である。すなわち、経済学は人間行動のうち経済行動だけを抽出して分析し、他の行動を便宜的に無視する立場をとる。そうした抽象化が理論化への第一歩であることに異論の余地はないであろう。それでは具体的に経済学における孤立化の方法、すなわち学問内における抽象化について段階を追って概観してゆく。

第一段階は、社会を静止状態に置くことである。すなわち歴史的時間から隔絶させることである。この場合、静止状態にある社会を歴史過程の中の瞬間写真と見なすか、あるいは全く概念上の論理的時間の中の静止状態と見なすかは論の分かれるところであるがここでは触れないでおく。いずれにせよ無時間的な状況を想定して理論を構築し、時間の変化は後に考慮するという論理構成の学説が一般的である。

第二段階は、これまで論じてきたように社会から経済領域だけを抽出することである。社会が経済領域と非経済領域とから構成されているとすれば、経済領域における人間行動を分析対象とすることになる。非経済領域に属する政治、法律、文化、芸術および宗教等を便宜的に「与件」もしくは「外的与件」として経済領域とは没交渉にするのである。外的与件とは経済領域の外部で既に与えられているもの、すなわち人間の経済行動によって変えられないものを指す。その設定によって、一定の社会的諸条件の下、経済領域内で論理的に完結した体系、いわゆる「閉じた体系」としての経済学説を構築できるのである。しかし、これは経済認識へ至る第一次接近であって、将来的な他領域との交渉を含む理論的拡張の可能性、すなわち「開かれた体系」の基礎としての経済学説を構築するか否かは別の問題として残される。

第三段階は、経済領域内部での画定である。経済構造と呼ばれる経済に関わる法律、条令、通達、規制といった諸制度、および人々の嗜好、経済慣行、慣習等も「外的与件」と見なし経済分析の対象外とする。さらに人口増加、資本蓄積および技術進歩といった経済成長もしくは経済発展の諸要因もまた経済外部で決まるものとして、すなわち外的与件として処理される場合が多い。しかし、この抽象化の第三段階は、経済諸学説間で意見の分かれるところである。すなわち経済学説の分岐が生ずるひとつの転換点である。経済構造や経済発展の要因を経済学の分析対象外とすることは、経済学がそれらを分析できないことを意味する。ここに異論が生ずるのは当然といえよう。この問題は後に論ずることになる。

第四段階は、最も重要な人間行動に関する抽象化である。この段階に、各経済学者のヴィジョンを反映した人間仮説の一端が現れる。したがって、経済諸学説が統合し得ない根源でもある。最も代表的な人間行動に関する抽象化は、合理性をめぐるものである。経済学とは無縁の人であっても、「合理的経済人 (rational economic man)」とか「ホモ・エコノミクス (homo economicus)」といった言葉は聞いたことがあるのではないだろうか。こうした概念は、まさしく特定の経済学説の想定する人間像を言い表している。いうまでもなく、人間は誰しも合理的に行動する傾向と非合理、いわば人間的に行動する傾向を併せ持っている。合理的経済人の想定は、人間行動のうち非合理な部分を排除し、合理的にのみ行動する存在として人間を考えるということである。こうした想定は、理論の一般妥当性を追求するための手段といえる。排除された非合理性とは、いわば人間性であり、それこそ各人の個性を特徴づけるものである。それは誰に対しても妥当するものではないゆえに、一般妥当性がないのである。人間を合理的経済人と想定すれば、社会の全構成員は同質的な合理的行動主体として経済分析の中に登場することになる。

もちろん、合理性もしくは非合理性という言葉は、目的に対する手段の選択に際して使われる概念であるから目的の設定が必要となる。すなわち特定の目的に対して複数の手段が存在するとき、最善の手段の選択を合理、それ以外の選択を非合理と考えるのである。経済行動の動機づけ、すなわち行動目的をどう考えるかという問題は、各経済学説の始発点で設定されるものであるが、その学説の帰結から将来の発展動向さえも規定する大問題なのである。次にそのことを簡単に論じよう。

3. 人間行動の目的とは

われわれは社会生活をしてゆく上で、様々な目的を持って行動している。自己の生理的欲求からはじまり、金銭欲、物欲、名誉欲、支配欲といった我欲の充足を満たすための行動もあれば、子供を慈しみたい、親孝行をしたいといった家族愛に根ざす行動もある。また、たとえ見知らぬ人であったとしても、弱きものを助けたい、哀れな人達に手を差し伸べたいという互助互恵の精神に基づく行動もある。さらに、自分の仕事を通じて平和で豊かな社会の建設に貢献したい、国家のために働きたいといった公徳心に基づく行動もある。

そうした様々な目的の中で、経済学が経済行動の目的として設定するものは何であろうか。先に列挙した人間行動の目的は、「利己的な目的」と「利他的（公共的）な目的」に大別される。このうち「同質的な方法論的個人主義」に基づく経済学説が目的として設定するのは前者である。逆に、「異質的な方法論的個人主義」に基づく経済学説では、そうした設定は不要である。社会には、利己的な目的を追求するためにのみ行動する人間もいるし、聖職者のように利他的な目的によってのみ行動する人間もいてかまわない。また双方の誘因に基づいて行動している人間も排除する必要はない。このように異質的な個人の存在を許容する社会認識は、かなり現実のそれに近づくものである。しかし、異質性の内容、例えば利他性について規定するのは難しい問題である。したがって、ここでは「利己的な目的」の内容をつまびらかにすることによって、それ以外のものを「利己的でない目的」として、消極的ではあるが、規定することにしよう。

人間の利己的な目的に基づく行動を積極的に肯定したのは、経済学の始祖ともいわれるアダム・スミスであった。彼は、他者の「シンパシー(sympathy)」、すなわち共感が得られることを前提としつつ、個人の利己心に基づく行動が社会全体にとっても利益になるというヴィジョンを抱いた。個々の利己的行動が集積することによって社会全体の利益、すなわち利他につながると着想したのである。スミスの「利己的行動の容認」という構想は、後の経済諸学説のベースとなる人間観に多大なる影響を及ぼすことになった。

さて、経済領域における利己的な目的とは具体的には何だろうか。名誉欲や支配欲といった欲望は社会(非経済領域)との関わりの中で生ずるものであろう。したがって、経済領域に限定した場合のそれは、端的にいって物欲ということになる。金銭欲は、交換の媒体としての貨幣が分析に導入された後にはじめて問題となる。しかし、金銭欲を単なる物欲の反映、すなわち物財を支配する購買力として金銭を求めるだけの欲望であるとするなら、問題に値しない。その場合は、金銭欲も物欲も同義だからである。すなわち金銭欲は物欲の貨幣的表現にすぎない。他方、金銭欲を具体的な物財の支配とは離れた心理的な現象、例えばケインズの「貨幣愛」に見られるような貨幣そのものへの所有欲求と考えるならば事情は変わってくる。今度は、金銭欲と物欲を同一次元で論ずることはできなくなってしまう。特に合理的経済人を想定した場合、物欲とは異なる合理性の基準を用いなければ金銭欲を説明することは不可能である。その場合二つの合理性の基準が存在することになってしまう。このことは、特定の行動がある基準からすれば合理的で、他の基準からすれば非合理であることを意味する。これが矛盾をもたらすことは明らかであろう。二つの合理性の基準に従って行動する合理的経済人ほど、非合理な存在はないからである。しかし、今の段階ではその問題に深入りせずに、とりあえず利己的行動の目的を物欲のみに限定する経済学説の想定する人間仮説を考えることにする。

「人間は自己の物欲のためにのみ行動する」。このような人間の設定、すなわち人間仮説から出発する経済学説は、経済学体系の中で大きな地位を占めている。いわば経済学の主流派の考え方といえる。この学説の提示する経済観は、「経済社会は利己的な人間と物財のパッケージから構成されており、他の要因の入り込む余地はない」というものである。「人間対物財」の構図で社会を捉えているのである。この人間仮説から出発したとき、はじめに突き当たるのは「物欲とは何か。果たしてそれは測れるのか」という問題であろう。自己の物財への欲望は主観的な現象であるから、他者のそれと比較することはできない。それゆえ物欲は、主観的満足度もしくは主観的価値という言葉に通常は置き換えられる。また主観的なものであるがゆえに、同一の物財の同一量の消費であっても状況に応じて満足度（価値）は異なってしまう。例えば、真夏に飲む一杯の水から得られる満足と、真冬に飲むそれが同じでないことは誰にとっても明らかであろう。この一見すると、あやふやで掴みどころのない主観的価値の概念を論理的に経済学説へ導入したのが、先にも指摘した限界革命であった。それは同時に、科学とは何かという問題も経済学体系へ持ち込むことになった。その詳細は次章へ譲るとして、ここでは同質的な方法論的個人主義に立脚する学説の提示する人間仮説が、「人間は物欲を求めて利己的に行動する合理的経済人である」ことの指摘にとどめておく。

他方、異質的な方法論的個人主義に基づく経済学説における人間行動の目的と何だろうか。社会を同質的な個人の集合と考える場合には、全員に共通する基準が必要であった。それが共通項としての合理性であり、特定の目的と達成のための選択肢を与えることによって人間の経済行動は説明できる。逆に、社会を異質な個人の集合と考えるなら、全員に共通の基準は必要ではなくなる。それでは経済領域に範囲を限定した場合、すなわち人間の経済行動を考える場合にはどうであろうか。端的にいえば、異質性を前提とする経済観は、同質性を前提とするそれを内包したものとなる。すなわち経済社会の構成員は、「物欲」を目的として行動するものと、「物欲以外のもの」を目的として行動するものとに分かれる。しかし両グループは没交渉ではない。状況に応じて、人間は二つの目的の間を漂う存在として想定されるのである。いわば「人間は自己の物欲のためにのみ行動するものではない」とする人間観である。

「物欲以外のもの」を行動目的として導入した場合、二つの疑問が生ずるであろう。第一に「物欲以外の目的とは具体的に何を指すのか」であり、第二に「物欲以外のものを目的として設定することの意義は何か」である。前者に関していえば、実のところ物欲以外の目的設定は、各経済学者のヴィジョンに依存しているために、一様に規定できるものではない。例えば、前に見たようにケインズの場合には、物欲以外の目的は金利生活者の抱く「貨幣愛」であったり、企業家の有する「血気（アニマル・スピリット）」であったりする。またシュンペーターの場合には、他者が今までなし得なかった新規の事業を主導する革新者が登場するが、彼の動機も物欲で推し量れるものではない。ヴェブレンの論ずる有閑階級が抱く「他者に見せびらかすために消費する」という行動も同様である。このように経済学説ごとに「物欲以外の内容」が異なっているため、それらの学説の共通項として「物欲以外の目的」言い換えれば「物欲に還元できない目的」という言葉を使用せざるを得ないのである。

しかし、「経済社会の人間は、物欲以外の目的にも基づいて行動している」と想定することによる学問的意義はことのほか大きい。先ず、物欲以外の目的を設定することによって、経済領域と非経済領域との交渉窓口ができることである。一般に物欲以外の目的は、現実社会に起因するものが多い。自分の属する階級もしくは階層の価値観を引きずるものであったり、社会心理的な行動性向であったり、あるいは宗教的な倫理に基づくものであったりする。それらはいずれも非経済領域の範疇である。このことは、まさしく「非経済領域において経済行動の動機づけがなされる」ことを意味している。動機づけを媒介として、経済領域と非経済領域とを連結させる端緒が拓かれるのである。これによって現実社会で生じた経済現象に接近することができる。物欲だけを行動目的とした場合には、経済領域だけで全ての経済事象は完結してしまっている。そこに非経済領域との交渉窓口はない。その学説内でどれほど分析手法を精緻化させたところで、社会の中で生ずる、すなわち歴史の中で生ずる経済現象を認識することは不可能であろう。

第二の学問的意義は、経済分析に利害対立を明示的に導入できることである。前に異質性を論じたときは、対立の可能性までしかいえなかった。異質な個人の存在は、対立の温床であるとしても、それによって対立が生ずるか否かは定かではない。異質性は利害対立の必要条件であっても、十分条件ではないのである。異質性の内容、すなわち異質な行動を引き起こす動機もしくは目的が明確になってはじめて、具体的な利害対立の発生およびその分析が可能となる。例えば、ケインズの場合は、金利生活者、企業家（産業資本家）および労働者間の対立として。シュンペーターの場合は、十年一日のごとく日常業務をこなすだけの経営者と革新的企業者との対立として。ヴェブレンの場合は、有閑階級と他の階級との対立として等々である。彼らの学説の中には、明確に、物欲以外の目的を有する人間が経済社会に存在する。それによってはじめて、利害対立から発する経済のダイナミズムを語ることが可能となったのである。

4. 経済学説の分類：静態理論と動態理論

これまで経済諸学説を分類する基準として、方法論、抽象化の程度および人間仮説について論じてきた。この議論を通じて、同じ経済学という範疇に属しているにもかかわらず、経済諸学説間には内容的に大きな相違の生ずる可能性があることが理解されたと思われる。本節では、これまでの分類の基準に基づき、経済諸学説を二つのグループに大別する。その分類は大雑把に思われるかもしれないが、経済学の学問的性格およびその有用性を知る上で決定的に重要である。経済学は、自然科学の後塵を拝し、普遍的に妥当する命題定立を目指すべき学問なのであろうか。反対に、混沌とした現実の経済現象を論理的に秩序立て、社会に進むべき道を指し示す有用の学問なのであろうか。実は、経済学は、この目的の全く異なる二つの方向を内包した学問なのである。各時代にどちらの方向が重視されるかは、その時代の経済学者の問題意識と学問的立場に依存する。いずれの方向に与するか否かは別として、何よりも先ず、双方を明確に分類することが肝要であろう。

第一の分類基準は、方法論的個人主義における個人の規定である。社会の全ての個人を同質的と見なすか、異質な個人の存在を許容するかの二通りである。本書では、同質的な方法論的個人主義と異質的な方法論的個人主義という用語を用いている。

第二の分類基準は、抽象化の程度である。これにはいくつかの段階があった。第一段階は、時間の取り扱いであった。経済学の時間概念には、思考上の時間を示す「論理的時間」と、日常的な時間を示す「歴史的時間」がある。前者は、差分方程式や微分方程式という形で、数理モデルに時間要素を導入する際に使われる概念である。後者は、われわれが一般に認識する時間概念である。分類の基準としては、論理的時間のみを取り扱うか、もしくは歴史的時間にまで拡張できるものかの二通りである。

第二段階は、社会を経済領域と非経済領域とに分割し、経済領域だけを取り出して考察することであった。この抽象化は、経済学が社会科学の中で独立した存在である以上、全ての経済学説に共通するものである。したがって、この段階は分類基準に該当しない。非経済領域との交渉は、経済学の次のステージである経済社会学に至ってからの問題である。もちろん、経済学説が経済社会学に組み入れられるためには、非経済領域との交渉窓口を潜在的に保持し、拡張の可能性がある場合に限られることはいうまでもない。

第三段階は、経済領域内部の外的与件の設定範囲であった。分類の基準としては、経済構造、経済成長および経済発展の諸要因まで含めて外的与件と考えるか、そのうちのいくつかの要因については外的与件と考えないかの二通りである。第四段階は、同質的な方法論的個人主義の延長線上にある。すなわち、何をもって同質性を定義するかという問題である。ここでの分類基準はいうまでもなく、合理的経済人を想定するか否かである。

第三の分類基準は、人間仮説に関するものである。経済諸学説の立脚する人間仮説（人間観）は、経済行動の目的に対応して二つに大別された。ひとつは「人間は、自己の物欲のみを追求する存在である」という人間観であった。他は、消極的な意味で「人間は、自己の物欲のみを追求する存在ではない」とする人間観である。後者の人間観は、物欲のみに固執する人間の存在を否定するのではなく、物欲以外の目的を持って行動する人間が社会の中に、たとえ少数であったとしても、存在することを積極的に認めるものである。

5. 静態と動態の相違

さて、以上のような基準に基づき、経済諸学説の分類を表にて示しておく(表2-1参照)。われわれは、経済学体系を経済諸学説の集合体と認識し、それに基づき諸学説を二つに分類したわけである。また学問的性格の相違から、今後は一方に属する諸学説を「静態理論」と呼称し、他のそれを「動態理論」と呼称することにする。

ここで静態理論と動態理論について簡単に説明しておく。いうまでもなく、「静態」と「動態」とは分析対象となる経済領域もしくは経済状況を指しており、もっぱら静態を分析する諸学説を静態理論、動態を分析するそれらを動態理論として区分する。両理論は共に分析対象と密接不可分に結びついているため、静態と動態の相違を示すことによって、両理論の特徴も明らかとなろう。

先ずもって注意すべきことは、ここで用いている静態と動態という概念は、

	静態理論	動態理論
社会認識の方法	方法論的個人主義	方法論的個人主義
社会を構成する個人	同質	異質
個人の行動基準	合理性	非合理性も許容
個人の行動誘因（動機）	利己心	利己心以外も許容
個人の行動目標	物欲の充足	物欲以外も許容
分析対象	経済領域	経済領域
時間概念	論理的時間	歴史的時間への拡張可能性
経済構造・発展要因の規定	経済外的与件	一部経済内的要因
非経済領域との交渉可能性	無（閉じた体系）	有（開かれた体系）
学問的目標	論理的厳密性の追求	現実経済の分析

表2-1　学説の分類基準

経済学で頻繁に使用されている「静学」と「動学」という概念とは全く異なるということである。一般に静学と動学の違いは、論理的時間の有無である。無時間的な経済モデルを静学モデル、論理的時間を差分方程式なり微分方程式という形で組み込んだ経済モデルを動学モデルといっている。しかし、両者とも同一の経済モデルを前提にしていることに変わりはない。同質的な合理的経済人の想定は、静学モデルでも動学モデルでも変わらない。また経済構造なり発展要因等を外的与件として処理することも同様である。したがって、静学と動学は、同一の経済観に立脚している点で、本質的相違は全くない。本書の立場からすれば、静学と動学は、静態理論内部における形式的区分にすぎない。

他方、静態と動態の相違は時間の有無に存するものではない。すなわち、静態理論に時間概念を導入することで動態理論へ到達するわけではない。静学モデルと動学モデルの関係とは根本的に異なるのである。表 2-1 を見れば、両者の違いは一目瞭然であろう。両理論は、全く別個の経済観に基づく理論体系と考えるべきである。それでは、静態と動態を分けるものは何か。双方とも各経済学者のヴィジョンの産物であることに違いはないが、ヴィジョンが経済学説として結実した際の根本的な認識の相違はどこに存するのか。それは、一言でいえば、「変動因」の有無なのである。より適切には、「経済内部に経済変動因が存在するか否か」である。

静態は、「経済を変動させる要因が経済内部に存在しない状態」を指す。方法論的個人主義からすれば、全体（経済動向）を決定するのは個人の行動であった。したがって、静態とは、「経済内部に変動を求める人間がいない状態」を指す。変動を求めないということは、個人レベルで見れば、現状に不満がない状況を意味している。満足している状況を変えたいと思う合理的経済人はいない。それゆえ、経済は現状にとどまり続ける。変動因の存在しない、まるで静かな湖面のような状況である。それが静態である。もしも経済が変動するならば、それは外的与件が変化したか、意図せざる外的ショックが生じたときだけである。その場合、新たな状況に適合するように個人が行動を変化させることによって調整が行われる。すなわち個人は環境適応行動をとる受動的な存在として経済内部で位置づけられる。調整が終了すれば、新たな静態に達する。経済外部から投じられた一石は、ひととき湖面に波紋を拡げるが、いずれ湖面は静謐さを取り戻すことになる。

他方、動態は「経済を変動させる要因が経済内部に存在する状態」を指す。経済内部に存する個人が変動を生み出すのである。変動を生み出す根源は、異質性である。異質な個人の存在は、社会に価値観の相違が存在することを意味する。多元的な価値観を内包する社会において、全員が一致して現状に満足することはあり得ない。ある状況が社会の一部の人達にとって満足な状態にあったとしても、価値観を異にする他の人達にとっては別なのである。価値観の相違が、個人間もしくは階層間の具体的な利害対立に結びつく場合は尚更そうであろう。異質な個人の存在は、現状に不満を持つ人間が常に経済内部に存在することを意味する。彼らは現状の継続を望まない。行動を起こす。それが現状の打破、すなわち社会全体に変革もしくは変動をもたらす要因なのである。

動態とは対照的に、静態における全ての個人は同質であった。すなわち社会には一元的な価値観しか存在しない。一人が満足している状況は全員が満足している状況なのである。それゆえ静態には内在的な変動因が存在しない。経済変動を経済内的現象として説明するためには、異質性の導入が不可欠であることの理由である。

経済学者が意識していると否とにかかわらず、全ての経済諸学説の分析対象は、本書で提示している静態と動態に区分される。それでは、静態と動態の概念に結実した原初のヴィジョンとはいかなるものであったのか。静態の構想は、例えばワルラスの場合、経済現象のルーツをたどる過程に起因している。いうまでもなく経済現象の根本は、経済取引である。経済取引の原初的形態は何であったか。理念的に考えれば、物々交換に行き着く。ワルラスは、現実経済ではほとんど見られることのない物々交換を出発点に、より複雑な経済関係を継ぎ足して経済学説を構築していった。そして到達したのが静態的状況だったのである。すなわち静態とは、物々交換経済の延長線上にある状態として認識されるべきである。静態の構想は、物々交換経済という架空の想定に基づくものであるゆえ、現実経済とは離れた純粋に理念的な産物となった。

これに対して動態の構想は、いわば「現実経済の瞬間写真」からの抽象化によって生じたものと思われる。現実経済は物々交換経済ではなく貨幣経済であり、また利害対立も頻繁に生じ、雇用契約といった制度的制約も免れない。こうした種々雑多な状況から、各経済学者は本質と思われるものを独自に抽出し理論化した。しかし、抽象化の過程を経ても、現実性というフレーバーは何らかの形で残された。すなわち動態の構想は、現実経済という素材に対する理念的加工といえよう。

静態と動態の関係について、誤解を生まないために、一言追加しておこう。それは、静態が動態に転換することはあり得ないということである。いわば両者は、決して交わることのないパラレルな関係として理解されるべきなのである。先に動態は変動因を内包した状態であると定義した。しかし、変動が顕在化しない期間については、どう考えるべきなのか。たとえ荒海であっても、凪はおとずれるかもしれない。様々な社会的権力が変動を押さえ込むかもしれない。そうした動態の変動因がひととき静止した状態、正確には顕在化しない状態があるかもしれない。変動しない動態と静態は、表面上、同じように見える。しかし、その状況を静態と誤認してはならない。なぜなら、静態とは変動因自体が存在しない状態だからである。どれほど時間が経過しようと、静態から変動が生まれることはない。したがって、われわれは内在的な変動因が顕在化しない動態の状況を、静態と同一視されないために、「準静態」と呼ぶことにしよう。動態と準静態は、同一の経路上、すなわち同じ現実的要素を含む経済過程を進行する。両者の相違は、変動が顕在化しているか否かにすぎず、本質的なものではない。他方、静態は全く別の経路、すなわち理念的な経済過程を進行するものといえる。

本章の議論から、「経済学の構造」の概略が理解されたと思われる。経済学体系は抽象度を異にする経済諸学説の集合体であって、それらは分析目的の全く異なる二つのグループに分類される。静態理論と動態理論である。いわば経済学は、正反対の分析方向を目指す二つの「学派（言葉の適否は別として）」の緊張関係の上に存立しているといえる。そのバランスは、時代や社会状況によって大きく揺れ動き、各学説の消長を左右する。次章では、そうした経済学の潮流を、簡単な学説史的考察を含めて展開する。

第3章

経済学の潮流Ⅰ：静態理論の成立

1. 古典派経済学・小史

主著『政治算術』や後年の「ペティ＝クラークの法則」に名を冠されているウィリアム・ペティ(1623～1687)、『経済表』で知られる重農主義思想家のフランソワ・ケネー（1694～1774)、およびスコットランドの中心的な啓蒙主義思想家であったデヴィッド・ヒューム（1711～1776）といった論者達の経済思想に関する先駆的業績はあるにせよ、独自の観点からそれまでの経済思想をとりまとめ、はじめて体系化したという点で、アダム・スミス（1723～1790）を経済学の始祖と呼称することに異論の余地はない。スミスによる個人の利己的行動の容認は、後年の「功利主義（Utiliterianism)」思想と結びつき、経済学において主流のひとつとなる主観的価値学説の礎を築くものとなった。

もちろん、前にも指摘した通り、道徳哲学者であるスミスは、個人の利己的行動は他者の「シンパシー（sympathy)」、すなわち共感を得るものでなければならないと限定条件をつけていた。他者の共感を得られない利己的行動はしてはならないのである。すなわちスミスの想定した人間は、利己心に基づいて行動すると同時に、他者との関係も重視して行動するという点で、社会常識を逸脱しないように行動する存在といえる。こうした社会のルールに従う人間は、いわば道徳的な人間といえる。その時代の大多数の人達の持つ価値観、常識、法律、制度および慣習に反する行動を慎んでいる人間だからである。したがって、より適切にいえば、スミスは「道徳的な人間」の行う「利己的行動」だけを容認したといえる。道徳心は、社会正義および社会秩序を敬い尊重することを意味するから、利他心ともとれる。利他心を持った人間の利己的行動をスミスは容認したのである。しかし、シンパシーにせよ、道徳心にせよ、利他心にせよ、いずれも人間の社会的関係（非経済領域）の中でのみ規定される概念である。それらは、ロビンソン・クルーソーのように孤島に一人残された状態では意味をなさない。後年、スミスの主観的価値概念を包摂するに至った経済学説は、分析対象を経済領域に限定し、かつ非経済領域との交渉経路を持たない静態理論であった。その体系の中で、スミスの想定した道徳的人間の想定は消し去られる運命にあった。

アダム・スミスから発した経済学は、デヴィッド・リカード（1772～1823）やロバート・マルサス（1766～1834）へと継承され、いわゆる「古典派経済学」が形成された。功利主義の創始者であるジェレミ・ベンサム（1748～1832）の名も付け加える必要があるかもしれない。古典派経済学は、その実践的性格から「政治経済学」とも呼ばれていた。しかし、古典派経済学は、19世紀中庸から資本主義体制のあり方に関する見解をめぐり二つの方向に分岐する。ひとつはカール・マルクス（1818～1883）の唱えた「科学的社会主義」への系統であり、もうひとつはジョン・スチュアート・ミル（1806～1873）の「市民社会」的系統である。後代の用語に従えば、古典派経済学の「マルクス経済学」と「近代経済学」への分離が生じたのである。

マルクスは、スミスに発しリカードに受け継がれた労働価値説に依拠しつつ、彼独自の歴史観である唯物史観から資本主義体制の運動法則を解明しようとした。スミスは、商品の価値を主観的価値と客観的価値の二側面で捉えていたが、主観的価値概念から価値論を築くことはできず、客観的価値概念に基づく労働価値説を唱えていたのである。マルクスは、資本主義経済の生み出す経済的成果とその不安定性が社会関係に矛盾を生み出すことによって、その体制が内部崩壊に至ることの必然性を主張した。前に見た通り、こうしたマルクスの主張は、本来、社会関係の矛盾を調整すべき政治過程が機能しないということを前提にした議論であった。

他方、古典派経済学の代表的教科書といわれている『経済学原理』(1848)を著したミルは、労働組合運動に同情的であり社会民主的な考えを持っていたといわれているが、歴史過程である資本主義経済の分析に立ち入ることはしなかった。すなわち、恐慌の発生や貧困問題が現実社会に生じているとしても、それらを資本主義体制に固有の問題として扱うことをしなかったのである。これにより、経済事象に影響を及ぼす歴史的状況や経済体制への論究は、経済分析の背後に押しやられることになった。ミル以降の経済学者達の多くも、ミルにならい現行の経済体制を外的与件として取り扱うようになった。古典派経済学から近代経済学への移行過程における特徴は、分析対象とする社会体制から資本主義的生産様式という歴史的固有性を取り除いたことにある。その後、大半の学説の分析対象は、「資本主義社会」ではなく、単なる「市民社会」となった。ここで市民社会とは、市民政府が統治する社会一般としておく。

2. 経済学の転換点：限界革命

経済学の一大転換点は、1870年代における限界革命(Marginal Revolution)であった。限界革命とは、ウィリアム・スタンレー・ジェボンズ(1835～1882)、カール・メンガー(1840～1921)、およびレオン・ワルラス(1834～1910)の三人の経済学者が、同時期に限界効用概念に基づく主観的価値学説を樹立したことを指す。限界革命以降、価値論の分野においては主観的価値学説が支配的となった。

古典派経済学にあっては、二種類の価格概念を想定していた。ひとつは労働価値に起因する生産費としての「自然価格（もしくは正常価格）」であり、他は市場の需給関係によって決まる「市場価格」である。市場価格は経済状況によって短期的に変動する自然価格からの乖離であり、いずれ自然価格に収斂するとされた。したがって、古典派経済学は、価格形成に関して客観的価値に基づく生産費説をとっていたのである。限界革命は、古典派経済学の共通基盤であった客観的価値説からの転換であった。したがって、限界革命をもって、古典派経済学は経済学の表舞台から一応の退出を迫られることになった。

限界革命の主導者である三名の学者達も、限界分析という共通の基盤に立脚していたが、それぞれの学問的方向性は少なからず異なるものであった。ジェボンズは、英国における「新古典派経済学」の基礎を築き、メンガーは「オーストリア学派」の、そしてワルラスは「ローザンヌ学派」の始祖となった。限界革命は、古典派経済学の終着点であると同時に、後年の経済諸学説の分岐をもたらす始発点ともなったわけである。

限界革命の内容についても簡単に説明しておこう。限界革命の「限界」とは、通常の意味からすれば、行き着いた先の最終状況を表す言葉である。それを主観的価値論の文脈に置いた場合、何を意味するか。先ず前提となるのは物欲の充足を目指す人間であり、彼は財貨の消費によって物欲を満足させる。満足の程度が主観的価値であり、人間は最大の主観的価値を得るために行動するとされる。ここで問題は、財貨の消費量が多ければ多いほど、主観的価値は増大するということである。ただし、その場合、消費した財貨の一個当たりの主観的価値は決められない。すなわち財貨の全消費量から得られる主観的価値は決められても、一個当たりから得られる主観的価値は決められない。特定の財貨が自分にとってどれほどの価値があるかを決めることはできないのである。それを克服したのが限界効用理論である。ここでいう「効用（utility）」とは、主観的価値（満足度）の別称である。限界論者達は、効用の二側面を考えた。ひとつは全消費量から得られる効用であり、もうひとつは最終単位の消費から得られる効用である。そして前者を「総効用」、後者を「限界効用」とした。すなわち主観的価値説における限界とは、消費の行き着く先の「最終一単位」を意味するものであった。ただし、消費者心理から明らかなように、財貨の消費量もしくは保有量の増加と共に限界効用は徐々に小さくなる（逓減する）。満腹時のランチの価値は、空腹時のそれよりずっと小さくなる。限界効用理論では、特定の財貨の主観的価値は限界効用であると規定し、当該財貨の客観的価値である市場価格との比較によって、最適化行動がとれるとしている。すなわち主観的価値の増大のためには、限界効用が価格を上回る限り消費を増やすことであり、逆は逆であるということである。最適化が両者の一致する水準で達成されるのは明白であろう。

限界分析は、「全体の関係」を「部分（微小）の関係」に置き換える分析である。限界概念を使えば、消費にとどまらず、生産においても、資産選択の局面においても最適化行動を容易に導出できる。行動を起こすか否かは、最終一単位から得られる利得と損失との比較に帰着されるからである。こうした分析が可能になったのは、数学における微分法の概念を援用したことにある。実際のところ、限界革命の最大の意義は、社会科学である経済分析に数学的分析手法を導入する端緒となったことである。もちろん限界分析の先駆者として、ヘルマン・ハインリヒ・ゴッセン（1810～1858）やアントワーヌ・オーギュスタン・クルノー（1801～1877）の名を忘れてはならない。しかし、そうした先駆者の業績を継承し体系的に記述した点および後世への影響力からして、限界革命にその意義を付与することは適切であると思われる。

経済分析への数学的手法の適用という経済学における強大な潮流を生み出した最大の功労者は、ワルラスである。ワルラスは限界論者であったけれども、彼の意図は限界分析を梃子（てこ）に「一般均衡理論」を確立することにあった。ここでいう「均衡（equilibrium）」とは、外的ショックが加わらない限り変化が生じない状態、すなわち内在的に変化の誘因が存在しない状態を指す。われわれの文脈でいえば、まさに静態のことである。一般均衡理論（もしくは一般均衡分析）とは、ひとつの財貨の市場の需給関係を問題とする「部分均衡分析」と異なり、経済全体に存する市場の需給関係を問題とするものである。前提となる市場は「完全競争市場」であり、そこでは市場参加者が無数存在（原子的競争状態）し、その誰もが価格支配力を持たないとされる。市場では需要と供給の関係によって価格が決定され、需給一致に至った状況が市場均衡である。したがって、一般均衡とは全ての財貨に関して需給が同時に一致した状態を指す。そうした状態が存在することをワルラスは主張したのである。

ワルラスが一般均衡理論を構築する際に用いた方法は、現実の経済取引を要素ごとに分解し、他と孤立させ、その後に再構成するというものであった。彼は先ず、財貨の交換の理論を構築した。その際、財貨が生産物であること、および生産には資本が必要であること、そして交換には貨幣という媒介手段が必要であること等は全て捨象された。「交換」の理論の後に、「生産」の理論を、さらに「資本」の理論を構築し、最後に「貨幣」を導入した。しかし、貨幣を導入する前に、一般均衡を実現する生産量および生産要素の量といった実物的諸要因は既に決定されていた。貨幣なき物々交換経済において、一般均衡は達成されていたのである。したがって、残された貨幣の役割は、財貨の交換比率の貨幣的表現、すなわち絶対価格（名目価格）を決定するだけとなっていた。静態理論の中心命題のひとつである「貨幣的現象は実物的要因に影響しない」という命題、いわゆる「貨幣の中立性（neutrality of money）」は一般均衡理論の構築方法に依存したものであり、分析のはじめから仮定されていたものと認識すべきであろう。

ワルラスは、経済社会を利己的個人が完全競争市場にて活動する市場経済として捉えた。そして市場経済を連立方程式体系として描き、未知数の数と方程式の数の一致をもって解が存在すること、すなわち一般均衡は達成されることを主張した。いわば経済社会における相互依存関係の重要性を指摘したのである。その厳密なる数学的証明は後世に残されたが、経済社会を数学モデルで表現した最初の学者として、彼の名が経済学説史上忘れ去られることは決してないであろう。ワルラスのヴィジョンは、『純粋経済学要論』(1874～1877) という彼の主著の題名から端的にうかがい知ることができる。経済理論における「純粋」とは何か。それは抽象化を極めた果てに存在するものであろう。すなわち、普遍性もしくは一般妥当性である。普遍的人間の行う普遍的経済活動とその帰結の叙述こそ純粋経済学の主内容である。そのためには、もはやモラル・サイエンスを越えて、限りなく自然科学に接近することが必要となった。分析手法としての数学の採用は、この意味からすれば自然であろう。しかし、ワルラスは何のために純粋を求めたのか。現実経済との対比としての、いわば参照軌道としての純粋経済なのか、もしくは現実経済が向かうべき理想状態としてのそれなのか。いずれの解釈をとるかは後世の経済学者の問題といえるが、ワルラス自身は、『純粋経済学要論』の中で純粋経済学に基づく政策提言をしていないことは記憶しておくべきであろう。

ワルラス以降、経済社会を一般均衡体系として取り扱う経済学説および経済学者は、経済学における一大勢力を築くことになった。ワルラスのヴィジョン、ワルラスの方法に立脚する経済諸学説は、一般に「新古典派経済学(Neoclassical economics)」と呼ばれている。その特徴は、合理的経済人、経済主体の同質性、情報の完全性 (全ての経済主体が同一の情報を有していること)、完全競争市場および収穫逓減型生産技術等の仮定から分析を出発させていることである。現代の経済学説の中にも、新古典派経済学の「完全合理性」や「情報の完全性」の仮定を多少緩めて最新の経済理論と称するものも多い。しかし、後に見るように、それらはワルラス体系の精緻化もしくは拡張にすぎず、ワルラスのヴィジョンを超えるものではない。

それでは、なぜ、『純粋経済学要論』を発表した当初は賛同者も少なかったといわれるワルラスの学説が、後代の経済学体系の一大勢力を築くに至ったのか。さらにいえば、新古典派経済学に立脚する経済諸学説が、現代において主流派経済学と呼ばれる地位を占めるに至ったのはなぜか。その理由はひとえに、経済学へ数学的分析手法を導入したことにある。具体的には、「経済問題を数学の問題として定式化したこと」にある。そのことの意義と問題点の詳細は、次節に譲るとして、ここでは次のことだけを確認しておこう。すなわち、限界革命は、古典派経済学の依って立つ客観的価値説に対するアンチ・テーゼであったこと。そして、それは経済学における主観的価値説の確立にとどまらず、新たな経済学説の始発点ともなったこと。特に、ワルラスの革新は後の新古典派経済学を生み出したこと。付言すれば、新古典派経済学は、「見えざる手」というスミスのヴィジョンと、「一般均衡分析」というワルラスのヴィジョンから産み落とされた学説といえること、である。

3. 経済学の科学性と数学

本来、社会科学である経済学を物理学のような自然科学へ近づける手段が、数学的分析手法の採用であった。無論、経済学における数学の使用は、表現もしくは解析の一手段にすぎない。しかし、数学的解析の特徴である「厳密なる仮定の明示」から様々な定理や系を用いた推論過程は、誰をも納得させる論理性を有している。例えば、数学的に構築された仮説を考えた場合、仮定さえ受容すれば、その後の推論に用いられる定理や条件や計算手法は既に数学者によって論証済みのものであるから、その仮説の帰結は「自明の理」であって異論を差し挟む余地はない。

誰もが納得せざるを得ないという点で、いわば数学は研究者に対して共通言語を提供している。なぜなら数学という言語は、時代、場所、人および状況を問わず共通のものであるから、まさに普遍的な言語といえるのである。数学的手法を用いる以前、経済学者たちは自らの経済観なり社会観に基づいて経済理論を構築したが、それらは独自の観点に基づく叙述であったため、他者にとっては理解しにくいものに映った。すなわち、その学説を理解するためには、先ずそこで使用されている概念や言葉の定義を理解することからはじめる必要があったのである。共通言語の不在という社会科学研究における欠陥を埋めるものとして、多くの経済学者たちは数学の使用をはじめた。

しかし、現実の経済事象間の関係が因果関係であるのに対し、数学で取り扱われる関係は同時決定関係である。ワルラスの一般均衡理論は、無時間的な相互依存関係を問題とするものであるから数学の使用は適切であろう。しかし、問題対象を現実経済へ拡張した場合、数学の直接的適用には問題が残る。歴史的時間の経過の中で生ずる経済事象間の関係において、同時決定はあり得ないからである。事象間に相互依存関係はあったにしても、そこには必ず時間が介在する。ここにおいて、再度、経済学説の分岐が生じた。数学を全面的に用いて無時間的な相互依存関係を徹底的に究明してゆく方向と、数学的手法の限界を考慮して経済事象への接近を図る方向である。前者はワルラス以降の新古典派経済学、より包括的にいえば静態理論であり、後者は今後詳述することになる動態理論である。決して融合することなく対峙する両理論、より正確には二つの接近方法が、その後の経済学の大きな潮流を生み出してゆくことになる。

今節では先ず、静態理論における数学の位置づけについて考えることにする。そのためには、経済学説の背後にある「科学観」から説明する必要があろう。一般に、経済学は「社会科学の女王」と称される。政治学、法学、社会学、心理学およびその他諸々の社会科学がある中で、なぜ、経済学だけが突出して女王という称号を与えられたのか。実際のところ、その理由は数学の使用と無関係ではない。経済学、特に静態理論は、他の社会科学に比較して、数学的分析手法を非常に重用する。ワルラスからはじまり、新古典派経済学およびその後継の諸学説へと時代が下るにしたがって、その傾向は強まり、現代の静態理論の諸学説に至っては、ほぼ数学の定理と数式で埋め尽くされているといっても過言ではない。前に指摘した通り、数学は共通言語である。したがって、経済学は社会科学の中で最も共通言語を用いて内容を記述できる学問ということになる。それが特定の科学観と結合することによって、「女王」という評価が生まれたのである。

その科学観とは、17 ～ 18 世紀の西欧における啓蒙思想から発する素朴なものであった。啓蒙思想とは、簡単にいえば、この世の暗闇、すなわち蒙昧なり迷妄なりに理性の光を当てることを意図した思想である。具体的には、当時、支配的であったキリスト教的世界観を合理主義思想によって解体することであった。絶対的価値である神を消し去った世界では、社会のあり方や人間関係に関して新たな認識のフレームワークをつくり出さねばならない。そのために政治、法、倫理といった分野で哲学的な議論が盛んになされることになった。しかし、啓蒙思想の萌芽は、天体観測をはじめとする科学的発見とキリスト教的世界観の齟齬から生じた。すなわち、自然科学的発見が啓蒙思想を生んだともいえる。神の摂理に代わる新たな価値基準として、「科学」が登場したのである。科学という言葉の有する英知、科学に希望を見いだすメンタリティ、科学的であることへの憧憬は、現代においてもわれわれの精神構造にしっかりと根づいている。われわれは、科学的知識に基づき合理的に物事を認識していることを誇りとし、それによって未知なるものや事態に遭遇したときの不安感を払拭しているのである。たとえ得体のしれないものに出会ったとしても、将来、必ず科学的に解明できるはずであると。

ただし、われわれが信頼する「科学」とは何を指しているのか。また、日常的に使っている「科学的」という言葉は、何を意味しているのか。実際のところ、それは自然科学を指しているのである。同様に、「科学的」とは正確には「自然科学的」を意味しているのである。すなわち、自然科学こそが科学であるという素朴な科学観を、われわれは暗黙裡に抱いているのである。その科学観の形成は、科学技術の急速な進行によって様々な工業製品の進歩を目の当たりにしてきた経験によるものなのかもしれない。少なくとも、自然科学のカウンターパートナーである人文科学、すなわち社会科学をも含むモラル・サイエンスを念頭に置いて、「科学的」という言葉を使う人は稀であろう。驚くべきことに、多くの経済学者も、この素朴な科学観と類似した観点に立っているのである。もちろん、1920年代以降の多くの経済学者達の場合、そうした科学観の背後には特定の科学哲学が存するのであるが、それは後に論じよう。

さて、自然科学こそが科学であるとする科学観に従うならば、自然科学の分析手法を模倣することによって社会一般を対象とする学問を科学に接近させることができるはずである。経済学においても事情は変わらない。経済学を「科学」として成立させるためには、すなわち科学の一員として認めさせるためには、時代・場所・人間等を超越した共通言語を使用する必要性があるとの見解に多くの経済学者が行き着いた。彼らは、そうした共通言語としての役割を数学に求め、積極的に経済問題を数学的に定式化した。「社会科学の女王」という経済学に付与された称号は、そうした素朴な科学観に基づくものにすぎず、他の社会科学に対して、特段、誇れるものではない。なぜなら、それは経済学が他の社会科学に比べて、人間社会の真理により近づいていることを意味するものではないからである。

もちろん、科学的分析に共通言語を用いることの利点は多々ある。最も大きな利点は、多くの研究者が同一の土俵で議論に参加できるということである。共通の学問的基盤に立脚すれば、議論をより深化させることができるから、そうした学問的方向性は是認されてきた。それが学問の精緻化、細分化

（専門化）をもたらしてきたのである。同一の共通言語を話す研究者集団が拡大するにつれて、当該学会内における影響力は増大し、学派形成への契機が生まれる。同様に、学問の内容が全て共通言語で記述されていれば、後継者は容易に先行者のこれまでの業績をたどることができる。さらに、その上に研究を積み重ねることが可能となる。まさに体系化された学問的進展のプロセスの誕生である。このことは当該学問の教育カリキュラム、より包括的にいえば教育システムを構築する上で極めて好都合な事実である。

実際、学問の体系化と教育システムの完備が社会に認知されることによって、「学問の制度化」が進行してきたといえる。すなわち、学ぶ側の学生にとっては当該学問の学位が社会的に認知され専門職への道が開かれると同時に、教える側の教員もまた職業として学問にたずさわることができる。同一の学問を中心に、同一の共通言語を話す学生と教員が再生産されるシステムが社会的に構築されたのである。ここにおいて、もはや学問は社会改良の理想に燃えた学者の個人的営みではなくなり、共通基盤の下で細分化された諸領域を研究者集団が担うものとなった。さらに、集団的研究の永続化もしくは自動化は、それを支える教育システムを通じて、学問に対して共通の価値観を有する大量の学生や将来の専門家を生み出す。歳月を経ることで、その数は増加の一途をたどり、彼らが当該学問を支配する。結果的に、当初は学問の表現方法の一手段であった共通言語の使用が、当該学問の目的と化す。

しかし、社会科学研究においては、共通言語による説明が全てではない。例えば、経済学における共通言語は数学だけであろうか。もちろん、共通言語に普遍性という要件を付与するならば、数学だけかもしれない。ただし、数学のみを共通言語と考えると分析範囲が極めて限定されてくる。すなわち、数学的に定式化できないものは、分析から全て排除されることになってしまう。このことは由々しき問題を生じさせる。「経済学が科学であるためには、共通言語としての数学を使用しなければならない」という固定観念に研究者が自縄自縛になってしまうのである。本来、表現もしくは解析の一手段にすぎない数学という分析手法が、経済学の分析範囲なり分析対象を決定してしまうのである。数学という「方法」が、経済学の「内容」を決め、それに対応した経済学の「目的」をも決めることになる。

このことは学問の形成において本末転倒といわざるを得ない。数学の使用という方法が、経済学の存在意義を決定することになりかねない。実際、新古典派経済学とその後継の諸学説は、この道程をたどっている。そこでは、数学のみを共通言語として位置づけ、経済問題をいかに数学的に定式化するかが中心問題とされている。静態理論に依拠する経済学者達の多くに、「数学的イコール科学的」という固定観念が見受けられる。たとえていえば、「数学という大きな建物の中の一部屋に、経済学が間借りしている」がごとき状況である。具体的な現代の静態理論の内容に関しては、その背後にある科学哲学、特に論理実証主義と反証主義が経済学に与えた影響、いわゆる「経済学の狭小化」を含めて後段で論ずることになろう。

少なくともここで述べておくべきことは、共通言語を重視しすぎると社会科学、より包括的にはモラル・サイエンスの大部分が「非科学的」なものとなってしまうことである。例えば、全ての科学もしくは学問の根源ともいわれる哲学を考えれば、そのことは容易に見てとれる。プラトンやアリストテレスのギリシャ哲学、カント、ヘーゲル、ニーチェ、ハイデッガー等著名な哲学者の名前を想起するならば、彼らが問題対象とした分野がそれぞれ非常に広範かつ多様であることに驚かされる。哲学者達は、各々、先人の哲学に刺激を受けつつも、独自の言葉で自らの世界観を語ってきたわけである。共通テーマを設定し、そこで共通言語を使用して、論理を単線直進的に積み重ねてきたのではない。体系的な統一性もそこにはない。しかし、彼らの英知に対して非科学的とのレッテルを貼ることはできるであろうか。できるわけがない。科学が、非科学から生まれたことになるからである。科学とは何かという問題に対する解答は、特定の科学観に依拠してのみ答えられる。いわば、科学観の数だけ解答があり、立脚する科学観に応じて解答も変わるのである。特定の科学観に立脚した解答のみを正当であると考えることは価値判断の問題にすぎず、科学的営為といえるものでは到底ない。

さて、分析対象を数学のカバーできない範囲に拡張した場合、今度は普遍的な共通言語で学問の内容を語ることはできなくなる。しかし、普遍的な共通言語に比べて、若干、抽象度は下がるが、「共通概念」を設定することは可能である。すなわち、数十年間なり、数百年間なりの特定の期間、あるいは中世封建社会、近世市民社会および資本主義経済社会といった特定の社会制度においてのみ妥当する概念の共有化である。確かに、社会科学には普遍的な意味での共通言語は存在しない。しかし、共通概念を構築することによって、「共通言語では語り得ない社会の実相」を論ずることはできる。本書の提示する静態理論と動態理論を区別する際の、個人の異質性の設定は、そうした共通概念になり得る候補のひとつである。

自然科学の進むべき道はひとつしかない。共通言語を用いて分析対象を画定し、論理的厳密性を徹底的に究明する方向である。しかし、社会科学の一員である経済学の前には二つの道があることを忘れてはならない。ひとつは、自然科学に限りなく近づくことで、「数学という共通言語で語ることができる分析対象のみを経済学の対象と見なす道」である。他は、共通概念を用いて、「数学という共通言語では語ることのできない分析対象をも経済学の範疇とする道」である（図 3-1 参照）。いずれの道も、目指すところは違っても、各々の目指す学問的真理へ近づく道であることに変わりはない。共通言語でしか語られない内容の意義と、逆に、共通概念でしか語られないそれとの比較は、各研究者のヴィジョンに委ねるべきものであろう。残されているのは、何を分析するのに有効かという適否を考慮した選択の問題だけである。

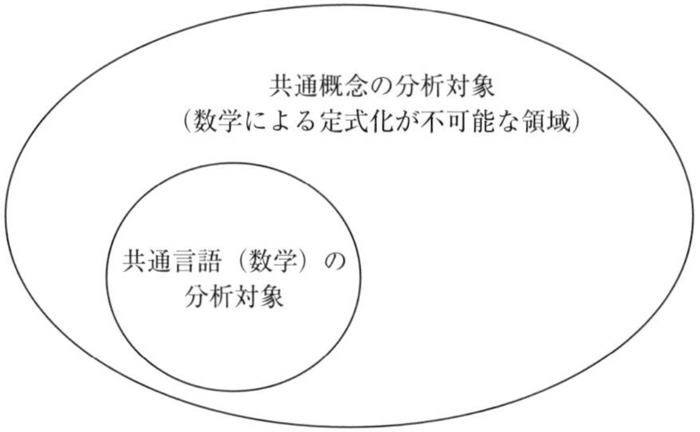

図 3-1　経済学の分析対象（イメージ図）

4. 経済学者と科学哲学：実証主義の誤解

前節では、経済学の科学性を共通言語である数学の使用に求めるという考え方について形式的に論じてきた。ここでは経済学者達が経済学の科学性についてどのように考えてきたのか、もしくは現在考えているのかについて論ずることにする。彼らはこの問題を科学哲学に立脚して考えてきた。ここでいう科学哲学とは、学問の内容に立ち入ることなく、学問自体の形式なり形態を分析対象とする学問のことである。具体的には各学問の科学性、方法論、発展形態およびパラダイム・シフト等を取り扱う学問としておく。

経済学の場合には、大多数の経済学者の依拠する科学哲学に基づき、経済学の科学性についての「現代の」判断が下されている。いわば経済学が科学であるための要件に関する支配的見解である。もちろん、支配的見解は絶対的な基準ではない。多数の経済学者の支持を集めることと、その見解の正当性とは全く無関係だからである。同時に、そうした支配的見解も普遍的なものではなく、経済学者達が科学哲学における学問的進展からの影響を受けることによって、また現実経済に対する認識を抜本的に変化させることによって、変遷（シフト）してゆくものなのである。しかし、そうしたシフトが生ずるまでの間、この支配的見解はその時代に生きる経済学者にとっての研究上の制約となる。なぜなら、支配的見解に従わない場合、経済学者に「自己の経済研究が科学的と認められないのではないか」という危惧を抱かせるからである。すなわち、研究対象の自由度が損なわれてしまうのである。こうした研究上の制約が、経済学の発展にとっての障害となり、経済学の狭小化の原因となっていることは後に論ずることになる。しかし、先ずは経済学と科学哲学の関係について素描することからはじめよう。

経済分析の方法として、最初に想起されるのは、帰納法と演繹法であろう。帰納法とは、経験的事実の収集によって、そこから一般的な法則性を得ようとする方法である。他方、演繹法とは、ア・プリオリ（先験的）に仮説を設定し、前提条件から論理的推論によって結論を導き出すという方法である。これら二つの方法の是非をめぐって、経済学では19世紀末に大きな論争が起こった。ドイツ歴史学派の総帥グスタフ・フォン・シュモラー（1838～1917）と既出のオーストリア学派の創始者であるカール・メンガーとの間で行われた「方法論争」である。歴史学派は、その名の示す通り、経済現象の説明に際し、歴史的資料収集に基づく実証的記述に徹すべきことを主張した。他方、限界革命の一翼を担ったメンガーは、いうまでもなく、仮説の設定と論理的推論に基づく経済法則からの説明の重要性を主張したのである。まさしく、経験的・帰納的方法と論理的・演繹的方法との衝突であった。歴史研究か、モデル構築かのいずれが経済学研究の主役足り得るかを争ったわけである。

これまでの本書の立場からすれば明らかなように、双方のアプローチは共に経済研究にとって必要不可欠であり、優劣を競うものではないということである。われわれは、理論と現実の狭間を埋めるものとして、すなわち社会科学の一員として経済諸学説を位置づけてきた。演繹的手法に重きを置くか、帰納的手法に重きを置くかは、各学説の分析目的に対応したものにすぎない。より厳密なる論理性の追求のためには、抽象度を高めざるを得ないため、演繹的手法が重視されよう。逆に、現実への接近を目指すならば、抽象度を緩めた歴史的手法が有用となろう。

重要なことは、帰納および演繹という二つの手法が融合されてはじめて社会科学としての経済研究が完成するということである。雑駁な歴史的資料の山は、ある特定の理論的観点から整理されてこそ意味を持つ。同様に、論理的命題も現実の説明力を欠いては意味がない。ヨーゼフ・アロイス・シュンペーター(1883 ~ 1950)は、経済研究の最終的到達点を「理論づけられた歴史叙述」と見なしたが、まさしくこのことを指しているのである。しかし、その後の経済学の潮流は、演繹的手法と歴史的手法の融合には進まず、演繹的手法が単独で主役の座を占めることになった。すなわち数学モデルの全盛期の到来である。確かに、帰納的手法は、それ自体、法則性を導出するには無理がある。しかし、その歴史的資料収集に基づく理論の検証という重要な意義をないがしろにすべきではない。その後、帰納的手法が形を変えて再び経済研究に姿を現すのは、「理論なき計測」と呼ばれる時系列分析の登場まで待たねばならない。

科学哲学が多くの経済学者の研究姿勢に多大なる影響を及ぼす契機となったのは、1920年代のウィーン学団による「論理実証主義(Logical Positivism)」の提唱であった。ウィーン学団とは、ウィーン大学の哲学者および数学者を中心とする科学哲学の研究グループを指す。論理実証主義の基本的考え方は、「いかなる理論(命題)も、対象となる事実と一致する必要があり、そのための実証を求められる」というものである。経験的事実に関する理論であれば、検証可能性を持たねばならないということである。すなわち、科学の対象とする理論(命題)は真偽を論理的に決定できるか、もしくは事実によって検証されなければ意味がないとする立場である。検証された理論は「真」であり、されなかったものは「偽」となる。

論理実証主義によって「科学的な理論」と「非科学的な理論」との間に明確な線引きが行われることになった。「科学的」である理論は、経験的事実を説明するものに限られることになり、検証不可能なものは、全て形而上学的命題に分類され科学としての名称をはく奪されることになった。論理実証主義は、1930年代から50年代にかけて、経済学者達に大きな影響力を持ったが、その後次第に支持を失うことになる。ただし、論理実証主義は、経済学者達の潜在意識に大いなる禍根を残すことになった。それは、「実証」もしくは「検証可能性」に関する誤解を植えつけたことである。

いうまでもなく、実証もしくは検証とは「事実によって確かめること」を意味する。すなわち、仮説の結論が、実際の事実と整合的か否かを確認することである。ここまでは誰にとっても異論の余地はない。しかし、事実によって確かめるという場合の、「事実」とは何を指すのか。事実の範囲をいかに設定するのかに関しては、見解が異なってくるのである。現代における多くの経済学者達は、その「事実」を「統計的事実」に限定して考えている。すなわち、統計データとの整合性こそが、検証のための唯一の手段であると考えているのである。それゆえ、科学的な仮説は、統計的事実と照合できるように定式化されねばならないという結論に至っている。

この見解のどこに誤解が存するのか。答えは簡単であろう。「統計的事実」は「事実」を構成する一部分にすぎず、事実の全てを表すものではない。したがって、統計データの未整備な分野の「事実」や、統計データでは表されない「事実」は、検証されないことになる。当然、そうした統計的事実以外の事実を解明するための仮説は、科学的ではないことになってしまう。統計データが整備されている狭小な範囲に分析対象を限定するのが、「科学的」な経済学のあり方であると考える多くの経済学者の誤解は、まさにこの事実認識に存しているのである。

論理実証主義における科学的命題の条件である検証可能性は、カール・ポパー（1902～1994）によって強い批判を浴びせられた。ポパーは、命題を肯定するためにはそれが対象とする全ての事実—現在の事実だけでなく将来起こり得る全ての事実—を検証する必要があるが、それは不可能であると考えた。逆に、命題を否定するためには、ひとつの証拠を提示すれば済む。いわゆる「検証と反証の非対称性」である。ポパーはこの見解に基づき、科学的命題は反証可能な形で提示されねばならず、ひとつでも反証される事実が生ずれば、それは棄却されねばならないとする「反証主義（Falsificationism）」を提唱した。逆から見れば、反証されない限り、その命題は真であり続けることになる。すなわち、ポパーは科学と非科学との線引きとして、検証可能性の代わりに反証可能性を置いたわけである。無論、反証可能な形で提示されない命題は科学とは見なされない。ただし、ここでも、多くの経済学者は「事実による反証」を「統計的事実による反証」と解してしまった。それが論理実証主義の場合と同様に誤解であることはいうまでもない。

ポパーの反証主義は、瞬く間に多くの経済学者の心をとらえ、経済学の科学性を論ずる際の中心的観点となった。さらにポパーは、著書『歴史主義の貧困』（1957）の中でマルクス経済学を批判し、資本主義の歴史法則の解明や経済体制の変革を考察することは非科学的であると断じた。そして、マルクス主義のような社会全体の改造を目指すよりも、眼前にあるのがたとえ小さな問題であったとしても個別的に解決してゆく社会改良の重要性を唱えた。いわゆる「ピースミール・エンジニアリング（漸次的技術）」の提唱である。

ポパー以降、直面する個別的問題を対象に、統計データによる反証が可能な形で定式化した仮説を提示することが、「科学的な」経済学の作法であると多くの経済学者が信じるようになった。それによって、資本主義経済の構造、制度および変容を分析する研究等は全て科学的研究とは見なされないという悪弊が生ずることになった。資本主義経済から歴史性がはぎとられ、その体制に固有の諸要因が分析の埒外に置かれることになった。残されたのは、無機質な「市場システム」だけとなった。すなわち、同質的個人が、論理的時間の中で、価格をパラメーターとして物欲のみの充足に奔走する経済像である。新古典派経済学とその後継の諸学説からなる静態理論は、資本主義経済を経済学の分析対象から完全に除外するに至ったのである。

この結果から容易にわかるように、静態理論を経済学の全体像と考える研究者や経済人にとって、「経済学は現実経済を分析する学問ではない」のである。それゆえ、われわれは静態理論に現実経済に対する説明および処方箋、いわゆる経済政策を求めてはならない。また静態理論を奉ずる経済学者達も現実経済を論じることはできない。彼らが純粋なる論理性を追求した過程で、現実へフィードバックする経路を全て断ち切ってしまったからである。後戻りはできない。静態理論の諸帰結、すなわち均衡解の存在や安定性、パレート最適性等の前提となった抽象化のレベルを、今さら下げることはできない。下げれば、結論自体が成立しなくなる。純粋理論を追求する過程は、不可逆的なそれなのである。もしも、彼らが現実経済を論ずるならば、彼ら自身の言葉で、理論的立場と現実的立場の相違を説明する必要があろう。すなわち、彼ら自身の学問に対する方法論および理論と現実の兼ね合いをいかに図っているのかを提示しなければならないのである。そうでなければ、経済学者としての社会的責任を果たしたことにはならない。同時に、無責任のそしりを免れることもできないであろう。

本章では次のことを確認してきた。すなわちアダム・スミスの市場経済観が、限界革命を経て新古典派経済学へと受け継がれてきたこと。啓蒙主義思想の普及という歴史的流れの中で社会科学の一員である経済学にも科学性が求められた結果、共通言語としての数学の使用が重視されたこと。さらに数学的手法は、現代の静態理論の中心的分析手法の座に就いたばかりでなく、経済学の目的をも支配するに至っていること。経済学者の学問姿勢にとって科学哲学が大いなる影響力を持っていること。とりわけ、カール・ポパーの反証主義は、現代の大多数の経済学者—特に静態理論の信奉者達—の学問観を支配しており、彼らの研究対象さえも規定するに至っていること等々、である。

もちろん、現代の静態理論、例えば「実物的景気循環論（Real Business Cycle）」や「動学的一般均衡論（Dynamic Stochastic General Equilibrium）」において数学がどのように使われ、そのモデルがいかに実証されているのか、より正確には実証されたことになっているのかといったこと、およびその論者達の科学観については論じなかった。それらは後の章において、動態理論との対比の中で、また現代経済学の潮流における位置づけと共に論ずることにする。また、ここでは論理実証主義以降の科学哲学としてポパーのみを取り扱ったが、他の重要な論点、トーマス・クーン（1922～1996）の「パラダイム概念」、イムレ・ラカトシュ（1922～1974）の「ハード・コアと防備帯」の議論および道具主義等は扱わなかった。次章以降で折に触れ論ずることにする。

しかし、ことの良し悪しは別として、ポパーの反証主義こそが、経済学者の学問姿勢に対して最も大きな影響を及ぼしていることは間違いない。実際、経済学者達の多くは「経済学は科学的であらねばならず、そのためには反証可能な形で命題を定立する必要がある」という制約条件を背負って経済学研究に臨まねばならないと考えているのである。なぜなら、反証主義から離反すること、すなわちピースミール・エンジニアリングの対象とする局所的・限定的な研究対象を放棄し、歴史的、社会的ないし制度的研究を行うことに対しては、仲間内からの厳しい非難が待ち構えているからである。曰く、そうした研究は「アド・ホック（ad hoc）」であると。アド・ホックとは、本来、「特殊な」とか「特別な」といった意味であるが、経済学者達は一般性もしくは一貫性のない理論という侮蔑の意味合いを込めて使っている。
　しかし、社会科学の性格を考えれば、原始時代から現代までを貫く共通項を羅列しただけの論理よりも、特定の時代状況の説明に役立つ理論こそ有意義であり、したがって、社会科学研究は本来アド・ホックであるべきだという見解も当然成り立つ。筆者もその立場に立っている。原始人も現代人も物欲によって行動するという陳腐なる仮定から発した議論が、現代社会の実相を説明する有意な結論を引き出すとは思えないからである。ただし、社会科学を自然科学の下位に置く、すなわち自然科学の分析手法こそが、一般性・一貫性の保持の観点から最善であるという考え方に心底染まってしまった多数の経済学者にとっては、自らの研究を「アド・ホック」と称されるのは耐え難いことなのであろう。
　そうした事情から、学問的立場として反証主義を堅持すること、いわば「反証主義へ帰依すること」は、経済学者であるか否かを判定する「踏絵」と化してしまった。反抗者は、「アド・ホックな論者」という異端のレッテルを貼られ、「科学的」な経済学者の群れからは排除される。著名な制度学派の経済学者であるジョン・ケネス・ガルブレイス（1908～2006）に対してさえも、彼が社会学と歴史学の分析方法を使っているという理由で経済学者の仲間ではないと論ずる者も多い。「群れから離れたくない、できれば多数派の側にいたい」という心理は、自然界に生きる動物から現代社会に暮す人間まで共通のものであろう。もちろん、経済学者も例外ではない。特に、制度化された学問内での序列に従っていれば、尚更であろう。ただし、学問の進歩は、支配的見解を乗り越えてなされてきたことも事実である。すなわち、それは支配的見解に与しない少数派もしくは異端派によって成し遂げられてきたのである。多数派に属することは経済学者にとって安住の地を得ることを意味するが、同時に、そこは学問の進歩の観点からすれば辺境の地であることも忘れてはなるまい。

単なる科学哲学の一見解にすぎない反証主義によって、経済学界内の経済学者集団が右往左往しているのは奇妙な現象に見える。いうまでもなく、反証主義は理論を科学たらしめる唯一無二の絶対的基準ではなく、相対的な基準にすぎない。しかも「反証可能な形で定式化されたものだけが科学的命題である」という命題自体、反証できるものでもない。場合に応じた基準なのである。統計データが整備された研究分野で、説明変数と被説明変数の関係を統計的事実に基づいて説明したい場合に、反証可能性という基準は有意義な基準であるのかもしれない。しかし、それはありとあらゆる研究分野に盲目的に適用できる基準ではないのである。驚くべきことに、経済学者の世界では、こうした傾向の存在、いわば「集団幻想にかかっている状況」はそれほど珍奇なことではない。なぜなら、われわれは後の章においても、現代経済学の文脈の中で同様の現象に遭遇することになるからである。

第4章

経済学の潮流Ⅱ：せめぎ合う理論と現実

1. 事実解明と規範

限界革命後の経済学の状況を鳥瞰するなら、そこに三つの流れを見いだすことができよう。ひとつは前章で論じた新古典派経済学の発展であり、二つ目は社会運動と化したマルクス学説の進行であり、三つ目は後の経済社会学へと結びつく動態理論の展開である。前二者の認識に関しては、たいていの経済学者にとって異論のないところであろう。しかし、三番目に関しては一般的に認知されているものではなく、筆者独自の規定に基づく認識である。すなわち、それは本書第2章において、同質的な方法論的個人主義に基づく静態理論一般に対し、異質的な方法論的個人主義に基づく理論全般を動態理論と規定したことに起因するものである。社会を同質的な個人の集団と見なす新古典派理論は、数学的分析手法を奉ずる学者達を中心として、一大学派を形成している。他方、異質的な個人を経済分析の出発点に据える経済諸学説は、学者独自の視点もしくは切り口からの分析が多く、それゆえ単独な研究になりがちである。結果として、学派を形成しにくい。このことが、動態に関する諸学説の共通基盤を見え難くしている。例えば、マルクス、ヴェブレン、シュンペーターおよびケインズの経済分析における共通基盤は何かと問われても、方法論に精通している経済学者でさえ答えるのは難しいであろう。それゆえ、それらは相互に無関係に見える。それぞれが独自の論理的構築物であると誤解してしまう。

本書では、方法論的な共通基盤として「異質的主体の容認（もしくは導入）」を明示した。言い換えれば、「経済主体間の経済対立の可能性」が担保されている諸学説を動態理論の範疇に含めたわけである。それによって、それぞれ全く無関係だと思われていた諸学説を「動態理論」として統一的に論ずることができる枠組みが整ったのである。注意すべきは、動態諸学説を、単なる「反」新古典派的分析手法を用いる学説の集合体と見なしてはならないことである。それらは、自然科学的手法にすり寄ることなく、社会科学としての経済論理を追求する学説の集合体として評価すべきである。すなわち、動態理論を新古典派的アプローチに対するアンチ・テーゼとして消極的に位置づけるのではなく、それを超えた現実社会を分析する枠組み、いわゆる経済社会学的分析の論理的基盤として積極的に位置づけるべきなのである。

本章では先ず、限界革命から1950年代へ至る期間の新古典派理論の発展動向を素描してゆく。限界革命から産み落とされた新古典派経済学の中心は、いうまでもなく、主観的価値論である。その前提となっているのは、個人が自由に自らの価値観に従って行動できるという社会観である。アダム・スミスのヴィジョンは、個人の利己的な行動と社会の調和の同時達成であった。しかし、それは論証されることなくヴィジョンのままとどまった。限界論者の一人、レオン・ワルラスの打ち立てた一般均衡理論は、まがりなりにも、個人の主観的価値の最大化と経済全体の安定化の両立を証明する基盤を築いた。いわゆる主体的均衡と市場均衡の同時達成である。一見すると、両者の思考は同一線上にあるように映る。すなわち、共に市場機構（市場メカニズム）に信頼を置く理論であると思われている。しかし、両者の学問観—ここでは、経済学に対する認識および社会科学における位置づけ—は根本的に異なっている。端的にいえば、彼らの想定する学問体系の中での経済学の役割に関して認識の相違が存在するのである。

両者の相違は経済学のみならず社会科学一般における学問の二つの分析方

法の対峙とも関連している。二つの分析方法とは、「存在（Sein）」の問題解決を目指す分析と「当為（Sollen）」の問題解決を目指す分析である。前者は、「ありのままの事実」を解明することを目的とする分析であり、事実解明的分析と呼ばれている。後者は、さらに進んで、特定の価値基準の下で、社会改良のために「為すべきこと」の提示を目的とする分析であり、規範的分析と呼ばれている。

アダム・スミスの社会観を簡略に述べれば、「道徳に従う社会的存在としての個人が、自由に利己的な経済行動をとるならば、見えざる手（市場メカニズム）に導かれて、社会全体は調和する」というものである。スミスは、意図していたか否かは別として、社会領域（非経済領域）と経済領域との関連を暗黙の裡に前提していたといえる。スミスの場合、両者の交渉経路は「人間の道徳的行動」である。すなわち、個人の利己的行動は、もはや社会常識から独立したものではなく、それに依存したものと捉えられる。換言すれば、経済行動の前提となる基準が、大多数の支持する常識もしくは道徳に依存することになる。社会常識なり道徳観の形成に、歴史、民族、宗教および文化といった社会性が関わっていることは論を俟たない（図4-1参照）。

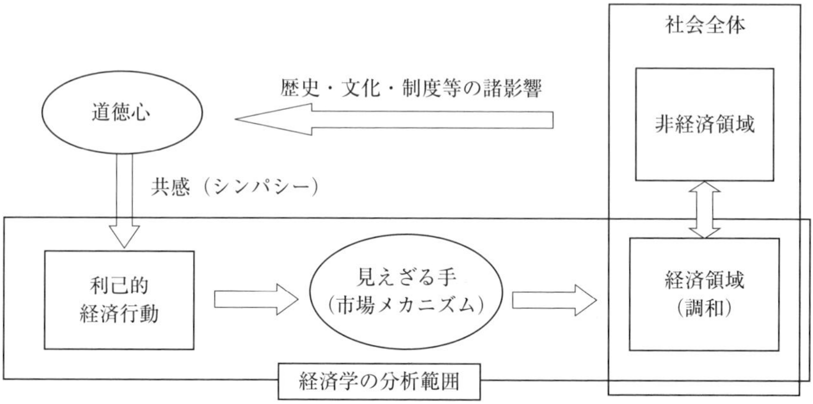

図4-1　アダム・スミスのヴィジョンと経済学の位置づけ

スミスは、そこからさらに「見えざる手の存在を前提とすれば、(道徳的)個人により大きな経済的自由を与えることが社会にとって望ましい」と結論づける。なぜなら、社会に不調和が存在するならば、それは個人の自由な経済活動が阻害されている結果であり、その制約を除去することによって社会は調和へ向かうと考えられるからである。国家から個人への自由の移譲、すなわち国家の役割の制限の必要性が、彼の「夜警国家論」に結びついているのである。こう考えると、スミスの学問体系における経済学の位置づけは明らかであろう。経済学が事実解明的であるにせよ、それは社会改良の方向性を見いだすための論理を提供するものとして位置づけられるのである。彼の場合、「社会の調和」を梃子として、すなわち価値基準として規範的分析へと進み、政策論を展開したと解釈できる。ただし、社会改良の基準としての社会の調和という価値概念が、具体的に何を指すのかという問題は明示されないまま後代へ残された。

規範的分析を常に念頭に置く古典派経済学者達、言い換えれば政治経済学者達とは異なり、レオン・ワルラスは、あくまでも純粋経済学を志向した。すなわち、ワルラスが経済学に求めたものは事実解明そのものであり、そして価値観なり歴史性なり社会性といった現実経済を彩る諸要因の一切を不純物として純粋経済学の範疇から追い出したのである。その意味で、ワルラスの経済分析は事実解明型分析の代表ともいえる。後に彼が政策論として土地国有化論を展開したことが知られているが、その主張は彼のイデオロギーから発したものであって、純粋経済学とは全く無関係であることを忘れてはならない。同質的な個人と諸資源の一定の賦存量から出発する彼の一般均衡理論からは、土地所有に関する私的制限の問題は一切出てこない。なぜなら資産の私的所有は、純粋経済分析にとっての前提条件だからである。ワルラスが純粋経済学の帰結から政策論を展開するが如き愚を犯すような学者でなかったことは銘記すべきであろう。

先に指摘した通り、限界革命は主観的価値論を経済分析の中心に据えるものであった。その内容は、個人にとっての主観的価値の最大化を図る条件の提示であった。すなわち、完全競争市場において個人は最も望ましい状態を達成できるとするものであった。ただし、個人にとっての望ましい状態が、社会にとっても望ましい状態であるかどうかまではわからない。限界革命の段階では、「社会にとって望ましい」という価値基準は定立されていなかったからである。逆にいえば、そうした価値基準が確立されれば、社会改良に資する規範的分析が可能となる。限界革命によって成立した新古典派経済学が社会的に認知され、後代に大きな社会的影響を残す契機となったのは、まさにこの規範的分析の導入に他ならない。それを成し遂げたのは、限界論者ではなく、その第二世代ともいうべき経済学者たちであった。中でも、ローザンヌ学派のワルラスの後継者であったヴィルフレド・パレート（1848～1923）は、最重要の学者である。その経緯をたどっておこう。

2. 厚生経済学の成立

限界革命以降の新古典派経済学における最重要の論理的発展は規範的分析の導入であり、その分野は厚生経済学として知られている。事実解明型の論理に規範、すなわち特定の価値基準を導入するとは具体的にはいかなることであろうか。新古典派理論の文脈に従い端的にいえば、次のようなことであろう。すなわち、「個人にとっての望ましさ」と「社会にとっての望ましさ」の関係を定立することである。言い換えれば、個人と社会にとっての望ましさの基準を明示し、次に両者の兼ね合いを考えるということである。今、個人にとっての望ましさを主観的満足である「効用」とし、社会にとっての望ましさを「社会的厚生」として考えてみよう。

限界革命を経て「個人にとって最も望ましい状態」である主体的均衡と、

「市場にとっての調和（もしくはバランス）」である市場均衡が両立することが確認された。さらに「複数の市場からなる経済全体にとっての調和（もしくはバランス）」である一般均衡の可能性が示唆され、後に論証された。しかし、一般均衡状態が社会的に望ましいか否かを、この段階で云々することはできない。社会的な望ましさの基準が導入されていないからである。したがって、一般均衡状態は、社会の構成員が一人しかいない場合を除いて、個人の効用最大化と社会的厚生の最大化との両立を保証するものではない。例えば、政府が民間経済へ介入し所得の再分配をしたらどうなるのか。すなわち、政府が税制や社会保障制度を通じて、ある個人から他の個人へと強制的に所得移転をした場合である。いうまでもなく、再分配によって所得の減少した個人の効用は減るが、同時に所得の増加した個人のそれは増えることになる。この場合、介入前の状態と比較して、社会的厚生が増大する可能性が生ずる。後者の効用の増加分が前者のそれの減少分を凌駕するかもしれないからである。もしも政府の介入が社会的厚生の増大につながるなら、もはや資源配分の方法として市場メカニズムのみを信奉することはできなくなる。今度は、それを補完するための政府の役割が強調されることになるからである。

厚生経済学の初期的な展開は、英国の新古典派経済学、いわゆるケンブリッジ学派を中心になされた。代表的な学者にアルフレッド・マーシャル（1842～1924）、アーサー・セシル・ピグー（1877～1959）がいる。彼らの規範的概念は、ベンサムの功利主義に基づくものであった。すなわち、「最大多数の最大幸福の実現」を目指すべき社会の理想とし、それに対応するものとして社会的厚生の概念を構築したのである。この場合、社会的厚生は個人の効用の総和として定義される。その前提となるのが、「個人の効用は客観的単位としての効用単位によって測定可能である」とする基数的効用理論であった。あたかも体重をキログラムという単位を用いて測るのと同様に、主観的満足である効用も客観的単位（効用単位）で測定可能とする考え方である。

ピグーは、主著『厚生経済学』(1927) において、社会の富 (もしくは資源) が一定の場合に社会的厚生を増進させる問題を考え、所得の再分配の必要性を訴えた。すなわち、富者から貧者への所得移転により、社会的厚生が増進すると主張したのである。その論拠は、消費量 (もしくは保有量) の増加につれて、追加一単位から得られる効用 (限界効用) は次第に減少してゆくという「限界効用逓減の法則」に基づいたものである。この法則によれば、ある財貨もしくは資源に対する主観的価値 (限界効用) は人によって異なるが、それは各人の初期保有量の相違に依存する。多く保有する者にとっての価値 (限界効用) は低く、少量しか保有しない者にとってのそれは高い。この法則を社会的厚生の観点から捉えなおしたらどうなるか。例えば、富者と貧者の二人からなる社会を考えよう。明らかに、富める者にとって保有するパン一切れの価値 (限界効用) は、貧しき者にとってのそれよりも遙かに低い。したがって、両者の効用が共通の単位で測定できるとすれば、パン一切れを富者から貧者へ移転することによって社会的厚生 (富者と貧者の効用の総和) は増大することになる。

マーシャルにせよ、ピグーにせよ新古典派経済学者ではあったが、彼らは単なる純粋論理の従者ではなく、社会改良を常に念頭に置いた純粋論理の御者であった。彼らは、理論経済学から応用経済学としての厚生経済学へと歩を進めたとき、よい意味で、純粋理論家から逸脱した。先のピグーの見解を見てもわかる通り、経済理論に「社会には貧富の差が存在する」という現実的要因を取り入れてしまったからである。新古典派経済学の世界は、同質的な個人からなる社会であり、貧富の差という (価値) 概念は存在しない。各人は資源の初期的賦存量を所与として行動するだけで、その多寡に文句をつける者などいない。現実を無視することによって成り立っている純粋論理の世界なのである。純粋理論に現実的要因を取り入れたこと、および「限界効用逓減の法則」という純粋理論の結論を安易に現実社会の分析に導入したことに対して、ピグーの厚生経済学は後に手痛いしっぺ返しを被ることになる。しかし、「経済学は倫理学のはしためである」と学問的に位置づけ、経済研究には「冷静な頭脳と熱き心（cool mind and warm heart）」が必要だとするマーシャルの言葉は、時代を超えて経済研究の目指すべきところの一端を指し示している。すなわち、いかに純粋論理に専心する者であっても現実経済への関心を失ってはならないし、社会的弱者へのいたわりの気持ちも忘れてはならないという戒めを経済研究者に与えているのである。

社会的厚生という概念の形成には、何らかの価値基準が必要となることは既に述べた。ピグーは、それを「個人の効用の総和」と定義し、もっぱら所得分配の問題として考えた。すなわち、社会的厚生を高めるためには、現状の所得配分の変更—所得の再分配—が必要であることを主張した。いわば、「所得分配の公正」を追求することが社会にとって望ましいと考えたのである。もちろん、ここでいう公正とは所得の平準化（所得格差の解消）を意味する。したがって、公平と言い換えたほうがよいかもしれない。社会的「厚生」を論理的に追求した結果として、ピグーがたどりついたのは社会的「公正」の実現であった。ピグーの論理を突き詰めてゆくと、最終的に行き着く理想の社会、いわば社会的厚生が最大化する社会、すなわち「最大多数の最大幸福社会」とはいかなる社会となるか。それは、これ以上所得の再分配の必要のない社会、もはや所得の再分配によって社会的厚生が増加しない社会である。それは完全に所得分配が公平な社会である。貧富の差の解消された社会である。そうした社会は何と形容されるのだろうか。一般的には、社会主義社会が想定されようが、それは正確ではない。社会主義社会においては生産手段たる諸資源の所有も国家管理だからである。資源配分を市場経済に委ね、そこから生じた所得に対して国家が完全なる調整を行う社会をイメージすることは難しいが、強いていえば北欧型の福祉国家が近いといえようか。

無論、ピグーはそこまで考えなかったし、社会主義者でもなかった。しかし、マーシャルの薫陶を受け、ピグーが社会政策に重大な関心を抱き、その方面の研究に注力していたことは明らかである。例えば、「外部経済」、「外部不経済」といった市場の外部で生ずる—すなわち市場取引に考慮されない—環境問題に論究し、その解決策として企業への課税もしくは補助金の創設の必要性を唱えた彼の主張は、現代経済の文脈で考えても、いささかの意義も失ってはいない。ピグーは、新古典派経済学者ではあったが、決して市場原理主義者ではなかったのである。

しかし、ピグーの社会的厚生に関する見解は、後に強烈な批判を浴びることになった。それは、彼の見解が全面的に依存している基数的効用理論に対するものであった。すなわち、「各人の主観的価値である効用を個人間で足したり引いたりできるのか」という疑問である。この問題はベンサム流の功利主義全般への批判でもある。われわれは、他者の喜びや痛みを完全には理解できない。逆に他者にしても、われわれの感情の揺らぎを十分に理解することは不可能であろう。心の中まではわからない。とすれば、効用の可測性に立脚する社会的厚生概念を支持することはできなくなる。当然、ピグーの見解も棄却されることになる。

基数的効用理論に対して効用の不可測性を前提とする見解が、序数的効用理論である。序数的効用とは、同一個人内部で順序づけられた効用のことである。すなわち、異なる個人間での効用比較は客観的基準がないためにできないが、一個人の内部では効用水準を比較することが可能であるとする見解である。したがって、複数の選択肢が与えられたとき、個人はその中から最も大きな効用をもたらすものを「選好（preference）」できるとするものである。効用の序数性に立脚して厚生経済学を再構成した代表的な学者は、先に挙げたパレート、ジョン・リチャード・ヒックス（1904～1989）およびニコラス・カルドア（1908～1986）等である。パレート等の厚生経済学をピグーの厚生経済学と区別するために、便宜的に新厚生経済学としておこう。しかし、効用の序数性を前提とすれば、もはや個人の効用の総和として社会的厚生を定義することはできなくなる。彼らはいかなる基準に基づいて、社会的厚生概念を構築したのであろうか。実は、パレートは社会的厚生の測り方を変えたのである。それによって、社会的厚生を測る基準を絶対量から相対量へと変えることに成功したのである。

新厚生経済学においても、社会的厚生が社会を構成する人たちの満足度(効用)として定義されることに変わりはない。しかし、満足度の測り方はピグー流のそれとは異なる。ピグーの場合は、社会全体の総効用、すなわち社会の全構成員の効用の総和で測っていた。それによって社会的厚生の絶対水準が効用単位という客観的単位によって決定されるとしたのである。他方、パレートの場合は、個人の効用と社会的厚生との間の相対的関係に着目した。この場合の相対的関係とは、個人の効用水準の変化と社会的厚生水準の変化との関係である。パレートは、両者の関係から「ある個人の効用の増大は、社会の他の個人の効用の減少を招かない限り、社会的厚生を以前より増進させる」という社会的厚生概念を定立した。これを「パレート改善(Pareto Improvement)」の状態に社会があるという。パレートは、社会的厚生の絶対水準ではなく相対的な水準、いわば社会的厚生の変化に着目したのである。個人の効用の変化を追うだけであれば、同一個人の内部の問題であるから、効用の序数性を仮定するだけで十分である。一個人と社会的厚生の変化を関係づけるだけであるから、社会的厚生の絶対水準を算出するために他者の効用と足し合わせる必要もなくなる。一個人の効用水準の変化を追うだけで済む。見事に効用の可測性を前提とすることなく、社会的厚生を定義づけたといえよう。

それでは、個人の効用に変化をもたらす要因とは何か。いうまでもなく、効用が物欲に基づいている以上、それは各人の財貨の所有量もしくは消費量に依存する（無時間的な世界では、所有と消費は一致しているので両者を区別する必要はない）。個人の財貨の所有量は、各人の所得に依存する。個人の所得は、各人の本源的生産要素（いわば資源）の保有量に依存する。そして諸資源を生産過程へ投じることによって、生産への貢献度に応じた分配、すなわち諸資源の限界生産力に対応した分配を受ける。これが新古典派経済学の分配論、いわゆる限界生産力に基づく機能的所得分配論である。諸資源は生産過程に投じられ、財貨が産出され、所得が生じ、それが機能的に分配される。もちろん無時間的な世界を想定しているため、一連のプロセスが同時決定されていることはいうまでもない。

ピグーの場合は、新古典派経済学の想定する世界を前提として社会的厚生を考えた。すなわち、市場メカニズムによって資源配分が行われ所得分配が終わった調整後の社会を想定して、そこに「貧富の差」という現実的要因を導入して社会的厚生を論じたのである。それゆえ、彼の関心が向かったのが、所得の再分配であったことは無理からぬことだといえよう。言い換えれば、新古典派経済学の世界観をベースとして所得分配の観点から厚生経済学を構築したのである。

他方、パレートの場合は、市場メカニズムによる調整が完了する以前の段階で、もしくは市場メカニズムが機能しない段階での社会的厚生を考えた。すなわち、資源配分の段階で議論を出発させ、資源配分の変更による個人の効用の変化を考えたわけである。そして、資源配分を変更したとき、未だパレート改善の状態にあれば、その社会の資源は有効利用されていないと判断される。いわば、資源が無駄づかいされている状態がパレート改善状態なのである。それでは、資源の有効利用が図られていない状態とは何か。無駄づかいとは何か。それは、資源を最も有効に利用できる人の手に、資源が渡っていないこと（配分されていないこと）を意味する。資源がそれを有効利用できない人の掌中にあるとすれば、それは「宝の持ち腐れ」である。社会にとっても不幸である。それを避けるべき資源配分の方法とは何か。少なくとも政府による恣意的な割り当てではないであろう。パレートは、最適資源配分の方法として市場メカニズムを評価したのである。

市場メカニズムは、いうなれば、資源に対し最も高値をつけた人にそれを手渡す方法である。最高値をつけた人は、他の低い値をつけた人よりも、当該資源をより有効に活用できる人といえる。そうでなければ彼は損失を被ってしまう。いわば社会で資源を最も有効に活用できる人である。社会の市場が全て、市場メカニズムが完全に機能する「完全競争市場」であるならば、資源は全て有効利用され無駄は生じないはずである。すなわち、資源の最適配分が実現している状態となる。この場合は、もはやパレート改善の余地はない。そうした状況、すなわち一個人の効用を増加させるために、もはや社会の他の個人の効用を減少させざるを得ない状態を「パレート最適（Pareto Optimality）」もしくは「パレート効率性（Pareto Efficiency）」と呼ぶ。

このようにパレートは、社会的厚生概念を資源配分の問題に直結させて新厚生経済学を樹立した。いうまでもなく、資源配分の問題とは、経済効率に関わる概念である。誰に資源を渡せば、社会にとって最も大きな産出（量）が得られるかという問題だからである。資源配分の変更によって社会的厚生水準が上昇するとは、そうした投入産出関係の変更によって産出量が増加することと同じである。いわば社会的厚生と社会の産出量は比例し、最高の社会的厚生水準は最大の社会的産出量に対応する。このことは、経済成長によって社会的厚生水準は上昇するという帰結を導く。巷間よく見られる成長と厚生を同一視する経済観は、その全てをパレートに負っているのである。いわばパレートは、社会的厚生を効率性に結びつけて論じた最初の経済学者であるといえる。

しかし、それによってピグーの社会的厚生概念である所得分配の問題はどうなったのか。それは無視されることになったのである。社会的厚生の基準は、特定の社会的規範に基づくものであるから、基準が複数あってはならない。理論構築ができなくなるからである。パレートの社会的規範は「効率」であり、ピグーのそれは「公正」であった。パレートは、資源配分の段階で既に最高の社会的厚生水準を達成する基準を得た。それがパレート最適である。その段階で社会的厚生の問題は解決してしまったのである。したがって、資源配分後の所得分配の問題は、社会的厚生とは別個の問題として扱われることになる。パレートの依拠する序数的効用理論を大多数の経済学者が支持するにつれて、所得分配の問題は新古典派経済学の表舞台から姿を消すことになった。先に指摘したように、新古典派経済学には限界原理に基づく機能的所得分配論が備わっており、また純粋論理としての性格からして現実的観点、特に公正の問題を内包する所得分配の問題は取り扱い難かったからである。

パレート最適の概念は、その後、カルドアやヒックスの「補償原理」によって拡充もしくは補完された。補償原理とは、パレート最適状態において、「効用の増加を図る人が効用の減少を招く人に対して、その減少分を補てんしてもなお社会的厚生水準が上昇するか否かを問題にする」ものと、逆に「効用の減少を被りたくない人が、効用の増加する人に対しその増加分を補てんした場合の社会的厚生水準に関わる」ものがある。いずれにせよ補償原理は社会的厚生を経済効率で捉える点に関してはパレートと全く同じであり、新厚生経済学の発展はパレートの独創性に全面的に依存している。

パレートの新厚生経済学は、新古典派経済学、より一般的には後継の静態理論に強固なる論理的基盤を付加することになった。なぜなら、ワルラスの一般均衡解は、同時にパレート最適な状態であることをも意味することになったからである。いまや「個人にとって望ましい状態」である一般均衡解は、「社会にとっても望ましい状態」であることを意味することになった。ただし、この場合の「社会にとっての望ましさ」とは「効率的であることが

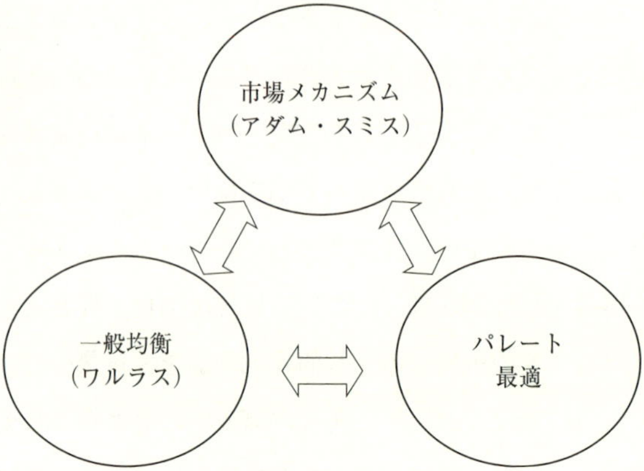

図 4-2　新古典派経済学の中核（コア）

社会にとって最も望ましい」という特定の価値観に基づくものであることを忘れてはならない。純粋理論の帰結が、特定の社会規範の観点からも望ましいものとなった。パレートによって、新古典派経済学は、新たな鎧を身につけることになったといえる。この段階において、アダム・スミスのヴィジョンから発した市場メカニズムが、ワルラスの一般均衡の成立を保証し、同時にパレートの社会的規範―パレート最適―をも達成させることになった。さらにいえば、「市場メカニズム」、「一般均衡」および「パレート最適」は、新古典派経済学および後継の諸理論、より一般的には静態理論の中核（コア：Core）となったのである（図 4-2 参照）。

第5章

経済学の潮流Ⅲ：現実との対話へ向かって

1. ロビンズと経済学の定義

限界革命を経て数学的論理をまとった新古典派経済学は、パレートによる効率性という社会規範をも具備するものとなり、経済諸学説の中で押しも押されぬ主流派の地位を占めるに至った。限界論者の中でワルラスとその後継者であるパレートの主導するローザンヌ学派の経済観が、その後の経済諸学説の中心となったのである。このことは、とりもなおさずオーストリア学派やケンブリッジ学派の経済観が経済学の傍流となったことを意味する。もちろん、主流になるか否かという問題は、経済観の優劣に起因するのではなく、その時代の経済学者達の経済認識に依存するにすぎない。どの世界にも「流行り廃り」があるように、経済学者の世界も同じなのである。そうした事実は20世紀から現代に至るまでの経済学史を眺めれば明らかであろう。

「政治経済学」の名称で呼ばれた古典派経済学以降、社会運動化したマルクス経済学を除けば、20世紀初頭の多くの経済学者達の関心は、現実経済ではなく、もっぱら論理的厳密性に注がれた。そのことが新古典派経済学を主流派経済学の座に押し上げたといえる。前にも指摘したように、数学という共通言語の存在が新古典派経済学の論理を容易に普及させることに役立ったのである。経済論理の普及およびその延長線上にある経済学の制度化にとって、最も中心的な媒体が教科書であることに疑いはない。経済学の教科書の冒頭部分には、たいてい経済学の定義が記載されている。現代の著名なる教科書を見ればわかるように、そのほとんどは経済資源の希少性に着目し、最適な資源配分の達成を目指す学問として経済学を定義している。これは、ライオネル・ロビンズ（1898～1984）が、1932年に公刊した『経済学の本質と意義』において示した「経済学とは、諸目的と代替的用途に役立つ希少な諸手段との間の関係として、人間行動を研究する学問である」との有名な定義に基づくものである。まさしく、この定義は市場経済においてパレート最適を生み出す人間行動の分析こそ経済学研究の目的であることを宣言したものである。

もちろん、「定義」は論証を必要としない、単なる「取り決め事」にすぎない。それはモデル・ビルダーの恣意もしくはヴィジョンの産物であり、彼の経済観を先取りしたものともいえる。したがって、経済学者の数だけ、すなわち彼らの問題意識の数だけ経済学の定義が存在したとしても、別段、問題は生じないことは前に述べたところである。ロビンズ流の定義も肯けるところがあるだろうし、反面、他の定義があっても構わない。例えば、「経済学とは資本主義経済の長期的な運動法則とその原因を研究する学問である」といったシュンペーター流の定義があってもよいのである。定義の間に優劣など存在しない。問題は、その定義に基づく研究からどれほどの経済的有意性が導かれるか否かである。ただし、こうした認識がまかり通るのは経済学者間だけであって、門外漢や初学者にとっては別であろう。彼らは教科書を鵜呑みにするしかない。批判をする以前の知識習得段階だからである。経済学の教科書が、数多ある経済諸学説のうちの特定の一学説に立脚する記述であることに気づくことはあり得ない。教科書に記載されている一学説の定義を経済学の定義だと誤解してしまう。経済学者の間で新古典派経済学が主流になると同時に、教科書においてもロビンズ流の定義が支配的となった結果、どういう事態が生じたのであろうか。

おそらく初学者が最初に手にするであろうテキストに、ロビンズ流の定義が記載されていることはその後の研究方向に偏向を与えかねない。なぜなら、ロビンズ流の定義とは、経済学を数学的手法が適用できる狭小な範囲の学問として認識させるものだからである。資源配分の効率性の追求は経済学の守備範囲のうちの一部分にすぎないにもかかわらず、経済学がそれだけを追求する学問であるとの誤解を招くことになる。教科書であるから、そうした認識は経済学徒に世代を超えて繰り返される。いわば擦り込まれることによって、その経済観が純化され深化されるに至るのである。初学者の中のある者は実業界に入り、教科書から学んだ事柄に立脚して経済事象を眺めることになる。その場合の中心的視座は経済効率であろう。またある者は研究者となり、時を経て経済学者として教鞭を執る。もしも、批判精神を欠き社会科学的思考の訓練を受けていない研究者が大量に再生産されるとしたならば、空恐ろしいことになる。そうした危惧は、単なる杞憂にすぎないのであろうか。この観点は後の章で再び触れることになろう。

ロビンズによる経済学の定義は、それを引用する教科書の数が増えるにつれて、一人歩きをはじめた。その影響力はカール・ポパーのそれに匹敵する。ただし、ポパーの反証主義は、専門家集団である経済学者達にのみ多大なる影響を与えたにすぎない。ポパーの科学哲学がこれまで経済学者の行動を拘束してきたこと、そして現在もなお、それに縛られている経済学者が多いことは事実であろう。ロビンズもまさにその影響を被った一人といえよう。しかし、初学者や一般のビジネスマンにまで影響を及ぼすには至らなかった。他方、ロビンズの定義は、教科書を媒介として、初学者達に直接的に語りかけてきた。たとえていえば、初学者に最初にロビンズ流の経済観という色眼鏡を渡してきたようなものである。その色眼鏡で経済学を見るようにと。したがって、影響を及ぼしてきた人数、期間およびインパクトを考えれば、経済学の進展にとってロビンズはポパーより遙かに強大な存在であるかもしれない。ロビンズは、彼自身の経済研究の業績によってというよりむしろ、静態理論的な経済学の定義を根づかせたことによって後世に名を残すことになった。

2. 分水嶺としての世界恐慌

いうまでもなく、20世紀初頭の経済学研究の中心は欧州であり、その成果が飛び火するように米国大陸へと伝播していった。そうした諸国—英国と大陸側では若干の相違はあるにせよ—では、静態理論である新古典派経済学が主流派としての地位を占めていたが、その在位期間はそれほど長くは続かなかった。転機となったのは、1929年の米国の株価大暴落に端を発し、1930年代の世界を覆った大恐慌（世界恐慌）であった。未曾有の経済恐慌に対して経済学はどういう処方箋を提示するのかを社会から要請される事態が生じたのである。いわば、経済学の現実説明力に対して、現実経済からの挑戦を受けることになったのである。

しかし、論理的厳密性の追求を学問の目的として旗印に掲げる静態理論は、本来、現実経済を説明する性格のものではない。また静態理論に現実説明力を求めてもならない。目的が違うからである。強いていうなら、静態理論は経済現象の純粋な意味での傾向叙述なのである。すなわち、真空に保たれた実験室の中で、複数個のビー玉をぶつけ合ったらどうなるかといった類の議論なのである。原始時代であれ、中世封建社会であれ、現代資本主義社会であれ、仮に真空に保たれた実験室があるとすれば、同一条件下でぶつかり合うビー玉の動きは同一であろう。それゆえ、時代を問わず場所を問わず人（実験者）を問わず同一であるから、普遍的だという議論が静態理論の本質なのである。経済現象の中から数学的に定式化できる問題だけを取り出して、それを経済学の分析対象にしているわけである。そして、そうした問題は当然のことながら—当初の予定通りに—数学的に解けるわけであるから、論理的に厳密であると主張しているのである。

未曾有の経済恐慌に直面した社会の人達は、誰に救いを求めるのであろうか。おそらく数学者や物理学者のような自然科学者に助けを求める人はいないであろう。同様に、哲学者や文学者のような人文科学者にも求めないであろう。場違い、畑違いだからである。助けを求めるとしたならば社会科学者しかいない。それも経済問題であるから、その専門家である経済学者に助けを求めるのが自然であろう。社会は経済学者に期待をした。特に経済学の主流派である新古典派経済学者に期待をした。しかし、社会の人達は、新古典派経済学が社会科学というより自然科学に近いということを知らなかった。新古典派経済学が数学の一分野、それも応用数学の末席を穢している存在だということを知らなかったのである。

結果的に、新古典派経済学者は、大恐慌に対して有効な処方箋を書くことができなかった。既述の通り、新古典派経済学は所与の与件の下での最適資源配分をもっぱら扱うものである。そして市場メカニズムの作用により個人と社会の調和が図られるというのが主内容である。与件に変化が生ずると、その情報は迅速に各経済主体へ伝わり（完全情報の仮定より）、新たな与件の下での最適化が図られる。もちろん、新たな最適化へ至る調整時間は市場構造、すなわち競争状態の程度によって異なるであろう。例えば、完全に整備された株式市場や債券市場のような資本市場では、刻々と変わる株価や債券価格が追加情報による調整過程を示していると考えられる。このような与件の変化、いわゆる外的ショックは需給の不均衡という形で出現し価格変動によって吸収される。いわば外的ショックは、鏡面のような静穏な湖面へ投じられた一石にすぎない。それは一時的な波紋を生むが、やがて静穏は戻る。市場メカニズムの有する価格調整による需給調整こそが、新古典派体系の安定性を保障し、かつ特徴づけるものなのである。

大恐慌のもたらした外的ショックは、新古典派経済学の想定する調整メカニズムを全て吹き飛ばした。それは人々の将来に対する期待をも全て吹き飛ばした。静穏な湖面へ大小様々な石が次から次へと投じられたのである。資産価格の暴落、信用不安、操業率の低下そして大量の失業者の発生。こうしたデフレ圧力、とりわけ労働市場の不均衡に対して新古典派経済学の立場からすれば、労働市場における超過供給の発生、すなわち賃金の高止まりの結果として説明せざるを得ない。それゆえ、その解決策として「賃金切り下げ」といった不適切な提言しかできなかった。そもそも、新古典派経済学の世界では各人の主体的均衡が達成されているため、結果的に完全雇用も自動的に達成されている。したがって、もしも失業が生じているとすれば、それは本人が自己都合により失業状態を選択したという意味で「自発的失業」なのである。

しかし、米国において四人に一人が失業したといわれる大恐慌時の雇用状況を「高賃金に起因する自発的失業者の大量発生」、すなわち「同時期に、多くの労働者がバカンスをとることを選択した結果」と説明するにはいかにも無理があろう。納得する人などいない。いうまでもなく、それは労働者が現行の賃金で働きたくても働けない状況に他ならない。いわゆる「非自発的失業」なのである（「非自発的失業は存在しない」というマクロ合理的期待論者の極端な見解については後述する）。非自発的失業の存在は、主体的均衡の論理と矛盾する。すなわち、個別的主体の合理的行動原理（いわゆるミクロ理論）から理論を構築しても、それによって経済全体の動向を説明し得ない状況が現出したのである。経済理論は現実と完全に乖離するに至った。

ただし、現実説明力を持たないからといって新古典派経済学を単純に批判すべきではない。静態理論の目的は、純粋論理の追求であって現実経済を説明することではないからである。その学問的性質ならびに学問的守備範囲を、経済学者はもとより一般の経済人も認識することが先決なのである。現実経済を説明するためには、それにふさわしい経済学説に立脚せねばならない。

しかし、一般の人達も、当の新古典派経済学者自身も、そのことをわかっていなかった。新古典派経済学者は純粋理論に基づいて強弁し、社会は経済学に失望した。経済学にとって、その学問的意義の観点から暗雲が漂った時期であった。新古典派経済学は、世界恐慌の前に茫然と立ちつくすしか術がなかったのである。

3. 対話のはじまり：ケインズ革命

世界恐慌は、経済学者に現実経済と立ち向かう契機を与えた。すなわち、経済学者は既存の新古典派の論理ではなく、現実経済を分析することが可能な経済理論の構築を促されたといえる。経済理論と現実との対話のはじまりである。経済学が現実との対話をはじめた栄誉は、ジョン・メーナード・ケインズ（1883～1946）にこそ与えられるのが相応しい。ケインズは、現実経済に真正面から対峙し、マクロ経済学という全く新しい研究分野を創設したからである。ケインズ経済学に対する評価は、ケインズ存命中から現代に至るまで、様々に変遷してきた。あるときは賞賛され時代の主流となり、またあるときは批判の対象にさらされた。時には、「ケインズ（経済学）は死んだ」とまで貶められ、それまでケインズ経済学に立脚してきた多数の経済学者達が手のひらを返したようにそれに同調したことは記憶に新しい。逆に、2008年のリーマン・ショック後では再評価が進んでいる。これほどまでに評価と批判が時代と共に交互に繰り返される経済学者も珍しい。この事実こそ、ケインズ経済学と現実経済との強固な結びつきの証拠である。なぜなら、現実経済の動向との対比の中でケインズ経済学が評価もしくは批判されてきたことを示しているからである。ケインズ経済学はマクロ経済を対象とした理論的構築物であるけれども、それに基づく政策、いわゆるケインズ政策が社会に新たな利害対立を生み出す温床となっていることも論争を引き起こしてきた原因といえる。

ケインズ政策の最大の特徴は、国家による民間経済への介入である。いわゆる介入主義である。介入といっても、口先介入ではなく、予算措置を伴う金銭的介入である。当然、その背後には財源問題が付随する。財源を誰が負担するのかをめぐって、利害を異にする社会的勢力間の争いが発生するのである。なぜなら財源負担の問題は、同時に所得の再分配の性格も帯びているからである。ケインズ政策の発動によって利益を得る社会的勢力と、不利益を被る社会的勢力のどちらに軍配が上がるかは、時代に応じて変化する。より正確にいえば、「時の社会思潮」に依存して変化する。ここでいう時の社会思潮とは、10年から20年くらいの期間、その時代に生きる社会的構成員が有する価値観によって形成される社会的雰囲気である。すなわち、「現在の社会をどう評価し、どういう社会を望んでいるのか」といった一般的な社会観と定義しておく。例えば、国家による経済管理を望んでいるのか、規制緩和による国家の非介入を望んでいるのか。あるいは、福祉社会を評価するのか、自己責任による自由な社会のほうを選好するのか、といった社会的風潮である。もちろん、ケインズ政策から直接的な利害を被る社会的勢力が、時代の社会思潮をコントロールするために奔走しているのだが、それは後の章で論ずる課題としておく。

ケインズ経済学は、現実経済に社会的緊張関係を生み出す母型となった。こうした緊張関係の発生は、それまでの新古典派経済学の世界では考えられないことであった。新古典派の世界では、全ての社会的構成員は同質であり、利害を異にすることはない。同一の価値観を有し社会的立場も一致しているため、各主体間での利害対立は発生しないのである。所与の与件の下で全員が主体的均衡に達しており、他者に関与する必然性は全くない。初期的な資源配分およびそこから派生する所得分配に不平不満をいう者はなく、それを与件として受け容れている。その世界は、現実経済とは独立した存在なのである。いわば新古典派経済学者の想念の中、いわゆる教場の黒板の中に存在している世界なのである。それゆえ、新古典派経済学を「黒板経済学（blackboard economics）」と呼ぶ高名な経済学者もいる。現実との対話は生じようがない。

ケインズ経済学に対する批判は当を得たものもあれば、誤解に起因するものもある。ただし、ケインズに対する評価はどうであれ、ケインズ以降の経済学が現実経済を無視できなくなったことだけは確かであろう。ケインズ政策に対抗する現実経済への処方箋を提示することなしに、ケインズ政策を批判することはできないからである。それは必然的に現実経済の説明を必要とする。もはや象牙の塔の中で抽象的な論理だけを学者間で論ずるだけでは済まない状況が現出した。否応なしに、経済学者は黒板の中から現実へと歩み出さねばならなくなったのである。これが経済理論と現実経済の対話のはじまりとして、ケインズ経済学を位置づける理由である。さて、ケインズが引き起こした経済学史上のエポック・メーキングであるケインズ革命の内容についても簡単に解説しておこう。

1936年に『雇用・利子および貨幣の一般理論』を著したケインズは、新古典派経済学の依拠する労働供給の理論を排し、新たなマクロ経済学という分野を創設した。彼は、非自発的失業を伴ったまま経済が停滞する状況―不完全雇用均衡―が現出する可能性について論及し、その状況を打破するためには価格調整に代わる新たな数量調整というメカニズムに基づく手段の必要性を主張した。いわゆる所得分析である。それは新古典派経済学が機能不全に陥る可能性を論理的に示唆したものである。そのことを社会的観点から見れば、新古典派の「市場経済」の論理に従っていては、現実の「資本主義経済」の運営は不可能であることを意味する。資本主義経済は内在的な不安定性を抱えており、市場原理頼みの自由放任主義では、到底それに対処できないと考えたのである。

ケインズは、資本主義過程が不可避的な景気循環過程であることを認識していたが、理論構築に際しては短期的な分析に終始した。彼は、資本主義過程の瞬間写真である一断面を取り出し、短期的問題に注力したのである。彼は、新古典派経済学の労働供給に関する理論の抽象度を一段切り下げ、雇用契約の存在や労使による賃金交渉といった現実的要素を分析に導入した。すなわち、各個人は新古典派の想定するように一日の労働時間をその時々の体調や心情に合わせて自由に決められるものではなく、一日八時間労働といった雇用契約に拘束されている存在であると。この現実的要素の分析への導入が新古典派経済学との決別をもたらしたのである。

新古典派との決別は、単なる経済理論上の問題だけではなく、経済思想上の転換をも意味した。予定調和的な新古典派経済学の自由放任主義は、ひとえに市場メカニズムに対する信頼に基づいている。民間経済による分権的資源配分システムが政府による集権的資源配分システムより有効であるゆえ、できるだけ民間経済への介入を避けるべきであるとする見解である。しかし、民間経済への介入を避けることは、そこで生ずる不安定性をも放置することを意味する。たまさか資本主義過程で内在的に発生する金融恐慌のような事態をも放置することになる。

ケインズは、こうした見解に真っ向から異を唱え、民間経済の安定化のために政府は積極的に関与すべきであると主張した。いわゆる「修正資本主義」の提唱である。すなわち、資本主義過程は必然的に不安定な過程であり、恐慌のような事態をも引き起こす。しかし、政府が適切な政策をとることによって資本主義は安定する。それゆえ資本主義社会は生き延びることができると。ケインズのこの考え方は、経済の「自動安定化装置」としての社会保障制度の整備および「裁量的総需要管理政策」としての財政・金融政策の発動という二本の柱に反映されている。ケインズ経済学は、瞬く間に世界中の経済学者の耳目を集め、当初は反感をそして最終的には賛同の嵐となって経済学の世界を席巻した。これが、いわゆるケインズ革命である。限界革命は、経済学を学問的に確立したことに意義があるが、ケインズ革命は経済学を現実経済の管理運営の学問として確立させたことに意義がある。1950年代前後から四半世紀は、米国を中心にまさにケインズ経済学の全盛期となった。

その当時、ポール・サミュエルソン（1915～2009）は「新古典派総合」という不況期にはケインズ政策を、完全雇用達成後は新古典派理論を援用して経済を分析すべきであるとする見解を発表した。それは、ケインズ経済学と新古典派経済学の折衷的な見解であったし、彼自身が後に撤回したものであったが、長らく基本的な経済の見方として一般の経済人にも定着した考え方になった。すなわち、新古典派総合の登場によって、われわれはケインズの見解を知り、その後、ほとんどの経済学者がケインジアンとなったからである。1970年代以前のケインズ政策の支持者たちは、現代では一般に「オールド・ケインジアン」と呼ばれている。

新古典派総合の考え方をわれわれの文脈で捉えるとすれば、それは外見上、「理論と現実との融合形態」の一種と考えられる。限界革命によって成立した新古典派経済学の論理と、ケインズ革命によって提起された現実経済分析との二重構造になっているからである。そして両者の橋渡しをするものが「完全雇用状態」の概念である。新古典派経済学において完全雇用は市場メカニズムによって「自動的」に達成されるものであるが、ケインズ経済学では、それは「人為的」に達成すべき目標である。新古典派総合は、完全雇用をケインズ政策という「人の見える手」によって達成すれば、その後は「神の見えざる手」が復活するという見解であった。ただし、理論と現実を接ぎ木したようなその折衷案は、やはり論理的に無理があった。新古典派経済学とケインズ経済学とでは背後の想定する経済観が全く異なるからである。一例を挙げれば、新古典派の世界は同質的な個人だけからなり、ケインズの世界は異質な個人の存在を許容する。完全雇用状態を境に世界が交互にスウィッチすることは理屈に合わない。人間は、経済状況すなわち完全雇用状態か否かに応じて、行動を変化させるものではないのである。それゆえ、新古典派総合は両陣営から厳しい批判にさらされることになった。サミュエルソンの理論と現実の統合の試みは潰えてしまったのである。

4. 反ケインズ主義の台頭：マネタリズムの登場

資本主義経済の管理・運営の学問として一世を風靡したケインズ経済学であったが、1970年代後半から政策面、理論面および思想面から批判の十字砲火を浴びることになった。発端となったのは、1973年の第一次石油危機および1979年の第二次石油危機である。原油価格が数年で十倍以上に跳ね上がったことは、必然的に世界中にコストプッシュ・インフレを生じさせた。その負の効果は、当初は原油輸入国の経済に、最終的には世界中の経済に打撃をもたらした。そして、インフレと不況が同時進行する状況、いわゆるスタグフレーションを発生させたのである。

スタグフレーションは、経済にとって、かなりやっかいな事態である。なぜなら、短期的な解決策がないからである。ケインズ政策は、いわゆる短期の総需要管理政策であり、不況時には財政出動や金融緩和による拡大策を発動し、景気過熱期には逆に抑制策を発動することによって景気の安定化を図るものである。しかし、スタグフレーションは供給サイドのショックであり、総需要管理政策が効かないのである。例えば、不況を緩和しようと総需要を拡大すればインフレが高進し、逆にインフレを抑制しようと総需要を縮小すれば不況が深刻化する。この失業率とインフレ率とのトレード・オフ関係の解消策は短期的にはない。政策的な処方箋といえば、供給サイドに対する働きかけ以外にない。すなわち、上方へシフトした供給関数を下方へシフトさせる政策である。例えば、技術革新による生産性の向上によって生産費用を低下させるしかない。しかし、これは一朝一夕にできるものではなく、かなりの期間を要するものとなる。

スタグフレーションに対してケインズ政策は効かない。それが「ケインズ政策の有効性の低下」として世界中に喧伝された。もっとも、他に短期的に有効な政策があったわけではないが、批判の対象がその時代の主流派に向けられるのは歴史の習性として致し方ないことであろう。そうした状況下で、にわかに脚光を浴びたのが新古典派経済学の範疇の一学派である「マネタリズム（貨幣主義）」の総帥、シカゴ学派のミルトン・フリードマン（1912～2006）であった。彼の論点に立ち入る前に、先ずは、マネタリズムについて概観しておこう。

新古典派経済学の中核は一般均衡論であるが、ワルラスは貨幣が存在しない物々交換経済において一般均衡の成立を論証したことは前に述べた。それゆえ新古典派経済学において、貨幣は本質的な役割を演じない。具体的にいえば、貨幣量の変化は絶対価格水準（名目値）を決定するだけで、実物的要因（実質値）に影響を及ぼさないと見なされている。いわば、貨幣は実物的要因を覆うだけのヴェールにすぎないと考えられている。これを「貨幣ヴェール観」という。貨幣的要因と実物的要因が互いに独立している状況は「古典的二分法（dichotomy）」とも呼ばれている。すなわち、貨幣と実物経済とが全く分離して存在していると見なす見解である。こうした状況を現代経済学では、「貨幣の中立性（neutrality of money）」と呼ぶが、貨幣ヴェール観にせよ古典的二分法にせよ、みな同じことを意味しているのである。

ケインズ経済学は新古典派経済学と異なり、貨幣に本質的な役割を与えている。特に、ケインズは「流動性選好説」において資産としての貨幣保有の可能性に論及し、貨幣量と金利との関係を定立した。同時に、ケインズは投資理論である「資本の限界効率」の概念から、金利と投資量との反比例の関係を規定した。いわゆる投資関数として表現されるケインズ効果である。ケインズ効果を通じて、貨幣量の変化が実物的要因へ影響を及ぼす経路が確立されたわけである。すなわち、貨幣量の変化が金利変動を媒介にして投資量の変化をもたらす経路である。ケインズ経済学において、貨幣はもはや単なるヴェールでもなければ、実物経済に対して中立的な存在でもなくなったのである（「貨幣の非中立性」）。またケインズは貨幣保有の経済理論上の意味を考えただけではなく、「貨幣愛」という概念を使って現実社会における意味をも分析の射程に収めていたことは既に論じたところである。すなわち、現実経済においては、購買力として貨幣を保有するばかりでなく、保有それ自体を目的とする貨幣保有も存在することを指摘したのである。

ケインズ経済学を批判するための論拠として、ワルラス以来の純粋な新古典派経済学をぶつけたところで意味はない。なぜなら、ケインズの貨幣論に対抗できる貨幣論を新古典派経済学は持っていないからである。新古典派経済学の貨幣論を強いて挙げるならば、貨幣流通と経済取引（正確には経常取引）との間の定義式である「古典的（貨幣）数量説」か、それを貨幣市場における貨幣需要関数として再解釈した「ケンブリッジ交換方程式」ということになろう。しかし、いずれも資産選択段階における貨幣保有を説明できないために、有効なケインズ批判とはなり得ない。

こうした欠陥を克服し、新古典派経済学の貨幣理論を現代的に再構築したのがマネタリズムである。具体的にはフリードマンによる「新貨幣数量説」の提示である。彼は古典的数量説を、包括的な資産選択局面における貨幣需要関数と解釈し、新たな数量説を構築したのである。すなわち、全ての金融資産および実物資産の選択肢のひとつとして「資産としての貨幣保有」を位置づけたのである。資産選択局面での選択であるから、各資産の（予想）収益率の変化が貨幣をはじめとして各資産の保有量に影響を及ぼすが、彼は各収益率の間には安定的関係があると規定したために、古典的数量説と同様の結論に至っている。すなわち、貨幣量の変化と物価水準の変動が比例関係にあるとする周知の結論である。フリードマンは、自身の実証研究の結果から、長期的に貨幣量の変化が名目 GDP の変化に先行することを指摘し、マネタリズムの結論の正当性を主張した。ただし、彼の主張は前提とする外生的貨幣供給論―貨幣は民間経済の外部にある政府によって供給されるという見解―に依存したものであり、別の貨幣供給論の立場からは必ずしも正当化されないことは後に論ずることになろう。

マネタリズムにより新古典派経済学は、ケインズ経済学と形式的に対抗可能な理論的装備を得た。同時に、実証研究の成果を持ち出すことによって、マネタリズムが現実経済との関係を無視するものではないことを印象づけることにも成功した。実際、フリードマンは、科学哲学として実証主義哲学に立脚しており、ポパーの反証主義に連なっている経済学者といえる。それゆえ彼は「結論の反証主義」を実証経済学の方法論に据えていたのである。一般に理論は「仮定（前提）―推論―結論」という形態をとるが、フリードマンにとって重要なのは結論だけであった。すなわち、「結論が反証されなければ、仮定や推論は理論の妥当性に無関係である」と考えていたのである。これを「仮定の無関係テーゼ」という。極論すれば、「仮定がいかに非現実的であったとしても結論が妥当であれば問題はない」という立場である。このフリードマンの考え方は、まさにマネタリズムの性格をよく表している。

実は、マネタリズムは貨幣主義というその名称にもかかわらず、貨幣を経済へ注入する具体的経路、言い換えれば現実的経路を欠いているのである。外生的貨幣供給論に立脚すれば、貨幣は政府（中央銀行）から民間経済へと渡されるが、その実際の渡し方（注入方法）は、政府が民間金融機関へ融資をするか、もしくは彼らの有する債券類を購入するかのいずれかしかない。さらに一般の民間人へは、民間金融機関を媒介として融資という形で貨幣を渡すしかない。それも社会を構成する全員へ渡されるわけではない。リスクをとり投資を行う特定の民間人にだけ資金は供与されるのである。これが現実であるが、この方式を使うとマネタリズムの結論が成り立たなくなってしまう。金融機関の融資姿勢と民間における初期的な貨幣量の偏在によって、貨幣量変化と比例的な物価水準の変動は起こり得ないからである。つまり増加した貨幣量が、社会を構成する全員に比例的に配分されないのである。それゆえマネタリズムは、論理矛盾に陥らないために、あえて貨幣の民間経済への注入経路を隠しているのである。

マネタリズムによれば、例えば貨幣量の10%の増加は、実物的要因に影響しないわけであるから、比例的な10%の物価水準の上昇によって吸収されるはずである。しかし、このことが成立するためには、社会の全ての貨幣保有者に対して各々の保有する貨幣量の10%の増加が生ずる必要がある。ところが、これを現実の手段によって実現することは不可能である。深夜に政府の役人が、各々の家庭を訪れ、その家庭の保有する貨幣量の10%分の貨幣を枕元に置くことは不可能だからである。そのために、マネタリズムは非現実的なたとえ話をはじめるのである。それが「ヘリコプター・マネー」のたとえである。すなわち、政府は民間経済にヘリコプターで貨幣をばらまき、民間の経済主体は各々が有する貨幣保有量に応じて他者と同じ比率で貨幣を拾うという話である。こんなことが起こるわけがないという批判に対する理屈が、「結論の反証主義」なのである。すなわち、仮定はどうでもよいのである。結論さえ反証されなければよいという考え方である。ヘリコプター・マネーのたとえ話を軽視する経済学者もいるかもしれないが、マネタリズムにとっては、本質的な、欠くことのできないたとえ話であることに注意すべきである。

さて、フリードマンのケインズ批判に話を戻そう。1970年代のスタグフレーション下で注目を集めたのが、彼の「自然失業率仮説」である。ここで自然失業率とは、完全雇用に対応する失業率を指す。これは言語矛盾と思われるかもしれないが、たとえ完全雇用下であっても摩擦的失業および自発的失業は存在するわけであり、その比率を自然失業率と呼んでいるのである。したがって、それは雇用の天井を意味するため、それ以上の景気拡大は実質的には不可能となる。フリードマンは、この自然失業率仮説によって失業率とインフレ率のトレード・オフ関係を経済理論の観点から説明することに成功したと主張した。

この仮説の含意を簡単に述べれば、次のようになろう。すなわち、現実に観察される両者のトレード・オフ関係—例えば「フィリプス曲線」に見られる関係—は短期的現象にすぎず、長期的にはこのトレード・オフ関係は解消され存在しなくなるというものである。彼がその論拠としたのが「情報ラグ」である。すなわち経済人は自らの関与するビジネスに関する情報、いわゆる「ローカルな情報」は比較的迅速に入手できるが、経済全体に関わる情報、いわゆる「マクロの情報」を入手するには時間を要すると想定するのである。ローカルな情報入手とマクロの情報入手との時間差（ラグ）によって、経済人は短期的に貨幣錯覚による非合理な行動をとり、結果的にトレード・オフ関係を生じさせるというものである。具体例で考えよう。今、政府が貨幣量を増加させたと想定する。マクロ的に見れば、それは一般物価水準を比例的に上昇させることになる。しかし、経済人は自らの関わる財貨の価格上昇を目の当たりにするが、マクロの情報を迅速に入手できないため錯覚をしてしまう。すなわち、自らの関与する財貨への選好が強まり需要が拡大したと考えてしまうのである。結果的に価格の上昇した財貨の増産が図られる。各経済人が同様の行動をとれば貨幣賃金が上昇し、失業率は自然失業率より低下するため、経済規模は拡大する。しかし、マクロの情報が行き渡った長期においては、自らの関わる財貨の価格上昇が相対価格体系の変化を伴わない（すなわち実質的変化を伴わない）、単なる一般物価水準の上昇と比例する動きであることが認識される。それゆえ、増産から元の水準へと減産がはじまる。この過程において自然失業率へ向かって失業率は上昇することになるが、物価水準は貨幣量の増加により高止まりしたままである。こうした状況が、いわゆる失業率の上昇とインフレの共存であると説明したのである。この推論過程を見れば容易にわかる通り、フリードマンは新古典派経済学の「完全情報の仮定」を緩めて、「情報ラグ」に置き換えて考察したといえよう。

フリードマンは、自然失業率仮説に立脚し、政府が総需要拡大によって失業率を自然失業率以下にしようとしても、それはインフレを高進させるだけであると結論づけた。すなわち、ケインズ政策の無効性を唱えたのである。しかし、自然失業率仮説が論ずる失業とは自発的失業のことであり、非自発的失業を想定したものではない。非自発的失業が存在しない、いわゆる完全雇用下で景気拡大政策をとることは現実には考えられないので、その仮説の意義も限定的に評価すべきであろう。しかし、70 年代の反ケインズ経済学の雰囲気の中で、フリードマンは予想以上の評価を勝ちとることになった。

5. 超合理主義へ：ルーカス批判の衝撃

フリードマンの主張をさらに先鋭化させたのが、1970 年代のシカゴ学派を中心とする「マクロ合理的期待論者（マクロ・ラショナリスト）」と呼ばれる経済学者達であり、その筆頭はロバート・ルーカス（1937～　）である。彼らは「合理的期待仮説（Rational Expectation Hypothesis）」というツールを使って経済分析をする学者達である。誤解なきよう一言すれば、ここでいう合理的期待仮説とは予想に関する考え方（定式化）のひとつであり、「合理的経済人は、将来予測に際して自己の保有するありとあらゆる知識と情報を用いる」とする見方である。具体的にいえば、理論モデルを用いての予想形成を意味している。合理的期待仮説自体は、経済学で従来から用いられてきた他の期待仮説、例えば静学的期待、外挿的期待および適応的期待等と同じく分析用具のひとつにすぎず、何らかの主張を内包するものではない。したがって、それはあらゆる理論モデルと接合可能である。マクロ・ラショナリストはそれを新古典派経済学の理論モデルに接合させた。後に80年代になるとRBCモデルと略称される「実物的景気循環モデル（Real Business Cycle Model）」およびその後継モデルに接合させたのである。

その結果、新古典派経済学の弱点のひとつであった調整過程の問題が解決されることになった。論理的時間を考慮したモデルにおいて、外的ショックが生じたとき、その影響が吸収され新均衡へ至るまでには時間がかかる。それまでの期待仮説では、ショックによって期待が変化しないかもしくは逐次的な調整過程を想定していた。例えば、今期と前期との差に応じて期待を修正するといった考え方をしていた。新古典派経済学が想定する静穏なる予定調和の世界は、全ての調整が完了した後の長期的均衡状態を意味している。長期において、期待は必ず実現し改訂の必要はなくなる。それに対して、ケインズが「長期はいつ来るのか。長期が来る前に、われわれは皆死んでしまう」と痛烈に批判したことはあまりに有名な話であろう。長期的状態になる前の調整過程において、新古典派の命題は妥当しないからである。

しかし、合理的期待仮説を用いると事態は一変する。合理的経済人の頭脳には最先端の経済モデルが入っている。そこに新たなデータが追加された場合、逐次的な経験を経ることによって将来予測を改変する必要はない。頭の中にある経済モデルに新たな数値をインプットしてシミュレーションを行うことによって瞬時に将来の均衡状態は予測可能となるからである。全ての経済人がこのような予測に基づき新データの下での最適化行動をとるとどうなるか。長期的均衡状態は、すぐにでも現出するのである。均衡からの乖離が見られたとしても、それは確率的な予測誤差の範囲内の出来事にすぎない。長期は、瞬時にやってくることになった。

ルーカスによるマクロ経済学に及ぼした最大の衝撃が、1976年の彼の主張、いわゆる「ルーカス批判」であったことに疑いはない。それはルーカス自身の「経済学のあり方」に関する見解を開示したものであり、良きにつけ悪しきにつけ、その後30年間に渡り経済学の動向を左右するほどの影響力を持つものとなった。その主内容はケインズのマクロ経済学に対する批判であり、具体的には二つの論点に集約される。第一に、計量経済学で使用されているケインズ型マクロ経済モデルの欠陥を指摘したことであり、第二に、マクロ経済学と整合的なミクロ的基礎づけの必要性を説いたことである。ルーカス批判以降、多くの経済学者達は、その批判に耐え得る論理の構築を余儀なくされた。ルーカスの主張に与するにせよ、与さないにせよ、現代経済学はルーカス批判を基準として動いてゆくことになった。第二の論点に関しては次章で詳述するとして、ここでは第一の論点を中心に論じてゆく。

ケインズ経済学は、マクロ経済を数本の方程式体系で説明するものである。その際、ミクロ的な問題、すなわち各個人の主体的均衡へ至る行動は無視される（個人の労働供給に関する新古典派の仮定を棄却したため）。マクロ経済の重要な経済指標には、民間経済内部で決定される「内生変数」および民間経済外部で決定される「外生変数」がある。後者には政府が決定する「政策変数」も含まれる。内生変数と外生変数がいかに関係するかは経済構造に依存するが、その関係を具体的に示すものが「構造パラメーター」である。ここでパラメーターとは「不特定の数値」と考えると理解しやすい。今、外生変数と構造パラメーターを所与としたとき、内生変数と同数の方程式があれば、形式的に解を求めることができる。ケインズ型のマクロ経済モデル、例えばIS–LMモデルは、経済構造を所与、すなわち構造パラメーターの値を一定としているモデルである。それを一般に「構造モデル」と呼ぶ。実証分析のために、経済モデルを統計学的に操作可能な形に変形したものが、計量経済学における計量モデルである。したがって、ケインズのマクロ経済モデルに立脚する計量モデルもまた構造モデルということになる。現在、大学や経済研究所などで経済予測に用いられているものは、たいてい、構造モデルである。中には経済を詳しく分析するために内生変数の数を増やして、数百本の連立方程式体系としてマクロ経済を分析する構造モデルも散見される。他方、経済構造を全く無視し、経済変数の過去の統計データのトレンドから確率的に将来予測をする「時系列モデル」も経済予測の方法として各方面で使われている。しかし、その論拠となる経済理論が存在しないため、「理論なき計測」ともいわれている。ここでは時系列モデルに関しての論及はしない。

さて、ルーカスはケインズ型のマクロ構造モデルを使った経済予測を批判した。批判の対象とされたのは構造パラメーターの一定性である。先に論じたように、構造パラメーターは経済構造を指し、それが一定であることは「過去の経済構造―それを各人の行動様式と考えてもよい―」の継続を意味することになる。それゆえ構造モデルに基づく将来予測は、過去の経済構造が現在も将来も不変のままとどまるという前提の下での予測ということになる。この見解のどこが問題なのであろうか。実のところ、構造モデルには「将来のショックが予想される場合でも、その予想は現在の経済活動に全く影響を与えない」という限界がある。すなわち、予想されるショックを扱うことができないのである。簡単な具体例を挙げよう。例えば、構造パラメーターとして消費性向（消費の可処分所得に対する比率）を考え、それを一定値（c）とする。構造パラメーターが表す経済構造とは、過去の社会の全構成員の経済行動の集積結果やその平均値を示すものであり、消費性向の場合は消費と可処分所得との間の社会全体の平均的傾向である。今、半年後に消費税を5%引き上げる法律が成立したとする。これが予想されるショックである。すなわち、可処分所得の変更（減額）が予想されるのである。この場合、人々はおそらく現在の消費行動を変更するであろう。合理的経済人を想定すれば、彼は生涯所得の変更に直面して最適化のために各期の消費量を変更するであろう。全員が同じ行動をとれば構造パラメーターは変化するはずである。現実の人間は合理的経済人ほど極端ではないにしても、半年後の消費税率の引き上げに対して従来通りの消費行動をとるとは考えにくい。いずれにせよ、構造パラメーターは変化するであろう。しかし、構造モデルでは、この変化を捉えられない。今の例でいえば、消費性向（c）は一定値のままで変化しないのである。ルーカスは、そこが問題であると指摘したのである。すなわち、将来のショックが予想される場合、構造モデルによる予測は必ずはずれることになると。

ルーカスは、従来の構造モデルに代わり、予想されるショックに対して経済構造の変化を考慮できるモデルの必要性を主張したのである。しかし、これは容易なことではない。なぜなら構造パラメーターの変化を考慮するためには、構造パラメーター自体を経済構造変化の従属変数と考えねばならないからである。構造パラメーター自体が内生化されねばならなくなる。これは、もはや、構造モデルにおけるパラメーターとは別物と考えられる。同時に、内生変数の数が増えるため、モデルの解をどのように特定化するのかという問題も生ずる。すなわち、内生変数の中のひとつを何らかの方法で決定しなければ、一意的な解が得られなくなるのである。

6. 新古典派経済学の終着点：「新しい古典派」とは何か

ルーカス批判に対応するはじめてのマクロ経済モデルは、1982年、プレスコットとキドランドという二人の経済学者によって構築された。そのモデルは、「RBCモデル（Real Business Cycle Model）」と呼ばれ、その内容は「実物的景気循環論」として知られている。RBCモデルは、完全情報を有する合理的経済人が完全競争市場において最適化行動を行うという通常の無時間的な新古典派経済学のモデルを、動学的な確率モデルへと拡張したものである。具体的には、消費者であると同時に生産者でもある一人の合理的経済人が、資本蓄積過程の制約を受けながら、消費者としての効用最大化ならびに生産者としての利潤最大化のための均衡条件、すなわち最適解を得る問題として規定されたモデルである。また資本蓄積に影響を及ぼす技術進歩（生産性）は外生的に与えられ、それは確率過程に従うものと仮定される。もちろん、動学モデルであるから、最適解は時間要素を含む動学経路として示されるため最適経路と呼ぶ方が適切であろう。

RBCモデルの最適解（経路）を得るためには、かなり高度な数学的知識を必要とする。形式上は、非線形モデルを線形近似し、線形化された行列について固有値問題を解くというプロセスを経るのであるが、その内容は数学の専門家でない限り理解しにくいものである。逆から見れば、このことは数学の問題に適用可能な形で経済問題を設定した結果ともいえる。本書で繰り返し強調しているように、経済の問題を設定する以前に、はじめに数学の問題ありきなのである。それに経済問題をいかに当てはめるかが問題であり、「現代の主流派経済学」の立場からすれば、その当てはめる技術こそ経済学者の能力ということになる。数学の問題としてモデル化さえできれば、後は数学者が既に解いた解法をなぞるだけで済む。もちろん、なぞることも難しいので、多くの米国大学の経済関係の大学院では高等数学が教えられているのである。ここでは、外面上の科学性を装うにすぎない数学的装飾に煩わされることなく、経済理論の内容からRBCモデルを評価しよう。

RBCモデルがミクロ的基礎に基づいていることは明らかである。経済に人間が一人しかいないわけであるから、その場合、ミクロとマクロは一致する。もちろん、一人の人間からのコピーを考えれば、同質的な複数の人間からなるマクロ経済を考えることも可能である。いわゆる代表的個人からなる世界である。それでは、構造パラメーターに関してはどうか。それは、予想されたショックに対して変化するので、もはや構造パラメーターという名称はつけられない。それゆえ、「ディープ・パラメーター」と呼称される。RBCモデルでは、経済主体の主観的割引率（将来と現在をいかに評価するか）や労働供給の弾性値などがディープ・パラメーターである。前に述べたように、一番の問題はディープ・パラメーターがいかに決定されるかという問題であった。そのディープ・パラメーターの設定のことを「カリブレーション」という。驚くべきことに、それはシステムの内部で内生的に決定されるのではなく、外生的に与えられるのである。それも過去の統計的データに基づいて推定されるのである。何のことはない、形式的にはケインズ型の構造モデルにおける構造パラメーターの設定と全く同じなのである。背後にある経済観の相違、すなわち、たとえ同じに見えても RBC モデルではミクロ的基礎づけを前提として設定しているのだと強弁しても説得力はあまりない。統計データは、現実経済における異質な主体の活動の結果である。それを主体の同質性を前提とした抽象モデルに唐突に組み入れてしまっているのが RBC モデルである。あたかも水と油を混ぜ合わせるようなものといえる。

実物的景気循環論の意味についても簡単に論じておこう。その含意は、その名の示す通り景気循環は実物的要因によってのみ発生するというものであり、循環を引き起こす実物的要因として考えられているのは「技術進歩ショック」、すなわち技術進歩率の変化（労働生産性の変化）である。仮定により技術進歩は確率過程に従うわけであるから、長期的に見ればその変化率は一定であったとしても、各期間におけるそれは様々な値をとる。技術進歩率が高いときは労働生産性が向上するわけであるから、雇用が増加し生産量は増える。逆は逆である。すなわち技術進歩率のスピードの変化によって、景気循環は生ずると考えているのである。実物的景気循環論の考え方は、一見するとそれほど重要なことではないと思われるかもしれないが、実際はかなりの衝撃を経済学にもたらすことになった。

1970 年代～ 80 年代の現代版新古典派経済学の中心的見解は、マネタリズムであった。前にも論じたようにフリードマンは、政府による恣意的な金融政策の発動は、民間主体の予想を混乱させ実物経済に悪影響を及ぼすと想定していた。それゆえ民間主体の予想に混乱を与えないようにマネーサプライを一定比率で供給することをルール化すべきであると主張していた。いわゆる「k％ルール」である。このことは、逆から見れば、政府による貨幣的ショックが実物経済に影響を及ぼすことを示している。すなわち、政府の恣意的な金融政策は短期的には有効であることを言外に述べているのである。フリードマンのこの見解は、彼が無時間的なモデルに立脚し、かつ合理的期待を考慮しない場合に導かれた結論であった。ところが実物的景気循環論は、動学的なミクロ主体の最適化行動を前提とすれば、貨幣的要因が全く実物経済に影響を及ぼさないことを主張したのである。合理的経済人が彼の頭脳の中にあるRBCモデルに基づき合理的期待を形成すればどうなるか。まさしく、古典的二分法の世界の再来、言い換えれば完全なる貨幣の中立性の世界が現出するのである。RBCモデルには、名目変数は登場しない。それゆえ貨幣市場も存在しない。実物的景気循環論は、新古典派経済学の同衾であったマネタリズムの見解を無意味なものにしたのである。マネタリズムは、あっという間に、実物的景気循環論に賛同する経済学者達から「時代遅れの見解」と見なされることになってしまった。それ以降、フリードマンは経済理論家というより、むしろ経済思想家として現実経済に影響を及ぼす存在となった。

ルーカス批判および実物的景気循環論の研究方向に賛同する経済学者達は、RBCモデルをベースに様々なマクロ経済モデルを構築していった。それらに共通するのは、ミクロ主体の最適化行動を前提とするマクロの動学モデルであることであった。そうしたモデルの一般名称を「動学的確率的一般均衡モデル（Dynamic Stochastic General Equilibrium Model）」といい、DSGEモデルと略称されることが多い。また確率的という言葉を省いて、単に「動学的一般均衡モデル」と呼ばれることもある。DSGEモデルは、RBCモデルをベースに何らかの市場の不完全性、例えば情報の不完全性や価格の硬直性などを加味して分析を行うものとされる。RBCモデルおよびDSGEモデルに立脚して経済分析を行う研究者集団は「新しい古典派（New Classicals）」と呼ばれ、現代経済学における主流派としての地位を築くに至っている。また彼らが米国の中西部の大学を中心に活動していることから「淡水学派」と呼称されることもある。

1990年代を中心にDSGEモデルは米国の経済学界における一種の流行となった。後続の研究は、RBCモデルが提示した数学的解法を単に応用もしくはそれをなぞるだけで済む。それはオリジナルな論理の構築より遙かに容易なことである。また経済学界で承認され権威づけられた分析方法であるなら、それに追随していれば間違いを犯すこともなく安心して研究できることになる。研究職を得るための過酷な競争にさらされている米国の若手研究者にとって、これは福音であった。同種の研究が群生するのも無理からぬことであったといえよう。こうした現象は1970年代から80年代における合理的期待仮説の流行を彷彿とさせる。当時の米国における学術論文の大半に「合理的期待」の名称が冠されていた事実はよく指摘されるところである。

さて、DSGEモデルは、新古典派経済学の中心をなすワルラスの一般均衡モデルとどこが異なるのであろうか。そのベースとなっているRBCモデルは、形式的にはワルラスの一般均衡モデルにおける登場人物を一人に限定し、体系を動学化し、外生的な確率変数をひとつ導入したものになっている。静学か動学かという分析上の相違はあるにせよ、ミクロの主体的均衡解を問う点で両者は本質的には同じものといえる。両モデルとも貨幣的要因なしに実物的要因だけで、体系が均衡することはいうまでもない。DSGEモデルの場合は、ミクロ主体の最適化行動を前提としているが、表面上はマクロモデルである。マクロの諸変数の背後にそれを成立させるミクロの合理的行動があると想定しているのである。それを象徴するがディープ・パラメーターであった。ワルラスの一般均衡モデルとの最大の違いは、DSGEモデルが現実経済に対応できる形で構築されていることである。具体的には、現実の統計データと対比可能な形態をとっているのである。前に指摘した通り、ケインズ以降の経済学は、ケインズ経済学との対比から何らかの形で現実性を装備する必要があったのである。

それではDSGEモデルはいかにして現実経済を分析しているのだろうか。いわば現実との対話の仕方である。最大の特徴は、「DSGEモデルは（経済政策を変更した場合の）経済予測ができない」ことである。あるいは「経済予測のためにつくられていない」といったほうが適切であるかもしれない。ケインズ型のマクロ構造モデルでは、統計データから推定された構造パラメーターを一定として、そこに政策変数である外生変数に具体的数値を入れて経済予測を行っている。例えば、公共投資を10兆円増加した場合にGDP水準はどの程度増加するかといったことを予想するのである。

ところが、DSGEモデルでは、理屈からして明らかなように、予測ができない。DSGEモデルにおける構造パラメーターは、政策変更によって、その値が変化するディープ・パラメーターである。政策変更前のディープ・パラメーターは、前に指摘したように、それまでに蓄積された統計データから推定される（カリブレーション）。しかし、その値は政策変更時点で変化するはずである。予想されたショックが各経済主体に周知され、彼らは行動様式を変えてしまう。政策変更によるディープ・パラメーターの変化は、いつわかるのであろうか。事後的にしかわからないのである。事後的な統計データの推定、新たなカリブレーションによってしかわからないのである。事前のディープ・パラメーターを使って予測はできない。それでは構造モデルと何ら変わらなくなり、今度は逆に、ルーカス批判が自らを襲うことになる。

実際のところ、経済予測のできないDSGEモデルは、モデル内の政策変数を人為的に変化させたときの結果と現実の統計データとを対比させることで、かろうじて現実との対話を図っている。いわばシミュレーションによって人為的に発生させたデータと現実のデータとがどの程度似ているかを比較するわけである。具体的には次のような経過をたどろう。先ず特定のDSGEモデルをつくる。そこで、例えば、金利引き下げのシミュレーションを行う。そのショックに対するモデルの反応、すなわちGDPやインフレ率の動学経路を見る。もちろん動学経路といっても、DSGEモデルは均衡モデルであるから、ショックによって均衡軌道からの一時的な乖離が発生し、その後新たな均衡軌道へ収束することは自明のことである。したがって、問題にされるのはショックの方向（正負）や幅（大きさ）および収束に至る期間であろう。次に、それを現実の統計データと照合する。すなわち、モデルと現実とを比較する。一致していない場合は（ほとんどの場合そうであろうが）、モデルを替えてみるか、一致しない理由をさらに探す。これが一般的なパターンである。モデルを替えても、シミュレーションする政策変数を変えても、説明対象となる内生変数の動学経路は、大同小異である。均衡モデルであるから発散することはない。

こうしたDSGEモデルによる経済分析の意義とは何であろうか。結局、シミュレーションを繰り返すことで現実のデータに適合させるようにディープ・パラメーターを設定したDSGEモデルとは一体いかなる学問的価値があるのだろうか。著者には、それが「現実経済を映す鏡」を人為的につくり出す作業にしか思えない。うまく映らなければ、何度も鏡面を磨いたり、鏡自体を替えてみたりしているように見える。鏡であるから、それは現在の姿しか映さない。明日の姿は、明日の鏡にしか映らない。今日それを見ることはできない。しかし、現在の姿を映すのはDSGEモデルという名の鏡だけではない。現実データの説明、つまり後講釈だけなら、どんな鏡（理屈）を持ち出してでもできるのである。DSGEモデルは現実データのひとつの見方、いわゆる超合理主義的な説明を提供するだけの装置にすぎない。それは「新しい古典派」の経済観、すなわち「社会の全構成員は合理的経済人として、予想されるショックにも対応する最適化行動をしている」という見解と現実の統計データとを無理矢理結びつける手段にすぎない。確かにひとつの経済的見解ではあるにせよ、現実の経済社会は超合理的な経済人によって成り立っていますと主張するだけの論理に、どれほどの現実妥当性があるかは疑問である。

第6章

現代の主流派経済学の抱える問題

1. マクロ経済学のミクロ的基礎：代表的概念

サミュエルソンの提唱した「新古典派総合」が、新古典派経済学とケインズ経済学とを単に接ぎ木した理論構造であったことは前に述べた。新古典派経済学は同質的な個別的主体の行動原理を探求するミクロ経済学である。ミクロ的主体の行動を集計することによって全体の動向は推し量られるという理由で、新古典派経済学には経済全体を分析する枠組み、すなわちマクロ経済学は必要ない。他方、ケインズ経済学はミクロ的状況を無視して、すなわち主体的均衡の問題に立ち入らずに、経済全体の動向を分析の俎上にのせた理論である。ケインズの方法は、いわば異質的な経済主体の行動を許容する枠組みだとも解釈される。双方の理論の前提となる経済主体の想定が全く異なるため、単純に両理論を接ぎ木しただけの新古典派総合は、現実を経済学的に概観するという便宜的な意義はあったにせよ、学問としては論理的に成り立たない。それゆえ、後にサミュエルソンもこれを撤回したのである。

この新古典派総合の考え方を、形を変えて、学問として論理的に再構成する試みが登場した。それが、いわゆる「マクロ経済学のミクロ的基礎」を探求する諸研究である。この研究方向は、1970年代から80年代の経済論壇の中心を占めたといっても過言ではない。しかし、この研究分野は極めてケインズ的ではなかった。それは新古典派の論理によるマクロ経済学の再構成といえるものであった。前章で論じたルーカス批判もまた、こうした研究促進への刺激となったことはいうまでもない。ケインズ経済学に対する理論面からの最大の批判が、このマクロ経済学のミクロ的基礎づけの理論なのである。その内容について具体的に論及する前に、ミクロとマクロの関係の捉え方について相反する二見解を説明しておくことは無駄ではあるまい。

経済全体は個別的経済主体から成り立っているのであるから、ミクロの経済諸量を集計したものがマクロの経済諸量となることに疑いはない。しかし、集計に際して問題がひとつ残る。すなわち「誰（の経済諸量）」を集計するのかである。経済全体が「誰」から成り立っているのかに関する経済観に応じて、ミクロとマクロの関係は変わってしまうのである。代表的な経済観である静態理論と動態理論でそれを説明しよう。前者は、同質的な個人だけから構成される社会を想定し、後者は異質的な個人も存在する社会を想定するものである。簡単な例を挙げよう。いま社会は、A、BおよびCという三企業から構成され、社会全体の企業収益はゼロであるとする。静態理論の世界では、三企業とも同一の生産技術を有する同質的な企業であるから、全体の企業収益がゼロであることは、各企業の企業収益もゼロであることを意味する。すなわち、0＋0＋0＝0である。この場合、ミクロの状況とマクロの状況は一致するから、確かにマクロ分析は必要ない。他方、動態理論の世界ではどうか。三企業はそれぞれ異なった生産技術を有する異質な企業であるから、三企業の企業収益の合計がゼロであったとしても、それが個別的企業の企業収益を表すものではない。例えば、A社の企業収益が500の黒字であり、B社のそれが100の黒字、そしてC社はマイナス600の欠損を出しているかもしれないのである。この場合は、500＋100＋（−600）＝0である。明らかに、ミクロの状況とマクロの状況は異なっている。マクロがミクロの集計であるからといって、それはマクロ分析が不要であることを意味しない。それがいえるのは、静態的な経済観に立脚した場合だけである。そのことを常に念頭に置いて、マクロ経済学のミクロ的基礎づけの研究を見てゆく必要があろう。

新古典派経済学によるマクロ経済学のミクロ的基礎づけの第一歩は、上の例で論じたように、マクロ的経済状況と整合的なミクロ的主体を想定することであった。具体的には、ミクロ的主体として「代表的主体」を想定することである。代表的主体は、別名、「平均的主体」といわれることもある。この発想は極めて単純である。ミクロとマクロが一致するためには、RBCモデルのときにも言及したように、経済社会に一人しか人間がいなければよい。一人しかいない社会の仮定で具合が悪い場合は、その一人を均等かつ均質に分解すればよい。例えば、N人からなる経済社会を想定したい場合は、一人をN等分すればよい。そうすれば、その社会の個々の主体は全体のN分の1の役割を演じることになる。無論、各主体は、制約条件下で最適行動を行う同質的な主体と想定される。この操作を施すことによって、個別的主体の異質性もしくは多様性を分析から排除できるのである。はじめから、社会に一人しか人間を想定していないわけであるから、異質性なり多様性は生ずるはずもない。

モデルによっては、もう少し巧妙な操作が行われる。それは経済には平均的行動をとる主体ばかりではないとの想定からはじまる。ただし、平均的行動からはずれる行動をとる人達は、社会的に正規分布の形で存在していると仮定される。この場合、全体を集計したとき、平均的行動からはずれた行動は相殺され、平均的行動だけが残ることになる。したがって、ミクロ主体として平均的行動をとる人だけを分析すればよいことになると。この想定は、多少の現実性が加味されているように見えるが、論理的には破綻している。第一に、平均的行動をとる人達は制約条件下での最適化行動をとっているとして、平均的行動からはずれる人達の行動原理が明示されていないことである。なぜ彼らは、そうした非合理な行動をとるのかが説明されていないのである。第二に、平均的行動からはずれた行動をとる人達が、なぜ社会に正規分布の形で存在しているのかについての説明がなされていないことである。

マクロ経済学のミクロ的基礎づけの理論は、全面的に、この「代表的（平均的）概念」に依存したものである。この概念を用いる経済学者の中には、「分析を容易にするため便宜的に使う」とか「伝統的な手法に従って使う」と述べている人達が多いが、そうではない。この概念は便宜的なものなどではなく、この概念なくしては分析が成り立たないという意味で本質的なものである。さて、代表的概念を使うと経済全体はどのような姿として捉えられるであろうか。たとえていえば、経済全体は金太郎飴のようなものとして捉えられる。どこを切っても同一の行動様式に従う同質な顔が現れる。その一片一片が各経済主体である。逆に、個別的な経済主体を観察した場合はどうか。個別的主体には全体の全ての特徴が備わっているわけであるから、それは自己相似のようなものと見なすことができよう。いわばミクロとマクロは相似形なのである。こうした経済観が、ケインズが希求した現実経済への接近とはかなり隔たっていることはいうまでもない。

代表的概念の使用例を見ることによって、その問題点を明らかにしておこう。ここでは失業問題を取り上げる。いま経済全体の失業率を5%としよう。この事実は、常識的に考えれば、現実経済の就業希望者のうち5%の人が失業中だと解されよう。就業希望者が100万人いれば、失業者は5万人であると。しかし、代表的概念を使うと失業率の意味は一変する。すなわち、この場合には「就業希望者全員は雇用されているが、彼らが希望する労働供給時間を5%下回っている状態」と解されることになるのである。代表的概念に基づく理論では、完全雇用が維持されていることに注意すべきである。なぜなら、経済の中に、雇用されている人と失業している人が併存してはならないからである。代表的個人は経済全体を代表する人であり、彼が経済内に一人しかいない場合を考えれば、そのことは容易に理解できよう。代表的概念に依存するマクロ経済のミクロ的基礎づけの理論では、一般に、失業問題は発生しない。実際の失業者は一人もいないからである。したがって、当然のことながら、現行の賃金で働きたいにもかかわらず働けない状況を表す「非自発的失業」について論ずることもできない。

2. 非自発的失業をめぐって

ここで非自発的失業についても簡単に論じておこう。現実経済には、業績の悪化から企業の都合によって図らずも解雇された非自発的失業者が存在する。2010年時点でEU諸国では平均して若年層の20%以上（その中でスペインに至っては40%程度）が失職中であり、彼らは職を求めていると報道されている。こうした事実からしても非自発的失業者の存在に疑いはない。しかし、経済理論の世界では、非自発的失業が存在するか否かは大問題なのである。特に代表的概念に基づくミクロ的基礎づけの論理が経済学界の主流を占めるようになって以来、経済学者の中で非自発的失業の存在を声高にいえない雰囲気が蔓延してきた。1980年代以降から近年に至るまでの経済学界におけるケインズ批判の流れの中で、多くの経済学者がケインジアンと見なされることを恐れたためである。いわば「非自発的失業を容認する者」イコール「時代遅れのケインジアン」であるという空気が経済学界を覆った時期であった。情けないことではあるが、主流派もしくは体制派へ帰依することの安心感、いわゆる権威主義に陥る者が多数存在することに関しては、経済学界も他の世界と同様である。

さて、非自発的失業に対する批判の代表例として、ルーカスのそれを見ておこう。ルーカスは、ケインズ経済学の存立基盤のひとつである非自発的失業の存在自体を否定する。彼は、賃金が一定の下で失業者が存在することは、失業者がそれ以上の賃金を望んでいる結果にすぎないと考える。すなわち、失業者は賃金低下を受け容れるなら働けるにもかかわらず、自発的に失業状態を選択しているのだと。低賃金を我慢しさえすれば、世の中に仕事はいくらでもあるはずだと考えているのである。彼は、非自発的失業を職探しのための離職等による一時的な摩擦的失業と考えるべきだとしている。

確かに、ルーカスの考え方は一見論理的に見える。ただし、それは新古典派経済学の世界のことである。一片の現実性を導入するなら、たちどころにそうした論理は崩れ去る。その意味では、学問的論理と現実との齟齬に関する好例といえなくもない。低賃金を受け容れれば、職場は見つかるということは現実にもありそうなことである。例えば、最低賃金制度のある国では無理であろうが、解雇を言い渡されたときに、時給が現行の10分の1でも働く意志があることを表明すれば、おそらく離職をせずに済むであろう。その点でルーカスは正しい。しかし、その結果どうなるのか。大半の労働者に問いかけてみれば、答えは簡単に見つかるはずである。曰く、「その賃金水準では生活できずに死んでしまう」と。長期的に生命の維持さえできない低賃金の仕事があるとして、その職に就かないことを選択している労働者を自発的失業者といえるのであろうか。実在の人間には最低限の文化的生活を営むだけの賃金が必要なのである。それ以下の低賃金を拒むからといって、自発的失業者とラベルを貼ることはできない。新古典派の世界で想定している労働者とは、「夕暮れ時、自己の効用最大化の観点から、畑の傍らでもう一時間働くべきか否かを思案している農夫の姿」なのである。彼は雇用が保証され、自己の労働時間を自由に決められる主体なのである。ましてや餓死することもない。そこから現実の労働者を推し量ることは到底できない。

純粋理論によって現実経済を理解しようとする場合の最大の難点が、ここに存する。すなわち雇用問題を扱えないことである。非自発的失業が存在していなければ、失業は自発的失業だけであるから、政府が失業者を救済する必要はない。摩擦的失業にしたところで、よりよい職場を求めるための職探しの期間における自発的な失業なので、これも救済する必要はない。逆に、政府が救済に乗り出せば、それは個人の自由を侵害することになってしまう。確かに代表的概念に立脚するミクロ的基礎づけの論理の中には非自発的失業者は存在しない。しかし、現実経済には非自発的失業者が存在する。この理論と現実とのギャップに対して主流派経済学者がとってきた方法とは何か。それは、理論で説明のできない非自発的失業の概念を経済学から消し去ることであった。その概念の理論的支柱であるケインズ経済学を叩き潰すことであった。いわば、「ベッド（理論）に合わせて足（現実）を切り落とす」ことを選択したのである。そのためには、ルーカスのいうように、失業は全て自発的失業と考えればよい。そういう理屈をつければよいのである。そうすれば、たとえ経済全体の失業率が20%であろうと30%であろうと、個人の合理的選択の結果と見なすことができ、経済問題としては無視できるのである。いずれにせよ、非自発的失業概念を経済理論から消し去ることは可能であろう。しかし、いかに高名な経済学者であろうとも、非自発的失業者を現実の経済社会から消し去ることは決してできない。とすれば、いずれ現実からの反撃を受けることになろう。

3. 現代経済学の主流派の形成：ニュー・ケインジアンの登場

現実性から遠ざかれば遠ざかるほど、論理性はますます高まる。このことは真理である。ケインズ経済学はミクロ理論を持たず、対して新古典派経済学から派生した「新しい古典派」はマクロ的状況と整合的なミクロ的基礎理論を有している。一般の経済人であれば現実性を重視しようが、学問的立場にある人間の多くは論理性に軍配を挙げよう。一般の経済人の経済学に求めるものと、経済学者が求めるものとの「ミス・マッチ（すれ違い）」がここから発生する。

前述のルーカスは、このミクロ的基礎づけの分野において多大なる貢献をなし、結果的に、ミクロ的基礎づけのないマクロ経済学は不要という見解に達した。いわゆるルーカス批判である。さらに進んで、新しい古典派に与する経済学者達は、現代経済学にマクロ経済学という学問分野はもはや存在しないと公言してはばからない。また、彼らほど極端ではないにせよ、個人の合理性、すなわち主体的均衡を理論分析における「タガ（根幹）」と考える学者も多い。そうした論者達は「タガをはずした分析（いわば現実分析）は、アド・ホックなモデルにすぎず、どんなに現実経済をうまく説明できようとも経済学的インプリケーションは希薄にならざるを得ない」といった決まり文句を発する。それは、経済現象を規定している要因を何が何でも個別的主体の合理性に求めなければ意味がないとする見解である。現実経済をうまく説明できることよりも、論理的厳密性こそ優先されるべきだとする考え方は、経済学者に特有のものであろう。

しかし、個人の合理性は分析の開始時点で「仮定」されたものであったことを忘れてはならない。結局、上述の議論は仮定と結論との間の堂々めぐりにすぎない。個人の合理性の仮定から出発した分析の帰結が、個人の合理性と整合的であるのは当たり前のことだからである。「純粋な世界」の延長線上に「現実の世界」があるわけではない。もちろん、こうした認識はほとんどの経済学者は持っていよう。しかし、持っているだけである。認識するだけで、純粋な世界と現実の世界との関係をいかに規定し、どうすれば現実の世界を分析できるかまでには考えが及ばない。実際、合理性の支配する純粋な世界に確率変数を導入し、統計データと照合できるように計量モデルの形にすれば現実の世界を分析できると信じている学者の数は殊のほか多いのである。そうしたやり方は、純粋な世界という、いわば小さな箱の中に巨大な現実世界を押し込める作業でしかない。われわれの関心は、現実経済の問題解決にあるのか、それとも現実経済の純理論的な説明にあるのか。いずれであろうか。残念ながら、一般の経済人の意識とは異なり、現代の経済学界における主流派経済学者の考え方は後者であった。

ここで現代経済学における主流派の見解について簡単に整理しておこう。前章までに見てきたように、主流派と呼ばれる経済学説は変遷してきた。客観的価値説に立脚する政治経済学としての古典派経済学から、限界革命を経て新古典派経済学が主役となった。それが世界恐慌を契機に実践的意味を持つケインズ経済学に主役の座を奪われた。そしてケインズ経済学を均衡論的に再構成した新古典派総合が1950年代～60年代の主流派の座を揺るぎないものにした。しかし、1970年代のスタグフレーションという経済的困苦の時期から需要重視のケインズ経済学への不信感がつのり、マネタリズムが一躍脚光を浴びることになった。ただし、マネタリズムは政策的にも理論的にも欠陥を露呈したため、1980年代以降、マクロ経済学のミクロ的基礎づけを持つ経済理論に主役の座を明け渡すことになった。2008年のリーマン・ショックが生ずるまでの30年間あまり、それは経済学の主流派であり続けた。しかし、リーマン・ショックによる世界規模の経済的混乱によって、その主流派としての足場は揺らいでいる。金融恐慌を均衡論的な枠組み、例えば「効率的市場理論」で説明することはできない。世界中の英知とあらゆる情報によって形成されたはずの金融市場における諸価格が、内部から崩壊したからである。今後、世界規模の金融不安が頻発するとの予測の下では—実際そうした傾向はリーマン・ショック以降生じているのだが—個人の合理性に立脚する学説は立ち往生せざるを得ない。個人の合理的行動の仮定から出発すれば、内部からの均衡破壊は生じないからである。結局、現実経済の混乱を説明し得ない経済理論は、いずれ他の新たな論理に道を譲ることになる。そうしたパラダイム・シフトが生ずるまでの過渡期においてのみ、従来の主流派は細々と命脈を保つのである。現代はそうした過渡期にあると思われる。

マクロ経済学のミクロ的基礎づけの理論として、前章では「新しい古典派」を挙げたが、実はもうひとつ有力な学派が存在する。その学派を

「ニュー・ケインジアン（New Keynesian）」という。いわゆる「新しいケインズ派」である。前に論じたように、ミクロ的基礎づけの諸研究は、新古典派総合の見なおしからはじまった。それは、二階建て構造である新古典派総合の「一階部分である新古典派経済学」による「二階部分のケインズ経済学」の解体作業であった。すなわち、個別的主体の合理的行動からマクロの諸現象を説明してゆく研究であった。その際、「新しい古典派」は、現実的要素を一切考慮することなく、新古典派の論理をマクロ的かつ動学的に拡張したのである。他方、「ニュー・ケインジアン」は、ミクロの合理的行動主体が現実経済で突き当たる諸要因によって、ケインズが想定した「賃金・価格の硬直性」を説明する論理構造を構築した。ただし、新しい古典派とニュー・ケインジアンは、名称こそ異なるが、新古典派経済学の産み落とした双子といえる。つまり両学派は共に代表的概念に立脚した同質的な合理的経済人の最適化行動を前提としているという意味で、同根なのである。したがって、ニュー・ケインジアンという名称に違和感を覚えるのは筆者だけではあるまい。ケインズ経済学は、異質的な個人の存在を暗黙裡に仮定してマクロ経済学を構築したのである。あえてミクロに立ち入らないことで、現実経済の諸問題を解明できたことを忘れてはならない。その点を含めて、次に、ニュー・ケインジアンの見解も簡単に素描しておこう。

ニュー・ケインジアンの理論的前提は、「情報の不完全性（もしくは非対称性）」という概念である。すなわち、市場取引者、例えば売り手と買い手の有する情報量が互いに異なるという前提である。それは1970年代におけるジョセフ・スティグリッツやジョージ・アカロフ等による「非対称情報下の市場経済」の分析に端を発し、その後「不完全情報の経済学」として発展してきた学説の中心概念である。いうまでもなく、新古典派経済学は「合理的経済主体が完全情報を有している」との仮定を基盤として成り立っている。不完全情報の経済学は、この完全情報の仮定を排したより現実的な経済分析といえる。学問的観点からすれば、形式的に不完全情報の経済学は、完全情報の経済学である新古典派理論を補完する役割を担っているように見える。しかし、本質はそうではない。不完全情報の仮定が、完全情報の仮定より現実的な仮定であることに異論を差し挟む余地はなかろう。そうした不完全情報の経済学が提起するのは、市場取引における歪みである。この歪みが新古典派理論の立脚する市場メカニズムを機能不全におとしいれる。必然的に、新古典派経済学のテーゼは現実には成立しなくなる。特に市場メカニズムに信を置く経済思想なり経済政策は現実的には妥当しなくなる。このように不完全情報の経済学は、完全情報の経済学の補完的構築物と捉えるよりも「市場メカニズムに対するアンチ・テーゼ」として評価すべきであろう。

それでは不完全情報の経済学の提示する市場取引の歪みとは具体的には何か。それは完全競争市場の均衡（需給一致）を妨げる現実的な諸要因の存在である。ケインズ経済学の場合、外見上、それは賃金および価格の硬直性であった。ニュー・ケインジアンは、市場メカニズムの調整を妨げているそれらの諸要因を、ケインズのように制度的に説明するのではなく、ミクロの理論から説明することを目指しているのである。価格や賃金の硬直性に関するニュー・ケインジアンの見解に関して、いくつか例を挙げておこう。

先ず、「メニューコスト（情報コスト）」である。現実社会では、情報の入手および情報の発信には費用がかかる。時々刻々と変わる仕入れ価格を販売価格に転嫁するには、価格変更によって得られる利得が情報コストを上回る必要がある。反対から見れば、上回らない期間、価格は変化しないという考え方である。レストランの店主が、メニューを書き換える手間を考えている姿をイメージすればわかりやすいであろう。次に、情報ラグである。すなわち各人の保有する情報に差があるケースである。フリードマンの自然失業率仮説でも使われた概念である。ここでいう情報ラグとは、「既存（近所）の取引相手」と「未知（遠方）の取引相手」では、情報の周知にラグができるということである。もちろん、既存の相手には迅速に伝わり、未知の相手には遅れて伝わるのである。情報ラグがあるとき、企業の直面する需要曲線は屈折する。なぜなら価格を上げれば既存の客は逃げるため急激に需要は減少し、下げても未知の客にはなかなか情報が伝わらないため需要増は僅かとなるからである。その場合、寡占企業の分析と同様に価格は硬直的となる。

また情報の不完全性とは別のアプローチとして、労働市場における効率賃金仮説も見ておこう。これは労働生産性が賃金率の関数であると仮定することからはじまる。その場合、利潤最大化を図る企業は、当然のことながら、労働生産性を最も高くする賃金率を選択することになる。そして、その賃金率に対応した労働需要を決定することになる。企業が決定した賃金率は、労働生産性と賃金率の関係が技術進歩等によって変化しない限り一定にとどまる。賃金率が労働市場の需給関係以外のところ、すなわち企業の利潤最大化行動の結果として決定されるわけであるから、労働市場に超過需要もしくは超過供給が発生しても、賃金水準は不変にとどまることになる。

このようなニュー・ケインジアンの見解は、新しい古典派の見解とはかなり相違しているように思われるかもしれない。実際、ニュー・ケインジアンの旗頭と目されるスティグリッツは市場原理主義に対してかなり批判的である。しかし、それは経済思想面における相違であって、マクロ経済のミクロ的基礎づけという同一の基盤から発している両学派は、理論的にはかなり類似している。いわば、両学派はひとつの経済像をそれぞれ別の角度から見ているといえる。例えば、非自発的失業の取り扱いである。両学派ともミクロ主体の最適化行動を前提とした理論であるから、当然、ケインズが棄却したミクロの労働供給理論を保持している。同時に、代表的個人を想定しているため、完全に失職している失業者はいない。

失業率を5%とした前に挙げた例で説明しよう。いうまでもなく、新しい古典派の見解では、全てが自発的失業もしくは摩擦的失業である。非自発的失業は存在しない。ニュー・ケインジアンはどうか。全員雇用されている状況は変わらない。しかし、賃金の硬直性を想定しているため、5%のうち何%かは非自発的失業と想定できる。いま自発的失業を3%、非自発的失業を2%としよう。すなわち、社会の全労働者は自らの望むより2%少ない労働供給をしていることになる。その原因は何か。賃金の下方硬直性となる。ここまではケインズ的といえなくもないが、ここから新古典派的となる。ケインズの非自発的失業の定義を変えてしまうのである。ケインズ経済学の非自発的失業の定義は、「現行の賃金で働きたいにもかかわらず仕事がないために働けない状況」であった。ニュー・ケインジアンの非自発的失業の定義は、「現行の賃金以下でも働きたいにもかかわらず、賃金が下がらないので働けない状況」なのである。すなわち、元の定義である「現行の賃金」を「現行の賃金以下」に変えてしまうのである。こうすると、賃金の高止まりが非自発的失業の原因となる。市場メカニズムが機能し、賃金が速やかに下落すれば非自発的失業は解消される。これはもはや大恐慌時代の新古典派経済学者の主張と同じである。しかし、賃金は下がらない。その理由を、前に示した効率的賃金仮説のような企業の最適化行動の結果から導出しているのである。ニュー・ケインジアンは、ケインズの指摘した「賃金下落による所得減少が消費の減少を招きスパイラル的に景気を悪化させる」といったプロセスを一顧だにしていない。

ルーカス（新しい古典派）は、現行の賃金以下の職場はいくらでもあるから失業は全て自発的失業だと主張し、ニュー・ケインジアンはミクロ主体の最適化行動の結果であるから現行の賃金以下に賃金は下がらないと結論づける。両学派が「現行の賃金」を見る立場は異なっている。それが市場メカニズムが機能した後の均衡価格なのか、市場メカニズムの機能が妨げられた結果として生じた均衡価格なのかという相違である。簡単にいえば、制約なしの均衡価格か、制約条件つきの均衡価格かの違いである。しかし、雇用問題が存在しないという政策面に関しては両学派の見解は完全に一致する。

自発的失業者を救済する必要がないことは前に述べた。それではニュー・ケインジアンの想定する非自発的失業はどうか。すなわち、現行賃金以下でも働く意志があるにもかかわらず、賃金の硬直性のために働けない失業者に対してである。それもまた政府は救済できないのであり、また救済してはならないということになる。賃金決定は企業側の最適化行動の結果であるという立場からすれば、政府が民間経済へ介入することはできない。賃金決定に介在できない。それはとりもなおさず民間企業に対する自由の侵害に他ならないからである。ニュー・ケインジアンにおける非自発的失業の存在は、純粋に民間経済の供給側の問題なのである。所与の生産技術の下で、企業の利潤最大化をもたらす水準に賃金は労働市場における需給関係とは別個に先決されているのである。ケインズは、非自発的失業の問題を有効需要不足と捉え、総需要管理による経済運営という需要重視の経済学を構築した。しかし、ニュー・ケインジアンは、非自発的失業が生じたそもそもの原因である有効需要不足に言及せず、賃金の硬直性だけに焦点を当てている。ニュー・ケインジアンには総需要管理政策は存在しない、すなわち経済の需要側の役割が欠落している。というより、そもそも供給側の経済学なのである。ミクロ主体の最適化行動による労働供給量と資源の初期的賦存量によって経済規模は決まってしまう。それはまさにセー法則の支配する経済観である。市場メカニズムが、局所的には完全に機能しないケースもあるが、それは現実的諸要因に直面しつつもミクロ主体が最適に行動した結果であるとする見解なのである。賃金および価格の硬直性という制約条件つきではあるが、主体的均衡は成立しているのである。ミクロの最適化行動の結果であるなら、市場の歪みを政府は放置するしかない。自由放任である。ニュー・ケインジアンの本質は、ケインズ経済学からではなく新古典派経済学から派生した供給側の経済学に他ならない。経済認識の仕方に関しては、ニュー・ケインジアンの立場から新しい古典派を批判することはできる。したがって両学派は一見すると対立した学説かと思われがちであるが、ケインズ経済学と新古典派経済学のような本質的な相違は全くない。

4. 分岐点：理論的発展は経済認識の深化をもたらしたか

これまで現代経済学の理論的発展について大雑把に流れを見てきた。それによって認識されたことは、現代経済学の主流となる見解は、マクロ経済のミクロ的基礎づけの理論であることであった。すなわち、マクロ現象をミクロ主体の合理的行動から説明する一群の諸理論である。表面上、それは「新しい古典派」と「ニュー・ケインジアン」に大別されるが、代表的概念を用いて同質的なミクロ主体を想定している点に関しては完全に一致した理論構造を持っている。それらは新古典派経済学に、外見上、現代的な装いをほどこしたものといえよう。現代の経済学者の多くも、この見解に立脚している。こうした認識の下で、次なる問題を提起しよう。すなわち、「現代経済学の理論的発展は、果たして、現実経済を認識する上でどの程度役立ってきたか」ということである。ケインズ経済学が経済論壇の主役の座から降りて以来、この30年間に主流派経済学は現実の経済問題をどの程度解決してきたのだろうか。いわば経済理論の有用性を問うのである。

この問題を考えるに当たっては、最近30年間に実際に実施された経済政策を概観することが参考になろう。経済学界の動向に関わりなく、現実の経済は生き物であり、政府の政策策定者はその都度経済の舵取りをする必要に迫られている。当然、政策ブレーンには一流の主流派経済学者が入って助言を行っている。具体的政策を見れば、最新の経済理論の成果がどの程度盛り込まれているか否かを判別できよう。ここでは日本経済の場合を取り上げる。

第二次石油危機を経た1980年代央は日本銀行による金融緩和政策の継続

によってバブルが発生し、日本経済は未曾有の繁栄の極みにあった。80年代末、日本銀行が金融緩和政策を百八十度転換し、急激な金融引き締めによってバブル潰しに奔走した結果、日本経済は大混乱に陥った。90年代前半は金融不安の余波を受けた実体経済の悪化が続き、政府はケインズ的な景気対策を継続して行った。しかし、本格的な景気回復には至らず、逆に財政悪化が懸念されはじめ、97年には消費税増税を実施し引き締め策に転じた。結果的に、アジア通貨不安も重なり日本経済の低迷はさらに続き、90年代末には金融不安も再燃した。こうした状況を踏まえ、日本銀行は99年にゼロ金利政策を実施した。一方、90年代後半から、政府は金融自由化政策、いわゆる「日本版金融ビッグバン」を実施してきた。この規制緩和の流れを継承するように、金融分野以外にも構造改革を推進する諸政策が2000年央まで実施されたが、景気は一向に上向かなかった。景気対策としては、構造改革論が足枷になり財政投融資の増額による刺激策はとれず、もっぱら金融政策に依存したものとなった。日本銀行は、量的緩和政策をとり続けたが、民間経済へマネーを回すことはできなかった。2000年央に日本にとって唯一の幸運が訪れた。円安の定着である。これは政府による経済政策の成功ではなく単に為替介入を米国が許容するという外的要因によって生じたが、日本経済は外需拡大によってひと時の安寧に浸ることができた。しかし、それも長くは続かず、2008年のリーマン・ショックによる世界規模の金融不安によって日本経済は再度低迷期に突入した。日本銀行は、この間、ほとんど他国の中央銀行のような抜本的対策をとらなかった。一時期を除き20年間に渡るデフレは放置され続けた。さらに日本経済は、リーマン・ショック以降の円高傾向の定着によって外需による成長が見込めず低迷が続いている。2011年以降の急激な円高に対しても、政府および日本銀行は共に適切な対応策を講じていない状況である。

一般の経済人が、ここ30年間に見てきた日本経済の姿および政府による経済政策の概要はこのようなものであろう。ここで重要なことは、現代経済学の理論的発展の成果は、日本の経済政策に全く取り入られてこなかった点である。大雑把にいえば、80年代から90年代央までは財政政策にせよ金融政策にせよケインズ的な総需要管理政策がとられ、そこからリーマン・ショック以前までは構造改革政策が中心となっていた。構造改革論は、経済内に非効率が存在した場合に新古典派経済学の立場から解決策を考えるという論理構造になっている。この期間を通じて、インフレやデフレといった貨幣的現象は、主としてマネタリズムの見解に立脚して認識されてきた。また政策実施の基盤となる経済思想に関しては、市場原理主義の是非をめぐる対立の構図になっていた。もちろん、その背後に利害の対立する社会的勢力が関係していることはいうまでもない。構造改革論および市場原理主義に関しては、後の章で論ずることにする。

このように日本の経済政策の諸手段は、現代経済学の主流派の立場から見れば、古臭いケインズ経済学やマネタリズムの見解、および時代遅れの新古典派経済学に立脚したものとなっている。政策立案者は、現代経済学の動向にも精通していると思われる各省の優秀な官僚群であるにもかかわらず、なぜ最新の理論を用いないのであろうか。答えは簡単である。われわれが直面している経済状況は、デフレ、不況、就職難、金融不安、社会保障制度への不信、少子高齢化、災害時における生活不安等々である。しかし、そうした状況は現代の主流派経済学の中には全く出てこない。例えば新しい古典派の立場からすれば、デフレやインフレなどの貨幣的現象は全く実体経済に影響を及ぼすものではないので問題にすらならない。デフレが何十年継続しようがどうでもいいことなのである。好不況といった景気の波などは、単に技術進歩が加速するか減速するかといった供給要因によって生ずる確率的な現象にすぎない。他方、ニュー・ケインジアンにしたところで、制約条件つきながら主体的均衡は成立しているのであるから、政府が民間に介入する必要はない。いわんやケインズ的な裁量的景気刺激策などもってのほかなのである。ミクロ的基礎づけの理論というのは、全ての経済現象をミクロ主体の合理性から説明するものであるから、結果として生じたマクロ現象はその社会の合理的帰結に他ならない。発生する全ての現象が理屈に合っている社会、すなわち全く問題のない社会を想定しているのである。現代経済学の最新の理論は、いかなる天才をもってしても、現実問題の理解および解決には使いようがないのである。

それでは経済政策は別として、現代の主流派経済学の成果は民間経済の個別的主体、すなわち一般のビジネスマンや個別的企業にとって有用であろうか。本書で規定している現代の主流派経済学は、特定の経済観に立脚した経済論理の体系を指している。その内容からして、ミクロ的基礎づけの理論が、一般のビジネスマンに現実の経済認識を高めさせているとは到底思えない。例えば、われわれの最も大きな関心は、経済の先行きがどうなるのかという経済予測にある。しかし、先に示した通り新しい古典派のDSGEモデルは経済予測をできない。すなわち、最新の経済理論は経済予測をしないのである。それゆえ、現代に生きるわれわれが経済予測をしたいと思うときには、マクロの構造モデルか理論なき測定といわれている時系列モデルに依拠するしかない。もしも構造モデルに対するルーカス批判を是とする人であれば、選択肢はなくなる。経済予測を諦めるしかない。構造モデルを経済論理（理屈）によって批判する人が、経済論理（理屈）のない時系列モデルに頼ることはできないはずだからである。

実のところ、一部の民間人にとって有用と思われている現代経済学の成果は、主流派経済学以外の極めて個別的な研究分野のものでしかない。それは体系化されていない部分的な研究である。代表的なのは、金融工学であろう。金融工学は新たな金融派生商品（デリィバティブズ）を生み出し続けている。今までには存在しない金融商品をつくり出すことによって、金融取引が飛躍的に増大したわけであるから、その成果は金融業界に生きる人とっては福音であろう。金融取引量の増大は、直接的に手数料収入の増大を意味するからである。しかし、新たな債権債務関係をつくり続けて商品化した結果、世界全体の金融資産残高は実体経済の取引量（世界全体のGDP）を遙かに凌駕するようになった。その結果、金融不安が生じた場合に実体経済も大きく動揺してしまう。それはリーマン・ショックによって明らかになったことである。最新の金融工学の技術によって生み出された金融派生商品といえども、所詮は債権債務関係に基づいている。それらは様々な債権債務関係を切り貼りして合成されているため、ある金融商品に生じた債務不履行が次々とドミノ倒しのように他の金融商品の債務不履行へと波及してゆく危険性をはらんでいる。たとえそれが「債務不履行の危険性が高まった」という格付会社による風評の流布にすぎなかったとしても、金融不安は発生するのである。金融工学は今後も発展を続けてゆくであろうが、同時に世界規模で金融派生取引を制御する仕組みがつくられなければ、将来に渡って、われわれは金融不安もしくは金融恐慌と隣り合わせの生活を送らねばならなくなる。

金融工学とならび、一部のマーケッティング関係者に有用と思われている経済理論は、「行動経済学」であろう。行動経済学は、人間の非合理な経済行動を実験やアンケート調査を通じて検証し、一般的な行動傾向を提示する研究分野である。一般的な人間行動の癖や感情の動きを知ることは、マーケッティングにおいて好都合であることはいうまでもない。したがって、行動経済学の成果をビジネスに取り入れている例は散見される。しかし、行動経済学は誕生して間もないため、現在のところは消費行動や投資行動に関する部分理論にとどまっている。人間の非合理的行動を考察するという行動経済学の研究方向は極めて注目すべきところである。しかし、現在のところ、そうした個人の非合理的行動から経済全体の動向をいかに分析してゆくかに関する論理が備わっていないため、本書ではこれ以上の論及は避ける。

さて、本章での議論をまとめておこう。経済学の理論的発展は、ケインズ経済学を契機に現実的説明力を要求されるようになった。しかし、1980年代以降の論理的厳密性を求める経済学者の意識の高まりが一種のムーブメントになり、ケインズ経済学を消し去ってしまった。それが現代経済学の主流派であるマクロ経済のミクロ的基礎づけの理論である。その結果、残された論理的構築物は新古典派経済学と同じ純粋理論だけとなった。この段階に至って、経済学はまた現実と決別することとなった。歴史の振り子は、理論と現実の間を行きつ戻りつしているように見える。それでは、現代経済学が現実経済を分析できないとすれば、われわれが直面する待ったなしの経済問題に対して、どうすれば解決策を模索できるのか。われわれはここで次のことを認識する必要がある。現代経済学が現実に背を向けてしまっている以上、われわれは現代経済学を離れ別の現実経済を説明する論理を求めてゆかなくてはならないと。次章以降では、それを探求してゆく。

第7章

経済社会学への道：体系化の放棄を出発点として

1. もうひとつのミクロ的基礎づけの論理

「経済学は、現実経済を説明できない」とする見解は、現代の主流派経済学を経済学の全体と認識した場合、一面の真理である。しかし、現代経済学を奉じる学者達はすぐさま次のように反論するであろう。すなわち、「経済学は現実経済の説明を目的とするものではなく、資源の希少性を前提に社会の最適資源配分の達成を人間の選択行動の観点から分析する学問である」と。しかし、一般の経済人で、この回答に満足する人がいるだろうか。内容さえも理解できないのではないだろうか。経済学であるならば、「経済」を分析する学問ではないのかと疑問に思うはずである。一般人と経済学者との間のこの「すれ違い」は、経済学という学問が対象とする「経済」に関する認識の相違から発生したものである。一般人は、経済とは「現実経済」を指すものと考えるのに対し、経済学者は経済とは「理念的な構築物」、すなわち仮定によって「経済」と想定された場と考えている。もちろん、最終的な目的を現実経済の分析に置いている経済学者も存在する。そうした学者にとって、理念的な経済は現実経済へ至る里程標として位置づけられる。ただし、理念的な経済の中に安住することをもって、経済学者の役割と考えている者も多い。論理的厳密性という壁で囲まれた部屋は、学者としては住みやすいからである。しかし、そうした意識を持った学者の数が増えるとすれば、学問と現実はますます乖離することになる。その傾向の先にあるのは経済学にとって憂うるべき状況であろう。一般の経済人が、経済学という学問自体を見放す危険性が生ずるからである。経済学は非現実的で学ぶ意味がないと。こうした雰囲気が社会的に醸成されることは、ある意味では「経済学の危機」といえよう。現代の主流派経済学の進展は、そうした危惧を感じさせる。

問題は、経済学者の考える理念的な経済の先に現実経済があるかどうかである。経済学者がそうした問題意識を持って、足元の理念的な経済モデルをつくっているかどうかである。経済仮説が、単なる仮説にとどまらず、現実経済に適合するように拡張できるか否かが問題なのである。そのためには、土台となるべき仮説が重要である。理念的な経済に単に確率変数を導入しただけでは決して現実経済へ至ることはできない。その意味で、現代の主流派経済学であるマクロ経済のミクロ的基礎づけの理論はその土台たり得ない。逆に、ケインズ経済学もそのままでは、その土台たり得ないであろう。1970年代から80年代にかけてのケインズ批判の嵐をケインズ経済学は受け切れなかった。押し潰されてしまった。ケインズ批判に対する論理的かつ有効な反論を提起するには至らなかったのである。したがって、現実経済分析を見据えた論理の土台づくりには、ケインズ経済学を乗り越えた新たな理論的枠組みが必要になる。そのためには、方法論的基盤から整理しておく必要がある。分析の始発点においては将来の方向を示す羅針盤が必要なのである。羅針盤なき航海は、必ず将来の難破を予想させるし、たとえ無事であったとしてもそれは単に僥倖にすぎない。

先ず「ケインズ経済学にはミクロ理論が存在しない。個別的主体の行動から説明されないマクロ経済学はアド・ホックな研究にすぎない」という周知のケインズ批判をもう一度考えてみよう。この批判によってマクロ経済学のミクロ的基礎づけの諸理論が生み出され、それが現代の主流派経済学の地位を占めるに至ったことは既に述べた。ここで問題にしたいのは、「ケインズ経済学には本当に個別的主体（人間）が存在しないのか（登場しないのか）」ということである。ケインズの『一般理論』には、貨幣愛、血気（アニマル・スピリット）、美人投票、投機等さまざまな人間味あふれるエピソードが出てくる。それらは流動性選好説、資本の限界効率、投資行動および金融市場の分析といった理論的装置の背後にあって、理論上、顔を見せないが実在する人間行動の描写なのである。ミクロ主体として姿を見せない理由は、ケインズのマクロモデルが集計量の分析であるからに他ならない。ケインズ経済学にも、当然のことながら、個別的経済主体は存在するのである。この根本認識から出発する必要がある。

それでは、なぜ、ケインズ経済学にはミクロ理論が存在しないといわれるのか。それはケインズ経済学には、新古典派経済学の想定する「合理的かつ同質的なミクロ主体」が存在しないということを意味しているのである。実際、ケインズ経済学に登場する個別的主体はかなり多様である。非合理な考えを持って行動する主体や他者とは違った行動をとる主体を想定しているといえる。それゆえ量的に集計できても質的には集計できないのである。価値観が異なっているとしても、各個別的主体の経済活動の結果は数量的に集計できる。経済全体の所得なり消費なり、あるいは寄付金などは集計できる。しかし、その集計量を見て、社会の個人がいかなる価値観を持って行動しているのかまではわからない。社会には寄付をする人もいれば、しない人もいる。寄付をする人にしても、他者を慮る気持ちから発している人もいれば、単なる見栄でする人もいる。人それぞれなのである。人は多様なのである。数量は平均化できるが、人間の性質は平均化できない。各個人の価値観も平均化できない。Ｎ人からなる現実社会に生きている人間は、決して全体のＮ分の１の存在として捉えられない。人間行動を規定する価値観を一意的に決定できなければ、その社会の個別的主体の行動原理を導くことは不可能である。それゆえケインズ経済学には、新古典派的な意味でのミクロ理論が存在しないのである。

新古典派経済学の意味するミクロ理論が存在しないということは、経済学を現実分析のための用具として考えた場合、欠点ではなくむしろ利点である。現代の主流派経済学は、論理的厳密性を追求する立場から、マクロ経済学を新古典派経済学の論理で説明することに奔走してきた。その方法論的基盤は、本書第2章にて論じたように、「同質的な方法論的個人主義」に立脚するものである。同質的概念、平均的概念および代表的概念。それら全ては同根である。そして同質的な方法論的個人主義に立脚する諸理論が、現代経済学の中で多少装いを変えているとしても、現実の経済分析にとって有用でないことは詳述してきたところである。モデルをどれほど複雑にしようとも、世の中の人々が全て同質的であるという仮定に立脚している以上、それによって現実を描写することはできないのである。同質的なミクロ主体を想定した場合の論理的帰結は、対立のない調和的な社会、すなわち多少の制約が加わるか否かは別にして主体的均衡が成立する社会、それゆえその状況を変動させる誘因が内在しない社会の描写にすぎない。したがって、現実経済を分析するためには、同質的な方法論的個人主義から脱却する必要がある。理念的な市場システムの分析から現実的な資本主義市場経済の分析へ進むためには、新古典派経済学的なミクロ的基礎づけの論理を放棄せねばならない。すなわち、われわれの目的のためには、多様なる個人の存在を前提とする方法論的基盤、いわゆる「異質的な方法論的個人主義」に立脚する必要性が生ずるのである。

ケインズ経済学は、異質的な方法論的個人主義の観点に立った経済分析と解釈され得る。それは血気や投機等の想定に見られるように自由な個人の行動を前提として分析が行われているためである。したがって、それは経済全体の分析といえども、歴史や社会的制度によって個人的行動が完全に規定される「方法論的集団（全体）主義」に立脚した学説ではない。ただし、ケインズは短期的分析に終始したため、経済社会の長期的動向の中で人間行動がいかに変遷するか、あるいはその可能性についての言及はない。すなわち、歴史過程の分析が欠如している。いうまでもなく、人間は自らの生きる時代の風潮や価値観に左右される存在でもある。価値観が変われば行動も変わる。一生を通じて同じ価値観で生き抜ける人は希有であろう。若き頃に社会改革への思いを熱く抱いた人も、年を経れば保守化する傾向にある。そういう意味で、人間行動に関する中長期的な視点が現実分析には必要なのである。

ケインズは、いわば現実経済の「瞬間写真」を撮ったといえる。その瞬間写真から現実の真理を探ろうとした。そしてケインズは長期理論をつくらなかった。というよりむしろ、長期理論をつくれなかったと著者は解釈している。極めて現実的な性格を有するケインズ経済学を長期化するための方法は、三つある。第一に、短期的なケインズ経済学の特徴を保持したまま、論理的時間を導入し長期モデルを構築する方法である。これは、ポスト・ケインジアンの方法であり、ハロッドやドーマーの成長モデルがその代表であろう。しかし、そのモデルはケインズ経済学の短期的特徴のひとつである「賃金価格の固定性」をそのまま仮定している。それによって経済社会の長期的不安定性を論じているのだが、長期モデルにもかかわらず価格が一定という仮定はやはり無理があろう。第二に、ケインズ経済学を均衡論の枠組みで捉え、その特徴を賃金価格の固定性のみと規定する方法である。すなわち、貨幣愛、血気および期待といった現実的諸要因を全てミクロの主体から排除するわけである。そして賃金価格の固定性を短期的な調整過程における現象と位置づけるのである。そうすればケインズ経済学の長期理論、すなわち調整終了後の世界は新古典派経済学の世界となる。ケインズ経済学は調整過程の理論として矮小化されることになる。ケインズにしてみれば、これは最悪の帰結であろう。第三に、ケインズ経済学に歴史性を導入する方法である。現実経済の瞬間写真をデフォルメしたケインズ経済学に対応する歴史理論を導入するのである。これは最も辻褄が合う方法といえる。歴史過程の一断面としてケインズ経済学を位置づけられるからである。しかし、どうすれば歴史性を導入できるのか。おそらくケインズはこの論理体系を構築できなかったと思われる。もしくは着想できた長期的論理体系が、新古典派経済学とは別の意味で、ケインズにとって意に沿わなかった体系となってしまったものと思われる。

2. シュンペーターの論理と方法Ⅰ：動態理論の構築

前節では現実経済の分析のためには、異質的な方法論的個人主義の立場に立脚した短期および長期理論を併せ持つ論理体系が必要であるとの認識を示した。この意味からすると、ケインズ経済学だけをひな形として、現実分析の礎とすることには無理があるとの結論に達した。それが長期的な歴史的分析を欠いているためである。それでは、短期分析であるケインズ経済学にフィットする、すなわち接合可能な長期理論はあるのだろうか。長期理論であるからには、少なくとも価格変動を許容し、かつ異質的な経済主体の活動を認めるものでなくてはならない。同時に、歴史的過程に対して論及している学説、特にわれわれの生きている場である資本主義経済を説明できるものでなくてはならない。現実分析のためには、単なる市場システムの分析を超える必要があるからである。そうした諸条件に合致した論理体系は存在するのだろうか。著者は、それはシュンペーター体系をおいて他にはないと考える。

ヨーゼフ・アロイス・シュンペーターは、ケインズの生誕と同年の1883年に生を受けた。奇しくもその年はマルクスが没した年でもあり、その意味で、1883年は資本主義経済過程の分析に正面から取り組んだ三巨人が交錯した年といえる。シュンペーターの研究対象は、経済理論ばかりではなく経済学説史、歴史的および実証的研究、資本主義論および社会哲学にまで及ぶ広範なものであった。まさに社会科学の全体が彼の研究対象であったといえる。そして、それぞれの研究分野において当代一流の業績を残した。それゆえ、シュンペーターは経済学者という範疇では収まりきらない、真の社会科学者と呼ぶべき学者であろう。本書で用いている静態理論および動態理論という経済学の分類基準は、全てシュンペーターの着想に負っている。シュンペーター体系の詳細を論ずることは本書の目的とは異なるため他に譲るとして、ここではその概要と彼の用いた方法について簡単に素描しておくだけにする。

シュンペーター体系を貫く本線は、理論分析から現実分析へ至る論理的経路である。まさしくシュンペーターの理論的研究は、後続の現実分析を見据えた形で段階的に構築されているのである。その点で現実分析を志向する全ての研究者にとって、シュンペーターの方法は社会科学研究における道標、いわば行く先を示す灯台として位置づけられると思われる。それでは、経済理論を中心にその経路をたどっておこう。それは四つの段階から成り立っている。多少長くなるが、シュンペーター体系の内容を概観しておくことも必要と思われるので、今節と次節にて触れておこう。

第一段階は、静態理論との対比である。先ず同質的な合理的経済人だけからなる静態理論の想定する社会を考える。いわゆる新古典派の世界である。次に通常は他者と同様の行動をとるが、時として異質的行動をとる可能性のある主体を想定する。彼は、外見上、同質的主体に見紛う存在であるが、無論、異質的主体である。いわば「潜在的な異質的主体」といえる。静態理論の世界をAとし、潜在的な異質的主体が存在することを除けば他は全て静態理論の世界と同じ世界をBとする。最後にAとBの世界に論理的時間を導入する。すなわち、概念上の時間を経過させるのである。Bの過程は、潜在的な異質的主体が他の主体と異なる行動をとらない限り、外見上はAの過程と同じように進行する。Aの過程（すなわち静態）と対比するために、この状態にあるBの過程を「準静態」とする。シュンペーターは、1911年の著作『経済発展の理論』において、こうした定常状態を「循環的流れの経済」として描写した。この対比の方法は、旧来の学説に習熟する経済学者にも本質的相違を無理なく理解させるための工夫である。ケインズも『一般理論』において「古典派の第二公準」だけを棄却し、他は旧来と同様の状況から議論を出発させている。同じ工夫であろう。

第二段階は、準静態から動態へのテイク・オフである。動態とは異質的な経済主体が能動的に活動する状況である。いよいよ能動的主体が他者とは異なる活動をはじめるのである。第一段階がなぜ必要なのかが、この段階によって明らかになる。静態は調和的で内在的変化の誘因が存在しない世界、すなわち同質的な主体のみからなる世界であるから動態へは決して移行しない。移行するなら論理矛盾となる。異質的な主体の存在する準静態からのみ動態は始発することができる。ここでシュンペーターは、彼の立脚する「指導者の社会学」の観点から、異質的経済主体に明確な性格づけを行う。指導者の社会学とは、社会のいかなる分野であろうと、すなわち政治であろうと経済であろうと文化であろうと、少数の指導力を持つ人間が当該分野を変革し発展させてゆくという見解である。大多数の大衆は指導者に追随してゆくだけの存在である。彼らは環境を変化させる主体ではなく、環境に適合するだけの主体といえる。なぜ、シュンペーターがこの見解に立脚しているかに関しては、彼自身の主観的なイデオロギーと客観的な社会観察の結果であるといわざるを得ない。すなわち、それこそ彼のヴィジョンといえる。それでは経済分野における指導者は誰か。シュンペーターは、経済分野でリーダーシップを発揮し、大衆を率い経済発展へと導く存在を「企業者」と命名した。企業者の役割は「新結合」の遂行である。新結合とは、一般には「革新（イノベーション）」と呼ばれているものであり、旧来の方法とは全く異なった方法で生産を行うことである。それは単に技術革新だけを意味するものではなく、新たな生産資源の活用、新市場の開拓、新経営方法の採用、新商品の開発等経営一般に関するものを指す。シュンペーターは、そうした企業者と創意工夫もなく受動的に経営を行っている主体（それを「単なる業主」と呼ぶ）とを対比させることによって、資本主義経済のダイナミズムを生み出す主因を際立たせたのである。企業者を革新の遂行に駆り立てる動機は何か。企業者の価値観は合理主義というより、人間くさいロマン主義に近い。ヒロイズム、家族愛、社会的使命感および権力志向等々である。社会の中にはこうした進取の気性に富む人間類型が存在することを、シュンペーターは経済分析の中心に据えたのである。異質な主体の存在が経済の内在的変動因であると考えたのである。もちろん、企業者が常に成功するわけではない。今までとは全く異なった方法でビジネスに参入することは、不確実性のただ中に身を置くことを意味するからである。もちろん、そこは不完全情報の世界である。未知の領域であるから、過去のデータに基づく確率分布も使えない。しかし、企業者は失敗を恐れない。数知れない失敗の危険の果てに、成功の光明があることを信じて疑わない極めて能動的な主体なのである。それゆえ非合理な主体なのである。資本主義経済の発展は、そうした挑戦を続け、遂に勝利した一握りの企業者による革新の遂行によってもたらされるのである。

シュンペーターは、企業者を分析の中心に置くと同時に資本主義経済の制度的要因も分析に導入することを忘れなかった。それは、資本主義過程の進行と共に生じた「所有と経営の分離」を背景とするものである。初期資本主義段階における企業経営者―彼はシュンペーターの意味での企業者ではない―は、自らの資本によって企業を立ち上げ運営していた。逆からいえば、資本力のない者は、たとえ能力があったとしても起業することはできない。シュンペーターは、企業者は資本家である必要はなく、あくまでも能力によって特徴づけられるべきだと考えていた。そのためには、徒手空拳の企業者へ資本を渡す経路が必要となる。その役割を担うのが銀行による融資制度である。銀行融資といっても、従来の融資先から資本を回収して新たに企業者へ貸し付けるといった形態は考慮されない。その形態はまさしく静態理論のそれに他ならないからである。シュンペーターの考える銀行融資は、信用創造による融資なのである。つまり銀行は新たな購買力を企業者へ渡すのである。もちろん、この銀行信用の問題に関しては外生的貨幣供給論の立場から異論が提起されよう。静態的状況では新規の信用創造が決して生まれないことも事実である。シュンペーター自身にも多少の誤解があったのかもしれない。しかし、シュンペーターのいう信用創造が実現する条件の提示および動態における貨幣の問題に関しては、次章で詳述することにして、ここでは触れないでおく。

銀行信用という新たな購買力の出現と、それが企業者による革新の遂行のために用いられることによって、資本主義経済の内部から変動が生まれるのである。それは貨幣的要因と実物的要因の相互交渉によって生ずる。簡単にそのプロセスをたどっておこう。先ず、銀行信用の新たな発生によって経済全体の貨幣量は増加する。ただし、その段階ではインフレは生じない。企業者がその新規の購買力を使って生産要素市場から生産要素を購入する段階で要素価格は上昇しはじめる。例えば、労働市場において新規に労働者を雇う場合には、現在より高い賃金をオファーする必要があろう。そうした要素価格上昇の圧力は、次第に生産物市場へと波及し生産物価格の上昇を招く。経済はインフレ傾向となる。しかし、革新の成果が実体経済に現れはじめると状況は一変する。革新の成果とは、新たな方法によって今までよりも優れた商品を、より低価格で、より大量に経済へ供給できることである。それによって企業者は企業者利潤を獲得することができよう。同時に、自由経済を前提とすれば、そうした新たな方法を模倣する者（imitator）が続出する事態になる。新生産方法を模した方法やその周辺技術も生まれるであろう。画期的な革新が副次的な革新を生み出す揺籃となる。いわば革新が群生するのである。そうした模倣者の追随と革新の群生によって、例えば新商品が大量に供給される。まさに好況の現出である。他方、旧来の方法にしがみつき模倣を拒絶する者は経済社会から退出を余儀なくされる。新たなものが古きものに取って替わる。いわゆる「創造的破壊」過程である。しかし、時間の経過と共に目新しさが失われ、いずれブームは去ってゆく。同時に企業者利潤も消失する。残されたものは過剰供給という生産構造である。景気は徐々に後退し、物価水準に下方圧力が加わる。その余波はいずれ労働市場へも及ぶことになる。経済的困苦の時期への突入である。金融面でも、企業者による融資の返済および好況期における過剰な融資の反動によって金融収縮が生ずる。実体経済は金融面からも縮小を迫られることになる。以上がシュンペーターの『経済発展の理論』における景気変動プロセスの概略である。彼は、この段階において景気交替を好況局面と景気後退局面の二局面で捉えていた。

シュンペーターは資本主義経済発展の三要素として、発展の主因となる「革新」、その担い手である「企業者」および企業者に融資を行う「銀行(家)」を提示した。そのいずれが欠けても発展は生じないと考えた。革新とは生産構造の変化を意味するわけであるから、経済発展は先行する経済状態からの質的な変化と見なされる。それゆえ、先行する経済状態の生産構造を不変とした量的変化である「経済成長」とは別種の概念なのである。『経済発展の理論』は、彼の体系にあって最も根本的な「動態経済モデル」を提起したものといえよう。シュンペーターは、この動態モデルを使って現実分析へと歩を進める。ただし、その過程は彼にとって、平たんな道とはならなかった。

3. シュンペーターの論理と方法 II：現実への二段階による接近

シュンペーター体系における理論分析から現実分析へ至る第三段階は、動態モデルの現実経済への適用であった。1939年、シュンペーターは大著『景気循環論』を公刊した。この著作の主内容およびシュンペーターの意気込みは、「資本主義過程の理論的・歴史的・統計的分析」という副題がつけられたことからもうかがい知ることができる。ただし、その著作が現実経済の短期的変動の分析を目的とするものではなく、長期的動向の分析を目指したものであることには注意すべきである。それでは副題に沿いながら、『景気循環論』の概要も一瞥しておこう。

資本主義過程の理論的分析とは、いうまでもなく、『経済発展の理論』に基づく動態モデルを指している。先ず、この動態モデルを現実に適用するためには、経済発展と景気循環とを関連づける必要がある。なぜなら、歴史的に見ても明らかなように、現実経済は右肩上がりで連続的に発展を遂げてきたわけではなく、景気交替を繰り返しながら不連続に発展を遂げてきたからである。したがって、発展モデルは景気循環を生み出すモデルでなければならない。シュンペーターは、景気循環を四局面循環として捉えなおした。すなわち「好況・景気後退・不況・回復」の四局面である。そして四局面の因果関係を規定する。無論、革新の群生による好況局面が始発点となり景気循環過程がはじまるとするのである。このことは殊のほか重要である。なぜなら、現実経済で生ずる景気循環は単なる工学的なサイクル運動として捉えてはならない現象だからである。景気後退からも不況からも回復からも循環がはじまってはならない。なぜそこから循環がはじまるかに関する理屈がつけられないからである。現実経済を分析するためには、現実経済と対比できる形で理論が構築されていなければならない。すなわち、現実経済を分析する理論モデルは因果モデルでなければならない。

シュンペーターは、次に、この理論モデルを現実に適用するために統計的分析を取り入れる。統計的分析は、いわば理論的分析と歴史的分析の狭間に存する分析方法といえる。統計データは実際の数値である。これは曲げられない—もちろん人為的操作によって統計データをねつ造することは散見されるところであるが、それは考慮しないでおく。しかし、統計データが事実であるとしても、それは物いわぬ事実である。統計データに語らせるためには、統計データを解釈する理屈が必要となる。その理屈が理論であり、現実的な理論を育てるものが歴史認識である。さらに統計データの背後にある事実—それは数値化されなかった事実であるが—、を説明するのが歴史的分析の役割である。

景気循環を示す統計データとして、シュンペーターは三つの循環図式を取り入れた。第一に 50 ～ 55 年周期を持つ「コンドラチェフ循環」、第二に 9 ～ 10 年周期の「ジュグラー循環」、第三に 40 か月周期の「キチン循環」である。彼は、主にこの三循環の合成として現実の景気循環が生じていると想定したのである。いわゆる三循環図式である。もちろん、主たる役割を演ずるのは、長期波動であるコンドラチェフ循環である。なぜなら、コンドラチェフ循環は大規模な技術革新の結果として生じた波動と解釈され得るからである。シュンペーターは、18 世紀末から始発した波動を「産業革命コンドラチェフ」、19 世紀中庸からのそれを「鉄道コンドラチェフ」そして第二次大戦によって中断されたが 19 世紀末からのそれを「新重商主義コンドラチェフ」と呼んだ。最後のものは電気・化学・自動車の革新を中心とする波動である。

最後に、理論（理屈）づけられた統計データの背後にある事実を説明するものが歴史的分析である。なぜ、そうした統計数値が出てきたのかを事実に即して説明するわけである。シュンペーターはそこで各時代における産業史について詳述する。同時に、社会の文化的側面にも論究してゆく。それは後の資本主義論に発展してゆくものとなった。シュンペーターが産業史に焦点を当てたのは、至極もっともなことといえる。彼が、発展要因すなわち循環を引き起こす要因として、企業者による革新を最重要視していたことは既に述べた。彼の論理構造からすれば、特定の産業における革新の発生が他産業へと波及し、最終的に経済全体の景気変動を生み出すと考えるのが自然だからである。企業者による革新が対峙するのは当該産業部門（ミクロの市場）であって、経済全体（マクロの市場）ではない。マクロはミクロの結果でしかない。実際のところ、シュンペーターはマクロ分析に対して懐疑的であった。マクロ分析がマクロの変数（もしくはその統計数値）の背後にある経済状況や歴史的事実を全て捨象して成立していることに不満を覚えたからである。それゆえ、シュンペーターは、終生、ケインズ経済学に対して一定の距離を置いていた。むしろ批判的であったといったほうが適切であるかもしれない。その意味で、シュンペーターは、マクロ経済学のミクロ的基礎づけの必要性を説いた最初の学者であったともいえる。もちろん、ここでいうミクロ的基礎づけとは、異質的主体による経済活動に基づく分析を指すことはいうまでもない。

しかし、『景気循環論』はシュンペーターが期待したほどの大きな反響を呼ぶことはなかった。景気循環現象を革新の作用にもっぱら帰着させるというシュンペーターの論理は、いわば長期の論理といえる。画期的な革新が経済の隅々にまで波及するにはかなりの期間を要するからである。経済の長期的なうねりを生み出す主因として、革新の作用を重視しない経済学者は皆無であろう。しかし、もっぱら短期的な景気変動に関心を持つ経済学者にとって、長期的な景気の波を引き起こす論理はあまり重要ではない。短期的な波動の説明には革新以外の諸要因、すなわち在庫循環なり、設備投資循環なり、建築循環のほうが重要なことも多い。しかし、シュンペーターは長期波動とそうした短期波動との関連性について言及しなかった。そのことも、『景気循環論』への評価を低くした要因のひとつであった。しかし、高評価されなかった最大の要因は、ケインズの『一般理論』が1936年に公刊されていたことであろう。短期的な景気変動を除去するケインズ政策の登場により、長期的な景気循環は経済学者の関心の埒外に置かれたのである。時代はケインズの短期的視点に注目し、シュンペーターの長期的視点から遠ざかった。シュンペーター体系おいて唯一欠けている論理の一片は、まさに「短期的分析」なのである。しかし、短期的分析の欠如については後に論ずることにしよう。

シュンペーター体系における現実分析の最終局面、すなわちこの文脈における第四段階は、動態モデルを経済領域以外の社会・文化領域、いわば非経済領域へと拡張して適用することであった。『景気循環論』の段階では、動態モデルの適用範囲はもっぱら経済領域に限られていた。しかし、最終段階に至ると、経済領域と非経済領域との相互交渉が問題となる。経済の論理（発展の論理）が社会の論理にいかなる影響を及ぼすのか。さらに次の段階では、社会の論理によって経済の論理はいかなる変容を遂げるのか。ここに至り、経済問題はもはや社会問題（非経済領域の問題）と離れては論じられない状況となる。一見すると、問題が大きくなりすぎてとても解決できそうもないと感じられるかもしれない。しかし、シュンペーター体系にあっては議論が発散するどころか、極めて論理的に収束する。本書のはじめの諸章で論じたように、社会を経済領域と非経済領域とに仮に区分したところで、両領域で活動する主体は同一の人間なのである。職場に通い生産活動に従事すると同時に、選挙のときは投票所へ出向き、ときおりボランティア活動に参加し、休日には買い物を楽しみ、また音楽や読書に親しむ。人間は皆同じように経済活動と非経済活動の両方を営んでいる。人間行動および行動の基盤となる価値観の問題を考慮することで経済領域と非経済領域との相互交渉を論ずることができる。

シュンペーター体系は、まさに人間の登場する経済学、より適切には経済分析を中心に据えた総合的社会科学、いわゆる経済社会学の体系である。企業者という異質な人間の存在を前提に、指導者の社会学に立脚して人間の社会的関係を考察している学説である。同時に、歴史的分析に立脚する長期理論でもある。その意味で、資本主義社会の長期的動向に関する分析を行う場合、シュンペーター体系は最も力を発揮する論理体系といえる。この分野におけるシュンペーターの研究は、1942年に公刊された『資本主義・社会主義・民主主義』(以下『資社民』と略称)に集約されている。この著作の主内容を形式的に述べるならば、「経済領域における変動(発展)が、非経済領域における変動(社会全体の変動)を生み出し、ついには人々の社会に対する価値観を変えさせるに至る」ということになる。

しかし、この著作の冒頭でシュンペーターは、かなりセンセーショナルな表現を使って人々の耳目をひいている。すなわち、「資本主義社会は、その経済的成功ゆえに崩壊し、社会主義社会へと移行する」と。シュンペーターは、マルクスのいうように資本主義は失敗によって社会主義へ移行するのではなく、成功ゆえに移行するのであると論じたのである。この有名なフレーズによって、『資社民』は「資本主義崩壊論」もしくは「体制移行論」の書と解釈されてきた。しかし、『資社民』におけるシュンペーターの真意はかなり誤解されている。20世紀末に社会主義社会はほぼ崩壊し、ソビエト連邦も革命から70年あまりで幕を下ろした。現在、それらの諸国は資本主義社会へと転じている。それは紛れもない歴史的事実である。したがって、「資本主義は生き延びられない。社会主義へ移行する」とするシュンペーターの見解(予測)は間違いであったと一般の人たちが誤解したとしても致し方あるまい。知識人の中にさえ、シュンペーターを社会主義者と誤解する者もいるくらいである。しかし、これは根本的な誤りであるので、次の『資社民』を概説する過程で、説明しておく必要があろう。

資本主義経済を発展させるエンジンは、企業者による革新の遂行である。それによって資本主義経済は物的繁栄を享受できる。資本主義経済過程は、より高品質で、より安価な商品を、より大量に供給し続けるのである。パイ

(経済規模) の拡大によって、資本家ばかりでなく一般の労働者も豊かになってゆく。多少の不満があったとしても、民主主義という政治的制度が機能している限り、それはある程度調整され—例えば社会民主的な政策の実施によって—プロレタリア革命に至ることなど決してない。これがシュンペーターの議論の出発点となる資本主義社会の姿である。さて、ここから歴史的時間の経過を分析に導入する。シュンペーターは、歴史的経過と共に革新の担い手に変化が生ずる傾向を見てとった。資本主義の初期段階、いわゆる競争的資本主義段階では、いうまでもなく、革新の担い手は「個人としての企業者」であった。しかし、所有と経営の分離が進み企業の大規模化が日に日に進んでくる段階、いわゆるトラスト化資本主義段階に至ると、事態は変わってくる。個人としての企業者の数が次第に減ってくるのである。規模の経済が発生する産業部門では、必然的に生産規模の拡大は生産性の向上を意味するため、大規模企業の出現は不可避的となる。経営者一人で巨大企業を統治することは不可能であり、取締役会といった集団的経営組織が必要となる。彼らは各部門の専門的知識を有する経営のプロである。経済内にこうした産業部門が増えれば、個人としての企業者の出番は少なくなってゆく。個人が遂行できる革新の場が次第に狭まってくる。同じ産業部門で、個人企業が巨大企業と競争することは困難である。隙間産業でしか存在できなくなる。それでは、この傾向の行き着く先はどこか。

「個人としての企業者」の減少によって、革新の出現もしくは革新の遂行は妨げられるのであろうか。シュンペーターはそれを否定する。資本主義経済を発展させるものは、革新の遂行である。それは今までとは違ったやり方で生産を統御する仕方である。それゆえ不確実性を伴うものであるから、一般の人たちには為し得ない所業である。リスクを恐れず新たなことに立ち向かう進取の精神に富む人間だけが為し得るのである。それが競争資本主義段階における個人としての企業者の役割であった。しかし、新奇な行動や方法に対する社会の認識が変化したらどうなるのか。今まで「恐れ」として認識されてきたものが、「やりがいのあるもの」あるいは「挑戦すべきもの」と前向きに認識されることになったらどうなるのか。そうした段階に至った状況では、革新の遂行は個人の使命ではなく社会全体の目標となる。ここにおいて、革新の遂行の役割は個人から切り離される。個人が担わなくてもよくなる。同時に、企業者という概念も個人から切り離される。それはもはや機能を意味する概念となる。すなわち、革新は「企業者機能」によって遂行されるのである。機能であるからには、個人ばかりでなく組織が担ってもよいのである。トラスト化資本主義の段階は、大企業の中の研究開発部門なり研究所によって企業者機能が担われる状況を意味する。個人としての企業者が減少したとしても、革新の遂行は支障なく進み、資本主義経済のエンジンは止まることなく物的豊かさを社会へもたらし続けるのである。組織によって革新は自動化される。まさしく資本主義は経済的に成功するのである。

資本主義経済は発展し続ける。たとえ主たる発展の担い手が個人から組織へ転じたとしても、資本主義の経済エンジンは止むことはない。経済的成果はあまねく社会全体にもたらされる。しかし、社会が豊かになるにつれて人々の社会に対する考え方、いわゆる社会認識が徐々に変化してくる。すなわち、人々の価値観に変化が生ずるのである。その変容を経済的側面と社会的側面から眺めてみよう。

資本主義の経済的成果の本源は何か。表面上、それは革新の遂行であった。それでは革新の遂行は経済（生産）構造をいかに変化させたのか。いうまでもなく、革新とは経済効率を向上させる方法である。革新の遂行が資本主義社会の豊かさの本源であるならば、社会が豊かになればなるほど、経済構造はより効率的になる。すなわち、資本主義過程の進行は「経済の効率化」の進行でもある。言い換えれば、効率化を阻む社会的諸要因を取り除きつつ、資本主義過程は進行するのである。それでは効率化を阻む社会的諸要因とは何か。それは伝統、慣習および儀式等に見られる歴史的に形成されてきた社会制度およびそれを支えてきた人々の精神（メンタリティー）に潜む非効率性である。具体的には、地域の人間関係や既存の取引相手を他者より重視する商慣習、効率よりも品質を重視する職人気質、能力よりも家系や出自を重視する人事登用制度等々である。シュンペーターはそうした非効率性全般を「前資本主義的要素」と名づけた。われわれが「古き良きもの」と認識してきた前資本主義的要素を破壊することによって、資本主義社会は豊かさを勝ち取る。資本主義社会に生きる人々も、豊かさと引き換えに伝統を捨て去ることに馴らされてくる。伝統とはこれまで彼らの価値観であったはずであるが、人々は資本主義の精神に同化してゆく。

シュンペーターは、資本主義過程を貫く精神を「合理主義の精神」と規定した。すなわち資本主義の「時代の精神」は合理主義の精神なのである。ここでは簡単に、合理主義を効率性にのみ立脚する価値観としておく。経済活動によって育まれた合理主義の精神は、やがて非経済活動へも波及してゆく。すなわち、あらゆることを合理的経済計算によって評価しようとする傾向が生ずるのである。全てを損得勘定で評価する傾向である。合理主義の精神は、あらゆる損得勘定とはかけ離れた非合理的な精神、例えばロマン主義を怒涛のように飲み込みながら進行してゆく。ロマン主義を動機として活動してきた企業者は、資本主義経済の発展に寄与し続けてきたが、それは自らの立脚する基盤を切り崩すことでもあった。前資本主義的要素が資本主義の精神を産み落とし、それに取って替わられる。資本主義の経済的成功は人々の価値観を変え、結果的に行動様式を変えるに至る。経済的成果もしくは経済的成功は、合理性の同義語となる。豊かさは、効率性のみを勘案する合理的行動の結果として得られるとの認識が普及する。いわば効率至上主義が時代の雰囲気になるのである。しかし、これが資本主義過程の最終局面ではない。これだけなら、現代の市場原理主義と大差ない。シュンペーターは、さらにこの先を見据えていた。

シュンペーターは経済的成果が人々の社会的および文化的活動にいかなる影響を及ぼすかを考察した。いわゆる経済領域から非経済領域への影響である。これは静態理論では分析の及ばない領域である。豊かな社会の上部構造の分析と言い換えてもよいであろう。経済的に豊かになればなるほど、人々は衣食住の問題に煩わされなくなり余裕が生まれる。ミクロ経済学に登場する経済主体は欲望の不飽和性を前提としているために、あくまでも自らの経済的豊かさを経済領域の中で追求し続ける存在である。しかし、非経済領域に議論を拡張すれば各主体の人間の顔が現れる。ゆとりの生まれた人々の関心は、もっぱら文化および芸術活動に向けられるであろう。とりわけ最大の関心事となるのは教育である。知的で文化的な生活は人々の憧れであり、教育は文化的生活への扉なのである。世界中の親たちは、たとえ貧しくとも自分の子供たちに教育を受けさせたい、できれば高等教育を受けさせたいと願っている。余裕があれば自分も知識や教養を身につけたいと願っている。それゆえ社会が豊かになればなるほど、教育熱は高まり、結果的に高等教育への進学率は高まることになる。こうした傾向が続けば、社会の大多数の人々が高等教育や専門教育を受けられる社会が現出することになる。シュンペーターの想定した資本主義過程の最終局面、いわゆる高々度に発達した資本主義段階は人々の知識水準が歴史上かつてないほど高い、いわば高学歴社会なのである。

教育によって身につくものは、複眼的な視野である。独りよがりの見解の愚かさに気づき、他者の見解を尊重する態度—いわば社会性—である。我利我欲の生存競争から経済的に解放された人間は、他者へ配慮することの重要性を学ぶ。自分の幸せと共に他者の幸せを考えるのである。他者への配慮は地域への配慮につながり、結果的には社会の行く末を案ずるようになる。それは新たな社会認識、社会観の獲得の契機となる。多数の人々が、多少自分にとって負担となろうとも、社会がよき方向へ向かうことを望むのである。公正なる社会、公平なる社会の出現を願う気持ちが強まる。いわば公共心の高まりが時代の雰囲気となる。シュンペーターは知識水準の高い人は我欲よりも公共心もしくは公徳心に基づいて行動する人であると考えた。政治的には、社会的弱者を救済するための社会政策の実施を望む人であると。こうした人達が資本主義過程の最終局面では、社会の大多数を占めるようになると想定したのである。

これまで説明してきたように、資本主義過程の進行によって人間は二つの価値基準に立脚することになる。経済面では効率性に価値を認め、社会面では公共性（公正および公平）に価値を認めるのである。相反する二つの基準の中のいずれに軸足を置いて人間は行動するのであろうか。シュンペーターは公共性に軍配を上げる。トラスト化資本主義の進行により、革新の成果は個人ではなく組織に帰属する。そこには個人にとっての一攫千金の夢物語はもはやない。組織は効率性を追求し続けるが、文化的生活水準を維持するのに不足のない所得を得ている個人が、僅かな所得の上乗せのために他者との競争の継続を望むであろうか。競争よりも社会の融和を優先することになろう。衣食足りて礼節を知るのである。社会の大多数の人々の価値観が公共性に傾いたとき、社会の姿はどうなるか。経済的に豊かで、公正・公平な社会制度を有する社会が現出することになる。これが資本主義過程の最終局面の社会である。

しかし、この社会を資本主義社会と呼べるであろうか。経済効率を求め競争に明け暮れる社会としての資本主義社会とは明らかに別物である。何より、そこには「能力差による不平等の承認」という資本主義社会の根本的価値観が欠如している。さらに、その段階においても経済効率を追求している組織を民間組織から国営組織に置き換えればどうなるのか。個人とは無縁となった富が民間組織に蓄積されていようが、国営組織に蓄積されていようが、個人にとっては同じことなのである。たとえていえば、電力会社が民間企業になったり国営企業になったりしても、国民にとってはさしたる問題ではないのと同じである。そうした社会は、ある種の社会主義社会ではないのかとシュンペーターは問うたのである。もちろん、それは歴史に登場したソビエト連邦のような社会主義社会とは全く異なる体制である。民主主義と私有財産制度が維持された自由な社会が、国民の合意の下、公正・公平な社会を目指した社会制度を実施している社会なのである。その点で、シュンペーターのいう資本主義の後続の体制は、社会主義社会というより社会民主的社会もしくは福祉国家というほうがより正確であるかもしれない。

シュンペーターは予言者ではない。トラスト化資本主義の特徴的傾向が継続した場合を想定して予測を行っただけである。もちろん、資本主義過程の最終局面がいつ訪れるかは誰にもわからない。1世紀かかるか2世紀かかるか、それ以上かもわからない。さらに、その過程で新たな文化的傾向が発生し人々の価値観が変じる可能性も否定できない。しかし、予測が当たるかはずれるかといった問題は、科学者にとっては二義的な問題である。現段階において観察される事実および傾向に歴史的時間が加わった場合、結果的にどういった社会的画面が生ずるかを論理的に推論することが問題なのである。現状で予測不可能なことを分析に導入することなど不可能だからである。社会の上部構造である政治制度や文化的様式は、国家や民族の歴史的経緯を反映した固有の価値観に基づくものであるから、同一の資本主義過程にあるとしても国ごとに多様である。共通する傾向はあるにしても、全ての資本主義国が一律に同じ道を歩むことはない。シュンペーターは、こうした多様性を「文化的プロテウス」と呼んでいる。プロテウスとは、何にでも姿を変えられるが自分の姿を持たないギリシャ神話の中の海神である。

シュンペーターの真意は「資本主義過程は、その経済的成功によって、資本主義体制を最も特徴づける効率至上主義的価値観を人々から徐々に奪い去る」との指摘である。経済活動における価値基準は、政治的選択に際しての価値基準とはならなくなる時代が到来すると。人々は政治的選択に際して、公正公平な社会制度を望むようになると。もちろん、社会のほとんどの人間が利己心を離れ社会性もしくは公共性を重視して活動するに至るまで、すなわち、そうした人間性の成長が見られるまでにどれほどの期間を要するかはわからない。しかし、その傾向は現に見られるとするのがシュンペーターの見解である。その傾向の行きつく先、資本主義体制の特徴なき社会を、われわれは資本主義社会と呼ぶことができようか。シュンペーターは、そうした社会はもはや資本主義社会ではなく別種の体制であると主張したのである。

4. 経済社会学への道：現実分析の方法論的考察

われわれは、前節までの議論で、シュンペーターの理論分析から現実分析へと至る概要を見てきた。シュンペーターは長期に渡る現実分析を志向していたので、現実分析というより歴史分析といったほうが適切かもしれないが。驚くべきことに、シュンペーターは彼の研究歴の始発時点で、こうした研究計画を立てていたのである。1908年、彼が若干25歳のときに公刊された『理論経済学の本質と主要内容』は静態理論に関する著作であるが、その後段には静態理論を超えた先にある研究方向がはっきりと示されている。彼のヴィジョンは20代で既に完成していたのである。それでは、経済体制が歴史過程の中でいかなる変貌を遂げるかという彼の壮大なる問題意識の背後にある科学哲学とは何か。それを知ることによって、われわれは現実分析の意義を確認することができる。

本書第3章において、科学哲学については簡略に論じた。科学哲学とは、簡単にいえば学問を科学たらしむる基準、いわゆる学問の科学性についての考察である。第3章では特に実証主義について論じたが、シュンペーターの立脚するのは「道具主義」といわれる科学哲学である。一般に、学問に要求される科学性は、二つに大別されよう。第一に「対象との整合性」であり、第二に「推論の厳密性」である。実証主義はもっぱら対象との整合性（もしくは一致）を理論に求める立場と考えられる。理論は、通常「前提（仮定）—推論—結論（予測）」という構造になっているが、実証主義は「前提」もしくは「結論」に対象との整合性を求めるものである。例えば、経済理論に則していえば、前提もしくは結論が現実経済と整合的か否かが問題とされることになる。現代経済学における狭義の意味からすれば、整合性の適否は統計データによって実証されるか否かということになる。しかし、論理実証主義がカール・ポパーに批判されて以降、実証主義は「結論の反証主義」として認識されるようになった。すなわち結論が反証されない限り理論は棄却されないとする立場である。逆にいえば、理論は反証可能な形で提示されなければならないという周知のポパーの命題である。前に指摘した通り、それを極端な形で経済理論に取り入れたのがミルトン・フリードマンであった。結論が反証されなければ仮定は理論の妥当性に無関係だとする「仮定の無関係テーゼ」の立場である。現代の新しい古典派の経済学者達も基本的にこの見解に立脚している。

　他方、道具主義とは、その名の通り、理論を道具と見なす考え方である。何のための道具かという目的に関して道具主義は、さらに二つに分けられる。便宜的に、第一種の道具主義と第二種の道具主義と名づけておく。第一種の道具主義は、理論構造（前提—推論—結論）において推論の厳密性のみを重視する立場である。理論は厳密な推論のための道具と考えるのである。この見解は、前提にも結論にも検証や反証を求めない仮説演繹法である。演繹プロセス、すなわち推論過程を数学的に厳密に行うことが科学としての要件であるとする立場である。例えば、レオン・ワルラスおよびワルラス以降の数理経済学者は皆この立場にあると考えられる。なぜなら、純粋経済学は数学的方法に立脚しており、数学的方法は経験的方法ではなく合理的方法だからである。それは、理論に求められる論理的厳密性と現実妥当性とを明確に区別する考え方といえよう。無論、この立場からすると、科学的な理論とは論理的厳密性のみを保持すればよく、現実妥当性とは無関係ということになる。

第二種の道具主義は「理論は現実を説明し、かつ理解するための道具である」とする立場である。この考え方はエルンスト・マッハ（1838～1916）に発するものである。シュンペーターもまさにこの立場を保持している。理論が道具であるならば、理論の真偽を問うのは的はずれということになる。なぜなら、道具に求められるのは目的に合致するための有用性のみだからである。この立場では、「統計データとして観察可能な現象」とその背後に存する「統計データとして現れない観察不可能な現象」が明確に区別される。数値として観察不可能な現象に関しての説明の仕方（理論）は複数存在し得る。そうした理論の中で、その現象を最もうまく説明するものが有用性の観点から選択される必要があるとする見解である。いわば道具箱の中から最適な道具を取り出すようなものである。木を切り倒すためには斧を、紙を切るためには剃刀を選択するのと同様である。第二種の道具主義は、仮定（仮説）の恣意性を容認するものであるが、結論の現実との適合性は必要とする見解である。しかし、現代経済学における現実との適合性は、予測の成功（統計データとの一致）といった狭い意味でしか理解されていない。もしも、第二種の道具主義の提示する現実との適合性が統計データによる反証可能性を意味するならば、それはフリードマンの実証経済学に類似したものになってしまう。したがって、シュンペーターの依拠する第二種の道具主義における現実との適合性とは、統計データとの一致だけを指すものではなく「より一般的な現象（事実）に対する説明力」と解釈すべきである。説明の対象となる現象には、統計データで表されるものとそうでないものがある。実証主義（反証主義）は前者の現象だけを対象にしているが、シュンペーターの依拠する道具主義は後者をも含めた現象を対象とするものである。いわば広義の意味での現実の説明力をもって現実との適合性といっているのである。この見解の現代的意義は、実証主義という制約条件の下で経済学を狭小な範囲—統計データの存在する範囲—に押し込めてきた現代経済学の方法に対するアンチ・テーゼということになろう。

さて、シュンペーターの立脚する道具主義の立場から現実分析の方法と意義を探ろう。現実に発生する諸現象は、それぞれ一個の歴史的固体である。些細な個別的事象からはじまって社会全体に関わる重要事象に至るまで、歴史的に規定された社会的、文化的、制度的諸要因と独立に発生するものはあり得ない。したがって、日々生ずる諸現象はそれぞれ歴史過程の中の一片として捉えられる。大きな歴史のうねりの中に現代社会は漂っている。現実は歴史の一断面である。そうした観点の下で現実分析を位置づけるための第一歩は何か。それは現実が立脚する歴史過程に関する見解、いわゆる歴史観なり歴史分析としていかなる学説を選択するかである。歴史はまさに数値として観察され得ない現象である。統計データによって表現されるのは歴史の中の社会的断面のさらに狭小な範囲にすぎない。経済予測に用いられる構造モデルが数百本の連立方程式体系として表現されたところで、たかだか数百個の変数間の関係を表示するにすぎない。現代社会には数値が溢れている。統計データも溢れている。互いに関係のないデータが溢れすぎているのである。それゆえ、そうしたデータを全て統合してひとつの見解として社会を語ることはできない。逆に、語ることができないために、語ることを止めたのが現代経済学の立場であろう。

歴史過程あるいはその文化的表現としての社会制度は数値やデータで一様に表現することができないため、それを説明もしくは解釈する理論は歴史観や社会観にしたがって複数個存在することになる。マルクス、ウェーバー、ヴェブレン、シュンペーターなどの諸学説がそうである。またダーウィンの進化論的思考も加える必要があるかもしれない。さらに現代ではガルブレイスの見解も重要であろう。そうした宗教的あるいは唯物的な歴史観、体制論、制度論および進化論は、それぞれ価値のある重要な学説であることに疑いはない。しかし、道具主義の立場からすると、それらは現実を説明するための道具のひとつとして位置づけられることになる。したがって、われわれはその中から最も有用なものを選択しなければならない。そこで考慮せねばならないのは、これらの諸学説に共通する短期的分析の欠如という特徴である。実際、それらは全て長期的な社会的・文化的傾向の叙述として著されており、歴史的断面（一時点）における社会的情勢に関する分析がなされていない。われわれにとって歴史の行く末、社会の将来がどうなるかといった長期的展望を知ることは新たな社会認識の獲得に他ならず、場合によってそれは個人の価値観を変えるほどの意義を持つ。しかし、長期理論の長所は同時にその限界をも意味する。すなわち、それは現実の問題を早急に解決するものではないことである。短期の現実的有用性を求める人々、一般人はもとより民間の実務家および政府の政策策定者にとってそれは由々しき問題である。長期理論に依拠するだけでは、現実分析の適格性を欠くといわざるを得ない。

こうした長期理論の閉塞的状況の下で、再度、ケインズ経済学を思い起こして欲しい。本章第1節にて論じたように、ケインズ経済学は短期的分析の学説であり、長期的分析を欠いていた。ケインズ経済学が優れて現実的に有用な経済分析である理由は、経済の短期的変動因を需要サイドに求めたことにある。しかし、長期期待を一定とし、かつ生産技術も所与とする短期分析の性格上、長期の供給理論を欠いている。このケインズ経済学に欠けた長期の供給理論に適合する長期理論があれば、双方を接合することで現実分析にとって有用な道具となり得る。翻って、シュンペーター体系はこれまで見てきた通り、革新に起因する長期の供給理論である。マルクスは資本主義過程の分配問題の矛盾を問い、ウェーバーは宗教的文化的問題を資本主義過程と関連づけ、ヴェブレンは社会制度の変容を進化論的に捉えた。ガルブレイスはもっぱらトラスト化資本主義段階における産業支配およびその形態を問題にした。こうした諸学説の中でケインズ経済学に適合する長期の供給理論としてはシュンペーターのそれが最適であると思われる。

ヴェブレンの見解はかなりシュンペーターと共通するところがあるが、景気循環に関する見方は異なる。両者は経済発展の主因を技術革新に求める点では完全に一致している。さらに革新を生み出す要因にしても、シュンペーターにおける「企業者機能」と、ヴェブレンの「職人気質（製作者気質の本能）」とは類似の概念である。ただし、シュンペーターの場合、資本主義過程の進行によっても企業者機能は組織によって維持されるのに対して、ヴェブレンの職人気質は投機的および金銭的要因によって変質してしまう。産業家が生産活動よりも財務・金融活動を重視するようになると想定したのである。ヴェブレンは資本主義社会を金銭的基準の支配する世界と見なし、投機的動機による資産形成がもたらす金融市場の不安定性を指摘した。投機活動が限界を超えたときに金融パニックが生じ、それが景気停滞につながるという資本主義社会の不安定性について論じたわけである。極めて重要な視点ではあるが、ここでは実物的な意味での景気循環現象を取り扱うシュンペーター理論を長期の供給理論としよう。もちろん、これは本書における設定であって、他の観点からすれば別の長期理論を採用することも可能であろう。

さて、ケインズ経済学をシュンペーター体系と接合するために必要な接着剤は何であろうか。ポール・サミュエルソンの新古典派総合のような両論併記では簡単に論理は破綻しよう。そこでわれわれは両者に共通の異質的な方法論的個人主義という概念を接着剤として用いるのである。それはとりもなおさず、経済分析において異質的な主体の活動を容認することを意味する。それによってはじめて、経済分析の中に主体間の利害対立を説明する基盤ができあがる。それを現実分析の土台となるモデル、理念型とするのである。

そしてこの理念型は、異質的な主体の活動を前提とするありとあらゆるミクロ理論と接合可能である。将来、異質的な主体間の関係を取り扱う統一的なミクロの論理ができるかもしれない。もちろん、それとも接合可能である。それまでは、たとえ部分的なミクロ理論、例えば行動経済学が提示しているような限定的な理論であっても、現実的な分析であれば全て接合可能なのである。その意味で開かれた体系であるといえる。それでは現実経済を分析する理念型の特徴を列挙しておこう。

①同質的な主体を前提とするミクロ理論を持たないこと。主体的均衡が成り立っているならば、利害対立もない。したがって経済問題は発生し得ない。

②短期的な経済変動要因として需要側の動向を重視すること。供給側の論理だけでは現実の経済問題に対処できない（第8章以降にて詳述）。

③歴史的および制度的分析を前提とすること。すなわち現実的諸要因を分析に導入すること。市場システムといった抽象的概念で資本主義経済の特徴を捨象してはならない。現実には全ての個人にとって望ましい経済制度改革などあり得ない。

④異質的主体を前提としたミクロ理論に対して開かれていること。すなわち、動態経済分析は「部分理論としてのミクロ理論」を排除するものではない。例えば、経済内には合理的主体も存在しよう。そうした主体の行動原理を分析する新古典派経済学も部分理論として存在意義はある。なぜなら経済内の一部の主体の論理として、現実分析に際して位置づけられるからである。しかし、その論理を経済全体のミクロ主体の論理として拡張することは断固として拒絶せねばならない。同質的主体のみからなる経済観からは現実的に有用な含意は一切出てこないからである。

簡略に述べれば、合理的なミクロの論理に煩わされることなく、現実的諸要因を考慮してマクロ分析をすることが、現実分析をする上で最適な道具たり得るということである。さて、これによって形式的には現実分析を行う準備が完了したことになる。しかし、問題はその具体化である。方法論的な枠組みが整ったとしても、次なる段階へ進むことはかなり難しい。分析対象とする人間に対して経済的行動だけではなく、非経済的行動をも許容する枠組みにおいて分析を行うことは難しい。それは経済社会学的分析の段階といえる。ここでいう経済社会学とは経済分析を中心とした総合社会科学を指す。すなわち、経済学以外の社会諸科学の成果をも取り入れた形で社会全般を説明する論理体系である。ただし、経済社会学もまた統一的な体系ではない。経済学同様、一枚岩的な体系ではないのである。歴史過程の中の社会、そして社会的存在としての人間を分析対象とする論理体系全般を経済社会学の範疇に含めるのである。それゆえ、マルクスもウェーバーもシュンペーターも各々の見方を異にするが、それぞれ経済社会学的分析を体系的に行ったといえる。そうした諸研究の集合体が経済社会学である。

確かにマルクスなりシュンペーターといった天才達は体系的な経済社会学的分析を行うことができた。天才的な学者のヴィジョン、現実観察眼および卓越した論理的構成力によって体系化はなされてきた。しかし、それは彼らの天賦の資質に負うところが多いのであって、われわれ一般の人間には不可能に思われる。一人の研究者だけで体系全般に渡る考察をすることはできない。ただし、方法論的基盤を共有する複数の研究者達がそれぞれの専門分野を中心にして個別的研究を積み重ねればどうであろうか。いわばグスタフ・フォン・シュモラーのいう「歩兵的努力」を積み重ねるのである。現実分析の重視という理念を共有する研究者が群がって立ち向かう先には、現代社会における経済社会学の体系が現れるかもしれない。しかし、そこに至るまで、われわれは経済社会学の体系化を放棄する必要がある。

体系化を目指せば、序論、序説ないし方法論の段階で筆が置かれることになる。研究は頓挫する。本書とは問題意識は異なるが、これまで何十年もの間、多方面で新古典派経済学とは別個の方法で経済分析もしくは社会分析を行うことの意義が著名な学者達によって唱えられてきた。しかし、どれも具体論に入らずに終わってしまった。批判と方法論だけで潰えてしまった。体系化を目指したゆえのことであろう。体系化を待っては何もできずに終わってしまうのである。頭の中で体系化の構想を練ってから、個別的問題を統一的な視点から論ずるのが正攻法であろう。しかし、経済活動と歴史、社会、文化および制度等を統一的な一個の観点から論ずるのはかなり難しい。それはまさしく天才の所業であろう。本書で体系化を放棄する理由である。

われわれは方法論の段階から次に向かって出発しなければならない。たとえそれが個別的な経済問題に関する現実分析のひとつにすぎないとしても、先に進むべきなのである。われわれは経済社会学の体系化を諦め、個別的な現実分析の研究に専心すべきである。ポパーとは問題対象の次元は遙かに異なるけれども、いわば「ピースミール・エンジニアリング」の中で我慢しなければならないのである。限定条件つきの現実分析は、いうまでもなく部分理論である。しかし、たとえ部分理論であっても均衡論的な学説よりも現実的に有用だと思われる。現実的な部分理論の蓄積によって、一般の人達が経済学の有用性に気づき、そして関心を持つ人達が増えれば、現実分析こそがいずれ経済学の主流となるのである。

注意すべきは、経済社会学的分析へと一足飛びに進むことはできないことである。静態理論を現実的観点からいくら批判したところで、それは経済社会学的分析につながるものではない。静態理論と経済社会学とは接点がないからである。前者は論理の中にあり、後者は現実との関わりの中にある。したがって、経済社会学的分析と接点を持つ、すなわちそれに向かって拡張可能な論理を構築しなければならない。その論理が静態理論とは別個の動態理論なのである。次章では、経済社会学的分析のための準備段階として貨幣に関する動態分析を行う。

第8章

動態的貨幣論：貨幣循環に関する現実分析

1. 静態理論と貨幣：数量説と貨幣の中立性をめぐって

われわれにとって貨幣は最も身近な現実経済との接点である。しかし、われわれは無意識のうちに貨幣を使っており、貨幣の経済における機能や役割について意識することはない。誰でも貨幣が重要であることを認識しているが、なぜ重要であるかはよくわからない。したがって、われわれが貨幣概念および貨幣の機能について関心を抱くとき、その解答は経済理論に求めるしかない。現代においては、静態理論の提示する貨幣理論がそれに当たる。さらに、そうした主流派経済学の貨幣解釈が、長期間に渡り大学の教場で繰り返し教えられることで、大半の学者、官僚、評論家およびマスコミ人は貨幣に関する共通認識を形成する。彼らを通じてその考え方は世間に普及し、ついには経済常識と化す。一般に常識は批判を許さない。疑問を呈することも許さない。それは当たり前の事柄だからである。長年、大半の人達が疑問の余地はないと断定した事柄だからである。結果的に、常識は人々を思考停止状態へ陥らせる。経済常識の場合も事情は変わらない。人々は、当たり前のように経済常識を土台として、すなわちスタートラインとして経済的思考をはじめることになる。もちろん、それに疑問を抱くこともない。

しかし、ここで問題がひとつ生ずる。もしも、常識化された知識が現実に適合しない場合にはどうするのかという問題である。その場合、常識に基づいた判断もしくは施策が、悪しき結果を社会にもたらすことになってしまう。

とんでもない方向に社会を導いてしまう危険性がある。他の分野はともかくとして、実際、経済常識に関してはこうした事態はよく見受けられることである。むしろ常態化しているといってもよいほどである。言い換えれば「経済常識の陥穽」、すなわち落とし穴である。それに陥れば、経済運営は失敗を繰り返し、社会は閉塞状態に陥る。しかし、経済常識に従っている者には、失敗の原因がわからない。経済常識に従っていることが原因であることに気づかない。したがって、そこから脱出する機会さえも失ってしまうのである。

こうした経済常識と現実との乖離が生ずる本質的な原因とは何か。その答えは本書のこれまでの記述からすれば明らかであろう。経済常識は静態理論に基づく知識であり、静態理論は現実経済を無視して成り立っている純粋理論だからである。静態理論の提示する論理は、その前提条件の範囲内でのみ真理である。正しいのである。しかし、その前提条件と現実が異なる以上、そのままの形では現実に妥当しない。知識としては正しくとも、現実に妥当しないことが問題なのである。静態理論の枠組みを超え、現実的要因を導入してはじめて、現実に妥当する論理、すなわち動態経済の論理を構築できるのである。本章では、われわれの最も身近な貨幣に関する経済常識の誤り、正確には現実経済への誤用について現実的観点から論ずることにする。

一般の経済人はもとより、大半の経済の専門家さえも陥っている貨幣概念に関する誤解は二点に大別されよう。第一に、貨幣量と物価水準との関係についての誤解である。いわゆる貨幣数量説的見解、すなわちマネーストック（もしくはマネーサプライ）と名目価格水準とが経済状況のいかんにかかわらず比例関係にあるとする考え方に誤解の本源がある。この誤解の背後には、外生的貨幣供給という前提条件が潜んでいる。第二に、貨幣的要因と実物的要因の交渉形態、いわゆる「貨幣の中立性（もしくは非中立性）」に関する誤解である。特に経済の専門家に誤解する人が多い。この誤解は、供給重視の経済学と需要重視の経済学の対立に起因するものであり、財政政策および金融政策の有効性の有無についての政策面での対立も含んでいる。それでは何が誤解かを論ずる前に、その内容、すなわち貨幣数量説および貨幣の中立性に関して簡略に説明しておこう。

既にワルラスの一般均衡分析の構築過程で説明したように、彼は貨幣なき物々交換経済を前提に分析を始発させた。そして貨幣がなくとも実物経済の一般均衡が成立する帰結を導出した。すなわち、全ての生産物および生産要素間の相対価格（交換比率）が決まれば、一般均衡は成立すると。貨幣は分析の最終段階で導入されたため、残された役割は絶対価格水準の決定、すなわち名目価格を決めるだけとなった。したがって、ワルラス以降の新古典派経済学において貨幣は本質的な役割を果たさない、いわば実体経済を覆うヴェールのような存在だと考えられてきたのである。名目価格決定の機能を貨幣に付与するために、一般均衡体系に導入されたのが「（古典的）貨幣数量説」である。貨幣の導入は一般均衡体系にとって副次的な問題にすぎないため、貨幣数量説は外部から唐突に追加された感がある。純粋理論の世界に貨幣は必要ない。しかし、現実経済に貨幣は存在する。それゆえ、多少の現実との整合性を図るためにとってつけたように貨幣数量説が持ち出された感が強い。実際、一般均衡体系は、実物的要因に影響しないいかなる貨幣的見解とも整合的に接合可能なのである。しかし、純粋理論の構築にとって全く意味のない貨幣数量説が、後世の貨幣に関する経済常識を形成したことには驚きを禁じ得ない。現代社会で活躍するビジネスマンのうち一般均衡理論の内容に精通している人はほとんどいないであろうが、貨幣数量説の内容についてはほぼ全員が知っていると思われる。経済学とは無関係な一般の多くの人たちにとっても同様であろう。それほど貨幣数量説の及ぼしてきた影響は、その内容の容易さを含めて、甚大であったといえる。

貨幣数量説は、米国の経済学者アービィング・フィッシャー（1867～1947）によって「（フィッシャーの）交換方程式」として定式化された。フィッシャーの交換方程式は、一定期間中の経常取引（すなわち財・用役の取引）の名目額と、取引に用いられる貨幣流通量との間の関係を示す恒等式である。いま貨幣量をM、貨幣の流通速度をV、名目価格水準をP、経常取引量（実質値）をTとすれば有名な交換方程式は次式で表される。

$$MV = PT \quad \cdots\cdots \text{(8–1 式)}$$

ここで流通速度とは、同一の貨幣が当該期間中に流通の場に現れた、すなわち取引に使われた回数を指す。フィッシャーの交換方程式自体は、恒等式であるから何らかの理論を内包するものではない。しかし、その含意は明らかであろう。この式の中の取引量（T）は、新古典派経済学によれば実物的要因だけで決定されているわけであるから一定と想定される。また、流通速度は当該経済の取引慣行（掛けで売買する期間および現金取引の全取引に占める比率等）に依存するものとすれば、やはり一定と想定することができる。そうした状況下で貨幣量（M）が外生的に決定されるとするならば、物価水準と貨幣量との比例関係が看取できることになる。これが経済常識の下地となった。

しかし、一般均衡分析の中に貨幣を導入する場合、貨幣市場という市場をひとつ追加する必要がある。貨幣数量説自体は単独の論理であるから、一般均衡分析と整合的な形をとらねばならない。ケンブリッジ学派のマーシャルは、フィッシャーの交換方程式を貨幣市場における貨幣需要関数と解釈することで貨幣数量説を経済分析の中へ取り入れた。マーシャルの考えた貨幣需要関数を、「ケンブリッジの現金残高方程式」もしくは単に「ケンブリッジ方程式」と呼ぶ。いま（8–1 式）をVで除し、(1/V) をk、Tをy、Mを貨幣需要を表すM^dと表記するとケンブリッジ方程式は次のように表すことができる。

$$M^d = kPy \quad \cdots\cdots \text{(8–2 式)}$$

ここで流通速度の逆数kを「マーシャルのk」と呼ぶ。いま貨幣供給量をM^Sとし、かつそれが外生的に決定されるとすれば、貨幣市場の需給均衡は次式で表される。

$$M^S = kPy \quad \cdots\cdots \text{(8–3 式)}$$

以上が新古典派経済学における貨幣の取り扱いの概要である。マーシャルの k が安定した値をとる限り、古典的貨幣数量説の含意は保持されているわけである。ただし、第5章で論じたように、この考え方はケインズの登場によって大きな修正を迫られることになった。貨幣数量説的見解の前提となる経済取引は経常取引であり、金融（もしくは資本）取引を含むものではなかったからである。すなわち貨幣は名目価格との関係においてのみ論じられていたにすぎない。しかし、ケインズの貨幣論である流動性選好説は、金融取引における資産としての現金需要をも射程に収めるものであった。すなわち、経済取引全般に用いられる現金需要を対象とするものであった。それゆえ、貨幣は名目金利とも関連づけられることになったのである。結果的に新古典派経済学の貨幣論は、ケインズのそれより狭小な領域の論理にすぎなくなった。

この新古典派貨幣論の危機を救ったのがミルトン・フリードマンの提唱する「新貨幣数量説」であったことは前に述べた。多少重複するが概要だけを述べておこう。新貨幣数量説は、経常所得ではなく恒常所得を貨幣需要に関連づける。恒常所得とは生涯所得（富）を前提とした年平均所得のことであり、経常所得に比べて安定的に推移するものと考えられる。次に、資産選択の局面では現金以外にも多種多様な資産を考慮する。そして、貨幣から得られる収益率（デフレ率）と他資産から得られる収益率（名目値）との比較から資産としての貨幣需要（最適な貨幣保有量）が決定されると考えるのである。フリードマンは、貨幣需要に影響を及ぼすのは貨幣の収益率と他資産の収益率との差であると考えた。しかし、長期的には両者は同方向に変動すると予想されるため（すなわちその差は常に安定するため）、各種資産の収益率の変化は貨幣需要に影響を及ぼさないと結論づけた。結局、この見解が古典的数量説と同一の帰結をもたらすことは明白であろう。静態理論からすれば、各主体が主体的均衡に達するためには各種資産の収益率が一致するように選択行動をとるわけである。長期均衡において貨幣の収益率と他資産の収益率との差は一定となる。そのように調整した結果だからである。したがって、予想が実現し、各種資産の実質収益率が一定となる長期において貨幣需要が名目金利の変動からの影響を被らないことは至極当然のことである。新貨幣数量説をケンブリッジ方程式と比較可能な形で書き換えるなら次式となろう。

$$M^d = f(r)Py \quad \cdots\cdots \text{(8-4式)}$$

ここで r は金利（正確には金利を含む各種資産の収益率のベクトルであるが簡略化して表記しておく）、y は恒常所得と解釈しよう。また $f(r)$ は安定的な関数であり、一定値と考えても差し支えない。本来、新貨幣数量説は実質貨幣需要（M^d/P）の決定式であり、恒常所得等がその決定因として関数の中に入ってくるのであるが、便宜上、書き換えてある。他方、貨幣供給（M^S）は外生的に与えられるものとしている。したがって、貨幣市場の均衡条件は次のようになる。

$$M^S = f(r)Py \quad \cdots\cdots \text{(8-5式)}$$

新貨幣数量説においても、貨幣量と物価水準が比例するという古典的数量説における含意は保持される。否、保持される以上に数量説的見解に科学的な権威づけを与えたといえる。新貨幣数量説は、理論的には生涯所得を前提に包括的な資産選択局面で貨幣を分析している。それはとりもなおさず、同質的な合理的経済人を前提としたミクロ的基礎を有していることを意味する。また、貨幣供給量の変動が比例的な名目GDPの変動をもたらすというフリードマンの実証研究の帰結によって、さらに数量説的見解の科学性は高まった。フリードマンの理論は、貨幣供給量のコントロールによるインフレの制御という政策手段の理論的根拠となり、一時期、各国の通貨当局者（中央銀行）の行動目標の設定に大いに与かってきたといえる。

こうした背景の下、数量説的見解は経済常識としてしっかりと経済人の中に根づいたのである。すなわち、「経済全体の貨幣量の変動は比例的な物価変動をもたらす」ことが経済常識となったのである。しかし、その後短期間のうちに、マネタリズムの論理は主流派経済学の座から滑り落ちてしまった。政策面では、1979年～80年の米国におけるマネーサプライの増加率を一定化するというルール、いわゆる「k％ルール」の実施が、金利の乱高下をもたらし金融を大混乱させてしまったからである。現実経済から突きつけられた反証によって、短期間でマネタリズムの政策は放棄されることになった。また理論面でも、合理的期待に基づく「新しい古典派」の論理の後塵を拝することに至ったことは前に指摘した通りである。今やマネタリズムは、主流派経済学者から過去の論理と見なされるようになった。前提や目的を異にする経済学説間での優劣はつけられないが、同じ範疇（すなわち新古典派経済学内部）の経済学説間では優劣がついてしまう。パソコンと自動車との優劣はつけられないが、パソコン同士なら性能に応じて優劣がつけられるのと同じである。新古典派経済学の最終形態としての新しい古典派では、もはや貨幣に関する考察はない。実物的景気循環論（RBC）に見られるように、貨幣の中立性が完全に保持されていることを前提としているからである。貨幣的要因の変動は全て読み切られているため、経済的な意味はなくなっているのである。物価が上がろうが下がろうが、実質値に影響しない以上、それは主体的均衡に影響を及ぼすものではない。いうならば、個人の幸せ（効用）に無関係なのである。ワルラスの世界が動学的に再来することになったといえる。この経済観の下では、デフレもインフレも経済問題とはならないのである。残されたのは貨幣の中立性だけとなった。

しかし、経済学の世界におけるマネタリズムの退潮にもかかわらず、数量説的見解はいまだ経済常識として生き残っている。実物的要因が貨幣的要因によって影響されるか否かといった経済理論上の問題は、一般の経済人にとっては関心の埒外である。同時に、自分の経済知識がどれほどあり、それに基づいてどれほど合理的に行動しているのかを意識して生活している人もいない。現代経済学の最新の成果は、一部の経済学者を除いて、一般の人たちにはまず理解できない。数式の羅列くらいにしか思われない。内容が理解できない以上、経済学における最新の知識は一般人にとっての最新の知識とはならない。仮に理解できたとしても、物価変動は経済にとって問題ではないという論理的帰結を、現実経済に生きる経済人は受け容れるはずもない。彼らにとって、それは黒板の中の空理空論にすぎないからである。その場合、従来から持っている常識が、彼らにとって依然として最新の知識ということになる。一般人の関心は、もっぱら物価動向にある。デフレやインフレといった経済全体に関わるものから、自分が生産にたずさわっている財・サービスの価格動向等が重大問題なのである。それを経済全体の貨幣量との関係として簡略に教えてくれるのが数量説的見解であった。それゆえ、その見解は確固として根づいてきたのである。ここでは、参考のため、貨幣需要と名目 GDP との関係における古典的貨幣数量説と新貨幣数量説の相違を図示しておく（図 8-1）。

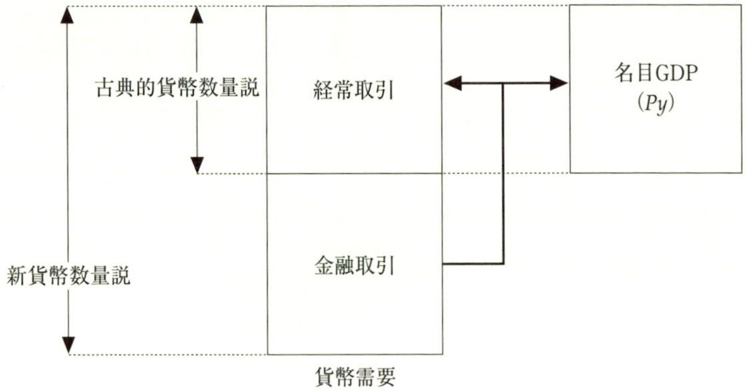

図 8-1　貨幣需要と名目 GDP

次に貨幣の中立性についても考察しておこう。前に指摘したように、貨幣の中立性は、物々交換経済が成立するか否かに依存している。物々交換経済が成立し、かつその経済が無時間的であるならば、セー法則が成立する。物々交換に参加する人は買うために売りにくるわけであるから、「供給（売り）は、それ自らの需要（買い）を生む」ことになる。買う目的がない人は売りにもこないので、分析から除外できる。もしも、売りと買いに時間差があれば、セー法則は成立しない。未来永劫、価値を保蔵できる物理的な財貨はこの世に存在しないからである。売りと買いが同時に行われるなら、経済全体として需要と供給は常に等しくなる。セー法則の支配する世界は、売り手（供給側）が主役である。売り手が物々交換にこなければ経済過程ははじまらない。そして売り手がくるとき、その売る量（供給量）によって同額の買う量（需要量）が決まるのである。売る量以上に買うことはできず、無時間的な仮定より売る量以下のものを買うことは合理的ではない。

セー法則を基盤とする論理が新古典派経済学である。新古典派経済学から派生した後続の諸学説、マネタリズム、新しい古典派およびニュー・ケインジアンもまたセー法則の経済観を保持している。もちろん、ワルラスの無時間的な世界に論理的な時間経過を導入したり、取引費用のような現実的要因を導入しているため、装いは多少異なるが基本的な経済観に変わりはない。セー法則に立脚する経済学説は、一括して「供給側の経済学」とか「供給重視の経済学」と呼ばれている。供給側の経済学は、全て長期的な貨幣の中立性を認めている。ただし、短期間（情報ラグが調整される期間）については、貨幣の非中立性を認めている学説もある。ケインズ経済学以降の現代経済学、すなわち静態理論一般において、貨幣の中立性は常識と化した。しかし、それは静態理論の前提条件に依存する論理的帰結にすぎない。いわば主流派経済学者とその追随者たちの常識にすぎない。現実経済の分析に貨幣の中立性の概念を持ち込むことの弊害は後に明らかとなろう。

2. 動態的貨幣理論へ向かってⅠ：貨幣需要と貨幣循環

動態経済分析の第一歩は、貨幣よりはじまる。われわれは、何よりも先ず、物々交換経済および物々交換のアナロジーから発した経済観から脱却する必要がある。われわれの分析の始発点は、先行する物々交換経済に、ある日、天から貨幣がばらまかれることによって成立した貨幣経済ではなく、物々交換経済とは隔絶した貨幣経済である。すなわち、当初から経済取引に貨幣が用いられている経済なのである。これはケインズのとった立場でもある。その貨幣経済に二つの現実的要因を導入することで動態分析はスタートラインに立つ。第一に異質的な主体の存在を許容することである。すなわち合理的行動主体と非合理的行動主体とによって社会は形成されていると想定することである。第二に経済過程が不確実性下にあると想定することである。動態経済内にも合理的主体は存在する。彼らは過去のデータ、経験および自らの信奉する理論モデルを用いて将来予測を行う。それは静態理論の想定する主体と同様である。しかし、彼らの活動する経済環境は異なる。静態理論では不確実性は考慮されない。不確実性の世界はサイコロを投じて賽の目を予測するのと異なり、将来生起する事象は過去の事象の確率的再現とはならない世界である。このような二つの想定によって、すなわち資本主義過程の一断面の特徴を導入することによって動態経済の分析を出発させる。

動態経済分析において貨幣を重視するもう一つの理由は、貨幣現象が各主体の多様な経済行動の「集計された姿」を映す鏡と考えられるからである。前章で論じたように、われわれは個々のミクロ主体の行動原理には立ち入らない。ミクロ主体の行動結果としてのマクロ的動向を、貨幣現象を通じて理解しようとしているのである。貨幣現象の背後には必ず人々の意志が隠されている。価格変動や金利の動向は、それに関わる人々の多数派の意志を反映するものと考えられる。例えば、物価水準や金利水準が安定的に推移しているとき、われわれは慣行の軌道上で経済が進行していることを知る。大方の人々の予想が実現している状況と考えてもよいだろう。それゆえ、以前と行動様式を変えないのである。反対に、特定の財貨の価格騰貴や金利の急激な変動に直面したとき、それは社会的な情報の偏在によって引き起こされた事態と考えられる。社会の構成員の保有する情報は一様ではなく、特定の主体が固有の情報に基づき経済行動を開始する場合、それは必ず貨幣現象に反映される。情報差こそ現代経済の利益の本源に他ならない。情報差を生み出す力と解消する力のせめぎ合いの中に現実経済は置かれている。社会の特定領域における情報の偏在が徐々に解消され、その情報が社会全体へと伝播してゆく過程こそ動態過程に他ならない。そうした状況と貨幣的変動を関連づけるわけである。

われわれの貨幣分析の基本的枠組みは、貨幣市場の想定の下で貨幣の需給関係を考察するという伝統的なそれに対応するものである。そして伝統的な貨幣需要および貨幣供給の概念に新たに現実的要因を導入することによって、動態における貨幣現象を解明するためのモデルが提示される。結論を先取りして述べるならば、動態的貨幣理論とは「景気状況の変化に対応可能な貨幣分析」ということになろう。伝統的な貨幣理論、すなわち新古典派的な貨幣分析は、経済が完全雇用状態にある場合にのみ妥当する分析であった。なぜなら完全雇用状態は実物的要因によって先決されており、それ以外の状況を想定できないためである。逆にケインズは、不完全雇用状態に対応する貨幣論を構築し、貨幣量と名目金利との関係を明示した。しかし、短期的分析であるため貨幣量と物価水準との関係は等閑視された。短期的な賃金・価格の硬直性を前提としていたからである。われわれは完全雇用水準ばかりでなく、それに達しない景気状況における貨幣現象全般を説明可能な、いわば景気動向に柔軟に対応できる貨幣論の構築を目指すわけである。すなわち「動態経済における貨幣の一般理論」である。これによって、理論から現実へと一歩踏み出すことができる。説明の手順としては、本節ではもっぱら貨幣需要を考察し、次節で貨幣供給を取り上げ、併せて動態的貨幣分析の結論を提示する。

貨幣需要とは、いうまでもなく、経済取引に必要な貨幣量を指すマクロ的指標である。経済取引は経常取引と金融（資本）取引に大別される。ケインズの用語に従えば、前者に必要な貨幣は「貨幣の取引需要」であり、後者のそれが「貨幣の投機的需要」である。取引需要は経常取引量に依存し、投機的需要は金利水準に依存するとされる。彼の流動性選好説における貨幣需要関数は、通常、次の式のように表されている。

$$L = L_1(r) + L_2(Y) \quad \cdots\cdots \text{(8–6 式)}$$

ここで L は貨幣需要（M^d と同じ）であり、L_1（r）は投機的需要、L_2（Y）は取引需要を示す。また Y は名目 GDP、r は名目金利である。長期予想が一定の下では投機的需要は金利と反比例し、また取引需要は名目 GDP に比例するものとされる。外生的に決定される貨幣供給量を M とすれば、貨幣市場の均衡は $L = M$ で達成されることになる。ケインズの想定する貨幣市場のイメージを図 8–2 によって提示しておく。

さらに貨幣需要を考えるに当たっては、経済全体の貨幣流通（循環）の観点に立脚することが有益である。貨幣はストック量であるので、伝統的な分析ではフローの観点を軽視しがちであった。しかし、貨幣流通の図式を想定することによって、貨幣現象への理解が深まることは徐々に明らかとなろう。ケインズが適切に表現しているように、経常取引に関わる貨幣の流通は「貨幣の産業的流通」であり、金融取引に関わるそれは「貨幣の金融的流通」である。名目 GDP は国内経済における最終財の年間取引額であるから、経常取引に関わる概念である。もちろん、一般物価水準は財・用役の名目価格の加重平均であるから経常取引に関わる概念である。他方、新規の資金貸借、債券および株式等の年間取引額は金融取引に関わる概念であり、各種金融資

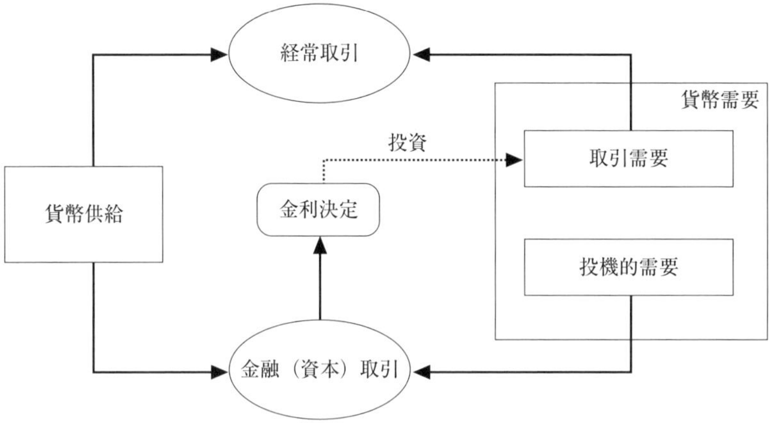

図 8-2　ケインズの貨幣市場

産の価格もまたその範疇に含まれる。ここで貨幣の産業的流通内にある貨幣を「活動貨幣（active money）」、金融的流通内にある貨幣を「不活動貨幣（non-active money）」と呼ぶ。簡単にいえば、活動貨幣は「所得化される貨幣」であり、不活動貨幣は「所得化されない貨幣」である。消費や実物投資のような経常取引に使われる貨幣は、必ず社会のいずれかの人達の所得となる。しかし、資金貸借や金融資産の所有権の移転によって所得が生まれることはない。金融取引に付随して派生する手数料や仲介マージン、あるいは金融資産の保有によって得られる利子や配当は所得であるが、そうした取引はそもそも経常取引の範疇に属す。すなわち同じ貨幣であっても、使い方によって経済効果は大きく異なるのである。産業的流通に投じられた貨幣は同額の所得を生むが、金融的流通に貨幣をいくら投じても誰の所得にもならないことを認識しておくことは肝要である。

前に見た古典的数量説（ケンブリッジ方程式）における貨幣需要は、経常取引に使用される貨幣需要を指すものであり、いわば貨幣の産業的流通を前提としたものといえる。貨幣市場の均衡において貨幣需要は貨幣供給と一致するから、そこから貨幣供給量と一般物価水準との比例関係が導出されるのは容易に理解できる。経常取引の場で貨幣と物財が交換されるわけであるから、当然、交換比率である価格も同時に決定されるのである。他方、新貨幣数量説における貨幣需要は、経常取引と金融取引に必要な貨幣需要を合算したものである。すなわち全体の貨幣流通量を前提としている。ケインズの流動性選好説における貨幣需要もまた経済取引全体のそれを意味している。そこでひとつの疑問が生ずる。「なぜ一般物価水準の決定式に、経常取引とは無関係と思われる金融取引のための貨幣需要が入り込むのか」という疑問である。「一般物価水準は、経常取引の場で決定されるものではないのか」と言い換えてもよいだろう。

この問題に解答を与えたのがJ.トービンとW.J.ボウモルによる「取引需要の在庫アプローチ」という見解である。それは貨幣の取引需要が金利にも依存することを主張するもので、彼らは取引需要が金利の減少関数であることを理論的に示した。その内容を簡略に示しておこう。この見解は、収入と支出との間に時間的間隔があり、かつ収入が現金払いされる状況を前提としたものである。その場合、収入時点から支出時点まで現金を保有したままでいることは合理的ではない。現金保有の機会費用（逸失利益）は金利であり、支出時点まで現金を銀行預金等で資産運用すれば利益が得られる。もちろん、資産運用には換金の手間や手数料といった取引費用がかかるから、獲得利益（利子所得）と取引費用の差を最大化するような期間中の平均現金保有量を求めることが必要となる。詳細は省くが、結果的に金利上昇は取引需要を減少させ、逆は逆となるという常識的な見解に落ち着く。すなわち、金利が上がれば貯蓄を増やすということである。貨幣流通を考えれば、経常取引に使う貨幣を金融取引に振り向けることである。この見解によれば、取引需要を確定するためには金利を決定する必要があり、そのためには金融取引に用いられる貨幣需要をも含めて考えなければならなくなる。

在庫アプローチの見解は前提条件を受け容れるなら理論的に正しく、異論を差し挟む余地はない。しかし、動態経済過程を前提とすれば事情は異なる。動態経済におけるいくつかの現実的要因を考慮したとき、この見解は動態経済一般には妥当しない。在庫アプローチの成立のためには少なくとも次の二つの条件が必要である。第一に、各経済主体は柔軟な運用期間（たとえ一日でも）を許容する運用先（機関）を自由に利用できること。第二に、運用回数に関わりなく予想される獲得利益が常に取引費用を上回っていることである。しかし、現実経済でこれらの条件を満たすことは困難といえよう。家計や企業といった民間非金融部門の経済主体は、コール市場のような短期金融市場に参加することはできない。またキャッシュレス化の進行により、収入の受取は、通常、普通預金口座への振り込みで行われる。いわば自動的に運用しているようなものである。しかし、普通預金金利の変動によって預金残高を変更する人はほとんどいないであろう。金利が上がっても下がっても預金残高がそのまま据え置かれているとすれば、それは取引需要が金利と独立であることを意味する。

在庫アプローチの考え方は、貨幣流通の二つの経路を一括の経路としてまとめたものである。それによって貨幣需要関数は、取引需要と投機的需要を区別することなく次のように表現されることになった。

$$L = L(r,\ Y) \qquad \cdots\cdots \text{(8–7 式)}$$

今や財市場における貨幣の産業的流通と、金融市場における貨幣の金融的流通は貨幣市場において統合されることになった。しかし、この定式化によって失われた経済的含意は大きい。貨幣流通の意義を消し去ることになってしまったからである。

その理由を政府および海外部門が存在しないマクロ経済を前提に簡略に説明しよう。経済全体の所得は消費と貯蓄に配分される。消費は貨幣を産業的流通に投ずることであり、貯蓄は金融的流通に投ずることである。しかし、貯蓄は金融的流通内で投資をファイナンスする原資となるから、均衡状態を前提とすれば、貯蓄と同額の投資が産業的流通に還流することになる。この状況だけ見れば、金融的流通は貯蓄を投資に変換するだけで、その変換が終われば金融的流通内に貨幣は存在しなくなると思われるかもしれない。金融的流通内に貨幣が常時存在しないのであれば、貨幣流通の二つの経路など考慮する必要はないと思われるかもしれない。しかし、それは全くの誤解である。その見解が成立するためには二つの仮定が必要となる。第一に、経済過程が一期間で終了すること。すなわち将来が存在しない一期間モデルであること。第二に、新古典派経済学の唱える「貯蓄先行説」、すなわち貯蓄者と投資者が同一であることが満たされていることである。いわば新古典派の想定する世界では貨幣流通を考慮する必要はないのである。しかし、現実の経済過程はそうではない。経済過程が将来に向かって継続し、貯蓄者と投資者は異なるというケインズ的な「投資先行説」を前提とすれば、その見解は成立しないのである（さらに暗黙裡に動態的貨幣供給論の想定をしているが、詳細は次節で行う）。その論拠も次に提示しておくことにする。

第一期目の期間に、金融的流通内で貯蓄が投資に変換されたとき、貯蓄者と投資者が異なれば、そこに必然的に債権債務関係もしくは資本の所有・被所有関係が発生する（他方、貯蓄先行説では、この関係が発生しない）。資金の借り手である投資者は債券（一般には債務証書）を、また資本を募集する投資者は株式を発行する。この場合、貨幣が産業的流通に還流した後にも、金融的流通内に金融商品（証券類）が残る。経済期間が継続すれば、金融商品は経済に大量に蓄積されることになる。経済が成熟するにつれて新規の投資をファイナンスする資金だけでなく、過去に発行された証券類の売買が流通市場において活発になる。いずれ後者は前者を凌駕するようになる。同時に、債券保有者はそれを担保に新規に借り入れを行うこともできる。すなわち金融取引が新たな金融取引を生み続ける。さらにデリバティブ取引なども発生し、金融取引はますます拡大してゆく。産業的流通内の貨幣量はその国の名目 GDP に反映される。一方、金融的流通内の貨幣量はどうか。日本の場合、名目 GDP500 兆円弱に対して個人の金融資産は 1500 兆円弱といわれている。前に論じたように、世界規模で見ても世界の名目 GDP（約 6000 兆円あまり）の何倍もの金融資産が世界中の金融的流通内にとどまっているのである。これが現実の経済過程である。

金融的流通内の貨幣はカラではない。極めて巨額な資金が滞留しているのである。この事実を動態経済分析は射程に捉えるものである。無視し得ない事実だからである。貨幣流通の二つの経路を重視し、かつ景気動向を分析に導入することが動態的貨幣論の主眼目である。経済全体で貨幣量の増大が生ずれば、必ず物価水準は比例的に騰貴するといった数量説に基づく誤解は、それによって解消されることになる。それでは動態的貨幣論の貨幣需要に関する二つの骨子を次に提示しておこう。

先ず、貨幣需要は三つの要素から構成されると考える。第一に金融取引に使用し、もっぱら金利によって変動する貨幣量である。いわばケインズの投機的需要に対応する部分である。それを $L_1(r)$ とする。第二に取引需要のうち実物投資のために使用される貨幣量である。これは金融的流通内において貯蓄から変換された部分であり、もっぱら金利と将来予測（投資マインド）に依存する。投資マインドを θ（シータ）で表せば、その部分は $L_2(r, \theta)$ となる。第三に取引需要のうち消費のために使用される貨幣量であり、これまで通り取引額に依存するものとし、それを $L_3(Y)$ とする。以上の想定よりわれわれの貨幣需要の全体は次式で示される。

$$L = L_1(r) + L_2(r, \theta) + L_3(Y) \qquad \cdots\cdots \text{(8-8 式)}$$

ここで問題なのが右辺第二項の L_2 である。これはいわば投資関数を貨幣需要関数と解釈したものである。すなわち投資に必要な貨幣需要を表す式と想定しているのである。一般の投資関数は、投資を I とすれば、$I = I(r)$ と定式化されている。いわば投資が金利にのみ依存すると考えているのである。それは金利以外の投資に影響を及ぼす全ての要素を一定と想定していることと同義である。しかし、動態経済にあっては金利の微小変化よりも、将来に関するマインドが投資に大きな影響を及ぼすと考えられる。例えば、個人が住宅投資をする場合、住宅ローンの金利水準が決定的な役割を果たすとは思えない。自分の将来の所得水準の見込み、それを決定する就業先の経営状態、住宅の発注を考えている建築会社の信用度、今後の建築資材の価格動向等々のほうが投資決定の上では重要なのである。そうしたマインドを一定と仮定した場合にはじめて、投資が金利のみの関数となるのである。

われわれの貨幣需要関数（8−8式）は、ミクロの問題に立ち入らずに、経済全体の貨幣需要を概観したものである。右辺第一項は、経済内にいる「資産として貨幣を保有したい人達の保有量の合計」を示すものである。同様に、右辺第二項は「投資支出のために貨幣を使用したい人達の使用量の合計」を、右辺第三項は「消費支出のために貨幣を使用したい人達の使用量の合計」を意味する。いわば社会全体の貯蓄者、投資者および消費者の必要とする貨幣量の合計を示すものである（もちろん、役割の重複は許す）。

ここで最も重要なのは、投資者の貨幣需要（L_2）である。特に投資マインド（θ）が問題となる。なぜなら、われわれは投資マインドを通じて、経済の景気動向を分析に導入できるからである。景気の良し悪しは、投資マインドに反映される。このことは現実経済における真理である。不況下にあって、先行きの見通しが立たないときに投資をする者はほとんどいない。他方、好況下では、リスクが過小評価され大胆な投資が行われることが多い。投資関数の示す状況、すなわち金利の動向が主たる投資誘因となる状況は、経済規模が安定的に推移している状況くらいのものであろう。逆に恐慌下のような経済的混乱期では、ケインズも論じているように、投資と金利との関係を示す「投資スケデュール（彼の場合は「資本の限界効率表」）」自体が破壊されてしまうのである。その場合、金利変動は全く投資に影響を及ぼさない。

われわれは投資マインドを梃子に様々な景気動向と貨幣現象との関係を説明できる理論的枠組みを得たことになる。金融的流通内の貨幣量の変動は、必然的に金利に影響を及ぼすが、それが投資の変動、すなわち産業的流通内への貨幣量の還流に結びつくか否かは投資マインドに依存している。投資マインドこそ景気動向を映す鏡なのである。われわれの貨幣需要分析における二つ目の骨子は、まさにここにある。すなわち、産業的流通内の貨幣量と金融的流通内のそれとの関係である。金融的流通内に新規に投入された貨幣量が、いかなる経路でどの程度産業的流通へ向かうのか。逆に産業的流通内の貨幣量が、経済がデフレやインフレに直面したとき、どの程度金融的流通へと向かうのか。そうした関係を問うわけである。もちろん、両者の関係は一様ではなく景気動向によって左右されよう。参考までに政府を含めた貨幣流通の基本図式を示しておく（図 8-3)。

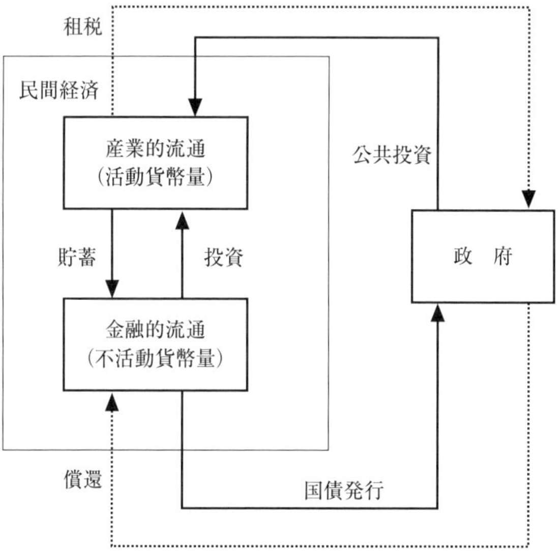

図 8-3　貨幣流通の基本図式

以上より、われわれの貨幣需要分析を要約しておこう。貨幣流通の二つの経路を考慮することにより、われわれは「一般物価水準の決定」と「名目金利の決定」という貨幣現象の二側面を各々独立に分析する枠組みを得た。数量説では両者は混同されている。われわれは、基本的に一般物価水準は産業的流通内の活動貨幣量によってもっぱら決定され、名目金利は金融的流通内の不活動貨幣量によって決定されると考える。両流通間の貨幣の還流は、景気状況に依存する。しかし、金融取引量と経常取引量は無関係ではないにせよ、金融取引量の変動が一般物価水準に及ぼす影響は明確に確定できない。一例を挙げれば、歴史上、日本において最も金融取引が活況を呈していた1980年代後半のバブル期にも一般物価水準は安定的に推移していた。数年で地価や株価が約3倍に高騰したにもかかわらず、同時期のインフレ率は1～2%程度にすぎなかった（1990年のみ3.8%）。金融的流通内への貨幣の大量流入によっても、一般物価水準は上昇しなかったのである。金融取引をする主体と経常取引をする主体は異なるため直接的な影響はない。特に、金融投資を決定するマインドと実物投資を決定するマインドは別なのである。

3. 動態的貨幣理論へ向かってII：外生的貨幣供給と内生的貨幣供給

「貨幣は誰がいかなる方法で供給するのか」という貨幣供給の考え方に関しては、二つの対立する見解が存在する。外生的貨幣供給論と内生的貨幣供給論である。前者は静態理論一般で採用されている見解であり、ケインズも『一般理論』においてはそれを踏襲している。いわば貨幣供給に関する主流派的見解といえる。他方、後者はニコラス・カルドアやB.J.ムーア等のポスト・ケインズ派で主に主張されている見解である。本節では両理論の検討を通じて動態経済における貨幣供給分析の基本認識を提示する。

外生的貨幣供給論は、貨幣供給は政府によってのみ行われるとする見解である。すなわち民間経済の外部で貨幣供給量は決定されるとするものである。また、この見解における貨幣とは現金通貨のみを指していることに注意すべきである。このことは、経済全体を政府部門と民間部門（民間経済）に分割し、さらに民間部門を個人や企業の属する「民間非金融部門」と銀行等の属する「民間金融部門」に分割して考えると理解しやすい。民間非金融部門は実体経済を表し、民間金融部門は実体経済の活動を円滑化するための資金貸借の役割を担っている。一方、経済全体の貨幣供給量（マネーストックもしくはマネーサプライ）は、「民間非金融部門の有する現金通貨と預金通貨の合計」として定義される。預金通貨は預金者にとっては資産であるが、それを預かった（すなわち借りた）銀行等にとっては負債である。それゆえ民間部門内部で集計するとゼロになる。なぜなら非金融部門の預金資産は同額の金融部門の負債で相殺されるからである。したがって、民間経済全体で見れば、残された貨幣は現金通貨だけとなる。民間非金融部門で保有されている現金と民間金融部門で保有されている現金（すなわち準備）の合計が経済内にある現金通貨の総量である。経済内の現金通貨の総量を「ベースマネー」もしくは「ハイパワードマネー」と呼ぶ（図 8-4 参照）。ちなみにベースマネーは民間経済の純資産であり、同時に政府の負債ということになる。

外生的貨幣供給論で現金のみが貨幣として取り扱われるのは以上の理由による。現金通貨の発行は政府の専管事項であるため、量的水準の決定は政府に委ねられる。貨幣供給は政府だけが実行できるとする論拠である。正確には政府側にある中央銀行がその役割を負う。日本の場合は日本銀行ということになる。したがって、外生的貨幣供給論の立場からすれば、貨幣供給量は政府が自由にコントロールできるという結論が導かれる。この見解は、経済取引が全て現金決済されるという前提の下では無条件に正しい。しかし、現金以外でも決済がなされるとしたら状況は異なる。例えば、預金をベースにした信用貨幣での決済の場合である。そうした条件下でも外生的貨幣供給論

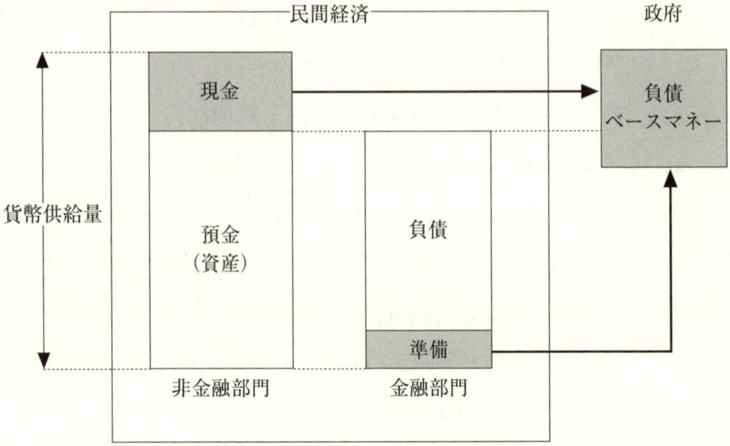

図 8-4　ベースマネーの構成

が成立するためにはいかなる条件が必要かを次に考察しよう。いま貨幣供給量を M、民間非金融部門の保有する現金を C、預金残高を D、預金準備率を α とすると、貨幣供給量とベースマネー（H）は次の式で表される。

$$M = C + D \qquad \cdots\cdots \text{(8–9 式)}$$

$$H = C + \alpha D \qquad \cdots\cdots \text{(8–10 式)}$$

ここで αD は、民間金融部門の現金保有量（準備）である。現金通貨と貨幣供給量との関係を導出するために、(8−9 式) を (8−10 式) で除し、さらに資産保有の形態である現金預金比率（C/D）を a とすると次式が得られる。

$$M = \{(1 + a)/(a + \alpha)\}H \qquad \cdots\cdots \text{(8–11 式)}$$

この式の含意は明らかであろう。増分をとればわかるように、ベースマネーの変化（ΔH）は、乗数倍の貨幣供給量の変化に対応する。ここで (8–11 式) の右辺の係数を「貨幣乗数」と呼ぶ。準備率は政府によって決められるものであるから、貨幣乗数は民間非金融部門の資産保有形態である現金預金比率（a）に依存する。もちろん、(8–11 式) 自体は恒等式であるから何らかの理論を提示するものではない。例えば、異時点における M と H のそれぞれの統計数値をこの式に代入する場合を考えよう。どの時点をとっても貨幣乗数の値さえ変化すれば、この恒等式が常に成立することは明白である。

外生的貨幣供給論の立場は、(8-11 式) を右辺から左辺へ至る因果関係を表す式と考えることにある。すなわち現金通貨の量 (ベースマネー〔H〕) の操作を通じて、貨幣供給量 (M) をコントロールすることが可能だと主張するものである。したがって、この見解が成立するためには、H と M との間の明確な因果関係が存在すること、および両者の関係が安定的であること—それは貨幣乗数が安定的な値をとることと同義である—が必要である。もしも各時点で観察されたベースマネーの変化が、ほぼ同一の貨幣供給量の変化として現れるのではなく、各時点でかなり異なる貨幣供給量の変化となって現れるとしたならば、ベースマネーは貨幣供給量をコントロールできるとはいえないであろう。その場合は、別の要因を探す必要に迫られることになる。

したがって、外生的貨幣供給論の立場からすれば、貨幣乗数が一定値もしくは安定的に推移していることが必要となる。すなわち、ほぼ一定の範囲内で推移しているか、もしくは変化しているとしても明確なトレンドとして変化している (すなわち各時点における変化率が一定している) ことが必要となる。もしもそうでない場合は、どうであろうか。外生的貨幣供給論は棄却せざるを得なくなる。実際、後の章で見るように、2001 年から 2006 年にかけて日本銀行が行った量的緩和政策の発動にもかかわらず、貨幣乗数の値が急速に下落し、マネーが実体経済 (民間非金融部門) にほとんど回らない事態が発生した。日銀関係者にとっては全く意図せざる状況といえよう。貨幣乗数の値はベースマネーと貨幣供給量が決まった後、事後的に決まった比率としか思えない数値を示した。そこに両者の安定的関係など微塵も見られない。そうした傾向は今も続いている。しかし、それは後の問題として、ここでは外生的貨幣供給論の本質を先に提示しておこう。その本質は、「貨幣供給が貨幣需要を決定する」ことである。いわば「貨幣版セー法則」である。すなわち、政策的に操作可能なベースマネーが経済全体の貨幣供給量を決め、それに適合するように貨幣需要と金利が決定されるとする見解である。無論、政策当局者にとって、貨幣供給量をコントロール可能とする見解は最も都合のよいものであろう。

それでは、外生的貨幣供給論におけるベースマネーと貨幣供給量の因果関係を規定する理論的支柱は何か。いわば現金と預金の量的関係を決定する論拠である。それが信用創造過程である。信用創造過程とは、金融機関に預け入れられた現金が、金融機関全体で乗数倍の預金を生み出す過程を指す。簡略に説明しよう。今、新規に預け入れられた現金を A（現金の増加分 ΔC と考えてもよい）、準備率を α とする。簡単化のために民間非金融部門は貨幣を全額預金形態で保有するものとする。したがって、現金預金比率（a）はゼロである。例えば中央銀行が市中銀行へ現金を預け入れた場合を考える。初期的に現金を預け入れられた金融機関は、準備を除く全額を融資へ回す。そのとき、貸出額は（$1-a$）A となる。融資を受けた者は最終的には同額を取引相手の口座へ振り込む。使途のない資金を借り入れることはあり得ないからである。したがって、経済内のいずれかの金融機関に融資額と同額の預金増が生ずる。預金増に直面した金融機関は、準備の分を除く全額を融資に回す。すなわち、（$1-a$）×（$1-a$）A である。この過程が永続化すれば、最終的に増加した預金額（ΔD）は、$A=\Delta C$ とすれば、次式で表される。

$$\Delta D = (1/\alpha)\Delta C \qquad \cdots\cdots\ (8\text{–}12\text{式})$$

たとえば、$\alpha=0.1$ であれば、預け入れられた現金は十倍の預金増を生むことになる。これが信用創造過程であり、（8−12式）の右辺の係数を「信用乗数」という。現金預金比率を導入しても議論の本質は変わらない。（8−12式）を経済全体の現金と預金の関係と解釈すれば、信用乗数は先に示した貨幣乗数と本質的に同じものである。信用創造過程を前提としたとき、外生的貨幣供給論の見解は強化されるであろう。なぜなら、ベースマネーと貨幣供給量の間の関係が理論的に確立され、かつ現金供給量と準備率とは共に政府の管理下に置かれているからである。

しかし、信用創造過程の議論は資金需要の逼迫した、かつ金融機関の融資意欲の強い経済状況を前提としたものであることを忘れてはならない。金融機関は融資先に困らない、つまり貸したいだけ貸せる状況にある。資金需要が逼迫していない不況期、および金融機関が融資に対して消極的な姿勢を示す経済状況では理論通りに乗数倍の預金増は生じない。すなわち景気状況によって信用乗数の値は変化すると考えるのが一般的であろう。もちろん、現金が預金創出のベースとなること自体に異論の余地はない。しかし、現実の経済過程では資金需要側の状況や融資側の事情が関与していることも疑いのない事実である。したがって、(8−12式)で示されるような信用乗数は、現金による預金創出の上限を画するものと解釈するのが適切であろう。

それでは資金需要が逼迫していない状況、融資姿勢が積極的でない状況において預金量はいかにして決まるのか。現金預金のうち、準備を除いた全額が融資に回らない場合である。こうした現実経済において一般的と思われる景気状況下では、外生的貨幣供給論は無力化する。現金通貨の発行量を決定できても、預金通貨との明確な量的関係を画定できない以上、貨幣供給量を決めることはできない。すなわち、貨幣供給量をコントロールすることは困難となる。

ニコラス・カルドアは外生的貨幣供給論を批判し、貨幣供給量がもっぱら民間経済内部の銀行信用の創出（信用貨幣）に依存していることを主張した。いわゆる内生的貨幣供給論である。彼は貨幣経済を「現金決済の経済」というより「信用経済」と考えた。そして信用貨幣は、銀行の融資行動を通じて伸縮的に創出されるものとしている。もちろん、信用創出には資金需要が前提であるから、その点で内生的貨幣供給論の本質を「資金需要（貨幣需要）が貨幣供給を決定する」と捉えることができよう。いわば「貨幣版有効需要の原理」である。この見解は、シュンペーターの貨幣観、いわゆる革新の遂行をファイナンスする銀行信用の役割を重視する見解ともかなり近い。

カルドアの内生的貨幣供給論は、貨幣供給の原因を資金需要に求めるという視点を提起するものである。すなわち、貨幣供給は資金需要の水準が決定した後、それに適合するように事後的に決定されるとの見解である。この見解は従来の経済理論では軽視されがちであった信用の役割を強調する点で、高く評価されるべきであろう。ただし、カルドアの議論にはいくつか不十分な点があることも事実である。以下、それを列挙しておく。第一に、現金の役割が貨幣分析に導入されていないことである。完全なる信用経済、いわゆる完全なるキャッシュレス社会を想定した場合でも、信用貨幣を無限に供給することは不可能である。歴史上見られるハイパーインフレは、当該政府による産出水準を無視した現金通貨の乱発によって生じたものであるが、民間金融機関による信用通貨の膨張もそうした危険をはらんでいる。信用貨幣の無限の膨張を食い止める歯止め（天井）が必要である。その役割を負うものは、現金通貨をおいて他にはない。すなわち管理通貨制度の下では、政府への信認である。

第二に、銀行行動の分析が不十分なことである。銀行行動に関しては、ミクロ的には銀行の資産選択行動や非対象情報下での融資問題を考える必要があるだろうし、マクロ的には景気動向に応じた融資姿勢が問題となろう。特に、景気動向のいかんにかかわらず、常に資金需要側の求めるだけの信用創出を行うことは考えられない。第三に、融資に際しての金利決定を政府の政策に委ねている点である。このことは、民間経済における資金の需給関係による金利変動を無視することを意味する。確かに、中央銀行が民間経済の動向を察知して的確に金利を決定していると想定すれば、この困難は回避できよう。しかし、中央銀行は全知全能の機関ではない。それどころか、歴史的に見ても過ちを繰り返してきた。日本銀行の場合を見ても、バブルを生み出す政策を実行し、問題が生ずるや今度は手のひらを返したようにバブル潰しに奔走し、過度の経済混乱を招いた。また長期間に渡るデフレを放置し、それを原因とする円高にも対応しない。このように、中央銀行に全面の信頼を置けないとすれば、やはり民間の資金需給に基づく金利決定の余地を理論的に担保しておく必要がある。第四に、これは第三の問題と表裏一体のものであるが、貨幣市場における金利決定の役割を等閑視していることである。内生的貨幣供給論は、民間経済の中で金利を決定できない論理構造になっている。

参考までに、外生的貨幣供給論と内生的貨幣供給論の相違を図 8‒5 に示しておく。図中の Ms は貨幣供給、Md は貨幣需要、r は金利を表している。外生的貨幣供給論は政府によって貨幣供給量が先決されているので、金利水準にかかわらず一定となる。それゆえ貨幣供給曲線は垂直となる。他方、内生的貨幣供給論では、金利水準が政府によって先決されているため、その水準で信用貨幣が柔軟に供給できる。したがって、貨幣供給曲線は水平となる。外生的貨幣供給論では貨幣需要は貨幣供給に適合するだけであるのに対して、内生的貨幣供給論では貨幣供給は貨幣需要に対応して決定される。

さて、次にわれわれの貨幣供給分析を提示しよう。それは外生的貨幣供給

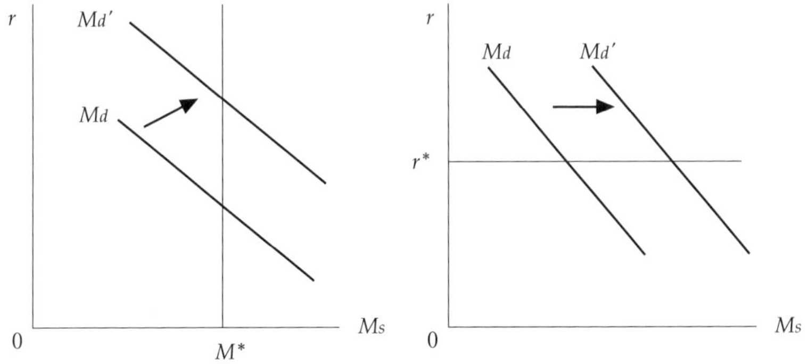

図 8‒5　外生的および内生的貨幣供給論のイメージ

論と内生的貨幣供給論とを統合した見解である。われわれの見解は、景気動向を貨幣分析に導入することによって成立するものである。従来の貨幣論には貨幣現象と景気動向を関連づける視点が欠けていた。われわれは景気動向の影響を明示的に導入し、それを契機として二つの貨幣供給論を統合するのである。それでは具体的に説明に入る。

これまでの記述によって、外生的貨幣供給論と内生的貨幣供給論はいずれも貨幣現象の一面の真理を表すものであるとしても、同時に欠点もまた有していることが確認されたと思われる。外生的貨幣供給論は実体経済の活動水準を無視したものであった。具体的にいえば、銀行等の融資によって賄われる実物投資の水準および動向を捨象してしまっている。なぜなら民間非金融部門の活動水準の反映である「信用量の変動（すなわち負債残高の変動）」が、民間金融部門の同額の「資産残高の変動（例えば貸出債権の変動）」によって相殺されてしまい、分析の俎上に上ることはないからである。われわれはベースマネーを通じて背後にある貨幣供給量をうかがい知ることはできるが、一般的にその量を確定することはできない。唯一、実体経済が活況を呈し、資金需要が逼迫している場合にのみそれを確定できるにすぎない。他方、内生的貨幣供給論は実体経済の活動水準を反映させた見解であるが、ベースマネーの役割を明示しておらず、また金利を外生的なものと捉えていることに不満が残る。

ここに「金利決定を内生化させるためには貨幣供給を外生化させねばならず、反対に貨幣供給を内生化させるためには金利決定を外生化させねばならない」というジレンマに直面するのである。しかし、この二つの見解を景気循環と対置させて眺めれば様相は一変する。両者は同一の経済過程の異なる景気局面を説明する論理として捉えられるのである。すなわち、外生的貨幣供給論は資金需要の逼迫した好況期の論理として、また内生的貨幣供給論は資金需要が旺盛でない不況期の論理として位置づけられる。好況下では、信用創出が量的に上限に達しているため、さらなる資金需要に対応するには金利による調整しかない。それゆえ「金利決定の場としての貨幣市場の役割」が強調される。他方、不況下では、旺盛でない資金需要に対して同一金利で信用供与が行われるため「信用創出の場としての貨幣市場の役割」が強調されることになる。

動態経済分析における貨幣供給の考え方は、ベースマネーの役割を前提とした内生的貨幣供給論の立場である。ベースマネーは信用供給量の上限を画するものであり、その上限を超えた民間経済への新規の貨幣供給はベースマネーの増加以外にあり得ない。資金需要の逼迫時に新たな信用創出を行う状況を考えれば、そのことは容易に理解されよう。その場合、ベースマネーの増加がない限り、金利が上昇するだけで新規の信用供与は行われない。もちろん、われわれの貨幣供給分析はベースマネーの役割を認識するものであるが、経済過程が常に完全雇用を達成するような景気状況にあるとは想定していない。景気循環を経済過程の常態と考えているからである。好況、景気後退、不況および回復。こうした景気動向に対応可能な貨幣供給の図式を考えているわけである。一般的に、ケインズが指摘したような不完全雇用状況では、計画された投資が貯蓄を下回っているわけであるから、資金需要もまた旺盛なものとはいえないであろう。そうした状況下では、銀行側に潤沢なる資金が滞留していると考えられる。銀行側の融資姿勢を問題にしなければ、その場合、実体経済の収益率を反映した金利（それに銀行側がマークアップするか否かは別として）をベースに融資は行われるはずである。資金需要が逼迫するまで金利が上昇することはなく、固定的な金利の下で信用供与は行われることになる。

図 8–6 は、われわれの貨幣供給関数の考え方を図示したものである。図中の M_0 はベースマネーの発行量であり、M^* はベースマネーに信用乗数を乗じた信用供給量の上限を示している。r^* は実体経済の収益率を反映した金利

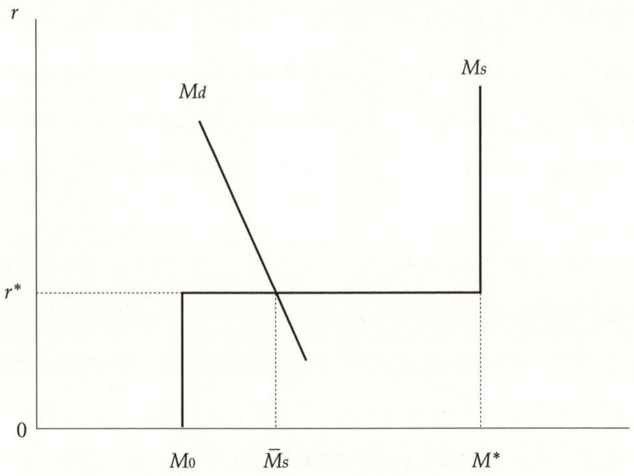

図 8-6　動態経済における貨幣供給のイメージ

水準である。それを政府の政策金利と解することもできるが、政府が実体経済の状況とかけ離れた金利設定を長期的に維持することは不可能である。動態経済における貨幣供給量（M_s）は、M_0 から上限の M^* との間で決定される。無論、それを決定するのは資金需要側である。すなわち資金需要が貨幣供給量を決定するのであって、その逆ではない。しかし、景気状況が好転し資金需要が逼迫すれば状況は異なる。貨幣供給量の上限を超えるほどの資金需要は金利の上昇をもたらすことになる。例えば、オーバーローン状況におけるペナルティレート等を考慮すれば、それは容易に看取できよう。図中には、理解しやすいように貨幣需要（M_d）を便宜的に書き込んである。この場合、それによって決定される貨幣供給量は $\bar{M}_s$ ということになる。

4. 貨幣流通と物価水準および貨幣の非中立性について

さて、これまでの説明によって、われわれの動態的貨幣理論の概略は示されたと思われる。すなわち、貨幣市場における貨幣需要と貨幣供給の決定因を説明し、需給一致の状況を景気動向と関連づけて貨幣市場において明示した。同時に貨幣流通の観点から、一般物価水準は主に産業的流通内の活動貨幣量によって決定され、名目金利は金融的流通内の不活動貨幣量によって決定されること、および両流通間の貨幣循環は景気動向に依存することを示した。本節では、われわれの図式に従って、これまで保留してきた貨幣に関する誤解を解くことにする。その誤解とは第1節にて示した物価水準の変動に関する貨幣数量説的見解と貨幣の中立性に関するものである。先ずは前者から解決しよう。

貨幣供給量と物価水準が比例的に変動するというマネタリズムの見解には致命的な欠陥が少なくとも三つある。第一に、その見解が外生的貨幣供給論に依存していることである。先に論じた通り、それが成立するのは全ての経済取引が現金決済されているか、もしくはベースマネーと貨幣供給量との間に安定的な関係がある場合に限られる。フリードマンは、実証研究によって貨幣供給量の変動が名目 GDP の変動に先行することを示し、それゆえ貨幣供給量は物価変動をもたらすと結論づけている。しかし、ベースマネーと貨幣供給量との間の明確な安定的関係を立証できなければ、すなわち貨幣乗数の値が不安定となる統計データが見つかれば（実際それはいくつもある）、マネタリズムの見解は理論的根拠を失い、同時に政策的価値もなくなる。この場合、例えば貨幣供給量の増加は、政府によるベースマネーの増加ではなく、民間による信用創出の増加によって生じた可能性も十分考えられるのである。

第二に、マネタリズムの見解が貨幣の流通経路を完全に無視していることである。仮に外生的貨幣供給論に立脚するとして、政府が貨幣供給量を増加させるためにはいかなる方法をとるのかが明示されていない。相対価格体系を不変に保ったまま、政府が民間経済に貨幣を注入する方法は現実にはあり得ない。ヘリコプター・マネーや結論の反証主義を持ち出して誤魔化すのがせいぜいである。現実の貨幣注入方式は、中央銀行による市中銀行からの債権や手形といった証券類の買い取りか、もしくは中央銀行が国債を引き受け、政府がその資金を公共投資や一般歳出の形で支出する以外にない。いずれにせよ、増加した貨幣によって全ての物財や金融商品を貨幣の増加率と同じ比率で購入しない限り、相対価格体系は変化せざるを得ない。

第三に、これが最も問題であるが、完全雇用以外の景気状況を無視していることである。これは静態理論一般における致命的欠陥である。一般の経済人はこの前提条件を知ることなく、いかなる景気状況でも貨幣供給量の変動が物価水準の変動をもたらすと誤解している。それが蔓延して経済常識と化してしまった。さらに貨幣流通の二つの経路を考慮しないために、とんでもない結論に行き着くのである。例えば、不況下でデフレが続いている経済を考えよう。いま中央銀行が拡張的金融政策として市中銀行の当座預金残高を増加させるといった量的緩和を図ったとする。その結果、確かに民間金融部門までは現金通貨が渡ったことになる。われわれの貨幣流通の図式では、金融的流通に現金通貨が注入されることになる。すなわち金融的流通内の不活動貨幣量の増加である。活動貨幣と不活動貨幣を区別しない数量説的見解では、これによって物価水準が上昇すると教えている。とにもかくにも民間経済内の貨幣供給量が増えたからである。

しかし、現実にはそうはならない。問題は民間金融部門において増加した現金保有の行く末である。現金保有の増加に直面した市中銀行がいかなる行動をとるかである。それが乗数倍の融資を生み、実物経済への投資として結実すれば拡張的金融政策は成功となる。しかし、いうまでもなく、銀行融資の前提は企業側の資金需要の存在である。資金需要がなければ、融資のしようがない。先の読めない不況下で、リスクを冒して意欲的に実物投資を計画する民間企業はほとんどない。あっても僅かであろう。金融的流通内の不活動貨幣量の増加によって、名目金利は多少低下したとしても、投資マインドを好転させるまでには至らない。そうした状況下では企業側の資金需要が停滞しているため、企業への融資は増加しない。銀行は増加した現金を金融的流通内の資金運用に回すだけで、実体経済に資金は回らない。産業的流通内へ還流しないのである。経常取引に使用される活動貨幣量が増加しないのであるから、一般物価水準が上昇することはない。いうまでもなく、一般物価水準が上昇するためには、マクロの生産物市場（最終財市場）において超過需要が発生する必要がある。産業的流通への還流が途絶した状況下で、金融的流通内にいくら現金を注入したところで何の効果もない。これが動態経済の実相なのである。景気局面を無視した現実経済の分析は全く意味がない。図8-7には、参考までに中央銀行による現金通貨の注入経路を図示してある。不況下では、図中の民間銀行と民間非金融部門間の経路が断ち切られるのである。

最後に貨幣の中立性に関して論じておこう。現代の経済学者の大多数は、貨幣の中立性を支持する立場にいる。また、学者以外にも官僚、民間エコノ

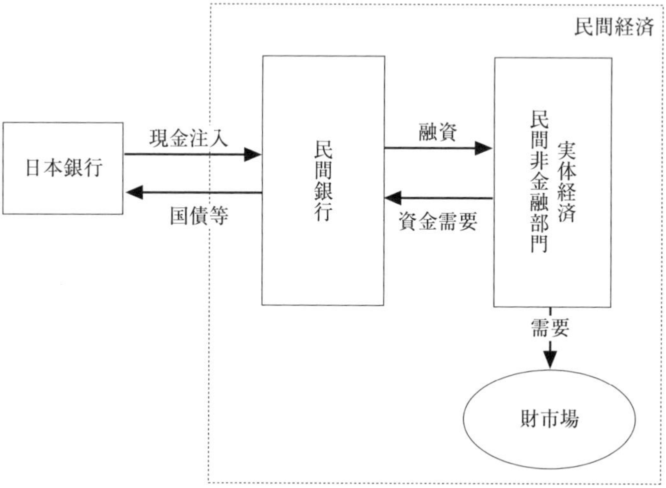

図 8-7　ベースマネーの注入経路

ミスト、経済評論家の大半も同様である。さらに彼らの言説に耳を傾ける政治家達の多くにもそうした傾向が見られる。いわば貨幣の中立性は経済分野を主導する人達の過半の見解ともいえる。なぜそうなったのであろうか。そこに至るには三つの要因が介在している。第一に、経済学界における主流派経済学の交替である。先に示した通り、1970 年代央から 80 年代前半にかけて、それまで主流であったケインズ経済学に替わり新古典派経済学の後継の諸学説がその地位に就いた。年を追うごとに多数の経済学者達も宗旨替えをし、主流派に追随した。学問的立場として、経済学に現実性よりも論理的厳密性を求める学者が増加したということである。第二に、主流派経済学が、古典的二分法に基づく貨幣の中立性を前提とし、同時にセー法則に立脚する供給側の経済学であったことである。このことも既に論じたところである。第三に、供給側の経済学の内容が、現実社会における特定集団の利益につながるものだったことである。具体的には、供給側の経済学が社会の支配階層に属する人達にとって好都合の論理であったため、必然的にその学説を擁護する勢力が誕生したことである。それについて簡単に触れておこう。

経済学界で生じた主役の交替などは、一学問内の専門家集団の問題にすぎず、本来、社会全体に波及する性格のものではないと思われるかもしれない。しかし、現実の経済政策が何らかの経済理論に基づいて行われるとするならば、それは利害関係の温床となる。もちろん、社会の全構成員が同一の価値観を有する同質的な個人からなるとする社会観からすれば、社会の中に利害対立の発生する余地はない。しかし、現実経済を異なった価値観を有する人達の集合体と見なすならば、利害対立の発生は不可避であろう。純粋な学問であっても、政策という具体的な内容を持つや否や、利害集団の闘争の道具に変ずる。その結果、自らの現実的利益を追求するために特定の学説を強力に支持し、かつ擁護する勢力が形成されるのである。いわば経済学説はパトロンを生むのである。例えば、マルクス経済学のパトロンは初期的には困窮した生活から逃れたい労働者であり、時代が下っては権力保持に汲々とする労働貴族達であったろう。ケインズ経済学のパトロンは福祉や社会政策を求める人達および財政政策で潤う企業群である。新古典派経済学および後継の学説のパトロンは経済効率を何よりも求める人達および規制緩和によって潤う企業群である。シュンペーター体系にしたところで、「企業者の育成を」といった社会的スローガンの下では、純粋な論理にとどまることはできない。さしずめ、パトロンは起業を目指し融資の必要な人達であろうか。このように経済学説は、現実社会においては否応なしに様々な社会的勢力によって利用されるのである。しかし、この問題の詳細は次章で扱うことにする。

さて、一般の経済人が、貨幣の中立性という言葉を耳にすることは滅多にない。しかし、この概念は知らず知らずのうちに経済関係の書籍や政府の公表資料等を通じて、徐々に社会に浸透してきている。例えば、「デフレ」の意味である。いうまでもなく、それは形式的には一般物価水準の継続的下落を意味する。しかし、ケインズ経済学や新古典派総合の教科書に習熟した世代では、デフレと不況は同一視される。デフレ状況とは物価が継続的に下落しているのであるから、生産物市場は超過供給に直面している。したがって生産調整（縮小）のために非自発的失業者が存在していると考えるのである。いわばデフレと非自発的失業は同一の経済状況の二側面として捉えられてきたのである。しかし、近年のデフレに関する経済関係の書籍を見ると、デフレを純粋な貨幣問題として捉え、失業者の存在する不況状況と切り離して分析する学者の多いことに気づく。そうした学者が古典的二分法に立脚していることは明らかであろう。実物的要因は先決され、さらに非自発的失業も存在しないセー法則の支配する世界を念頭に置いているのである（本書では、そうした経済学者の誤解を避けるために「デフレ下の不況期」という記述をあえてしている箇所もある）。彼らにいわせれば、デフレと完全雇用は両立しているのである。なぜなら失業者を全て自発的失業者と想定しているからである。

デフレに関してもう一つ例を挙げよう。それは新聞紙上で「デフレギャップ」という言葉の使用頻度が少なくなってきたことである。デフレギャップとは、潜在GDPと現実GDPのギャップ（差）のことであり、いわゆる総需要不足を意味する言葉として使われてきた。すなわち「デフレギャップ」の意味するデフレは、不況を指す。需要不足による物価の継続的下落という常識的な見解を表す。しかし、ここでもデフレを不況と同一視させないために「需給ギャップ」と表現することが多くなってきた。デフレは実物経済とは無関係の純粋な貨幣現象であることを意図的に喧伝しているのであろう。経済学者の薫陶を受けてのことかもしれないが、マスコミ関係の人達にまで貨幣の中立性の概念は伝播してきたと思われる由縁である。

以上のように、貨幣の中立性は経済の専門家の間でかなり承認されてきたといえる。しかし、動態経済を前提とした場合、明らかに貨幣は中立的ではない。より積極的にいうなら、貨幣の非中立性は現実経済の真理である。貨幣の中立性の立場で現実経済を見ることは、供給側の経済学に与する限り仕方のないことかもしれないが、それは学問の濫用以外の何物でもない。供給側の経済学に立脚して政策提言を行っている関係上、貨幣の中立性を容認せざるを得ないというのが多くの経済学者の本音かもしれない。それではなぜ貨幣が非中立的であると断言できるのか。次にその理由を述べることにしよう。問題は、貨幣的要因の変動によって相対価格体系が変化するか否かである。変化しなければ中立的であり、変化すれば非中立的といえる。また貨幣的変動は、経済内に新たな貨幣（購買力）が注入されるか、もしくは経済内での貨幣（購買力）の移動によって生ずるものである。

経済理論における実物的要因と貨幣的要因との交渉経路としては主に三つの経路が存在する。第一にケインズ効果である。これは投資決定が金利に依存することから発する経路である。すなわち貨幣的要因によって金利が決定し、それが投資を通じて実物的要因へ影響するというものである。第二に、ピグー効果である。これは「実質残高効果」もしくはより一般的に「資産効果」と呼ばれているものである。ピグーはケインズ批判の中で、デフレが公衆の保有する実質貨幣残高を増加させることによって消費の増加につながる経路を提示した。すなわちデフレは貨幣価値の増大を意味するから、そうした新たな条件下で主体的均衡を達成するために、貨幣価値の増加分のうち一部は消費増へ回されると考えたのである。同様の理由で資産価値もまたデフレによって増価するから、消費増につながる。現代において資産効果は、資産価格の変動が消費の変動をもたらすという一般的な意味で解釈されている。第三に、シュンペーターによる革新効果である。これは技術革新、一般的には生産性の向上を企図する生産主体へ融資された信用が、初期的には物価上昇圧力を生むが、最終的には産出増をもたらすとするものである。すなわち、信用供給量の増加が実物的な産出量へ影響を及ぼす経路である。今後、この経路を「シュンペーター効果」と呼ぶことにする。

さて、各々の経路を吟味しておこう。まずケインズ効果について。ケインズは、企業が資本の限界効率（投資の予想収益率）と機会費用である金利とを比較考量して投資を決定すると考えた。これは企業が所与の技術水準の下で、「資本の限界効率表」という投資と予想収益率の関係を示す投資スケデュールを保有していることを意味する。ただし、ケインズ理論の短期的性格のため、投資決定に際しての予想形成がいかに行われるかは論じられていない。すなわち、投資決定に影響を及ぼす諸要因のうち、調達コストである金利を除いた全ての要因は所与とされている。そうした経済過程の瞬間写真ともいえる想定の下で、ケインズは貨幣の非中立性を唱えたといえる。彼は、金利を決定する場である金融的流通内の貨幣量の変動と実物的要因を結びつけたはじめての経済学者であった。ただし、ケインズ経済学における貨幣の非中立性は恐慌時には成立しない。恐慌時には資本の限界効率表自体が破壊され、投資関数が成立しなくなるからである。また名目金利が下限に達し、それ以上低下しない状況、いわゆる「流動性の罠」にはまった状況でも貨幣的要因と実物的要因の関連は断ち切られることになる。その場合、投資決定は名目金利と独立になされるのである。したがって、ケインズ効果は経済動向に依存することになる。われわれは景気動向のいかんにかかわらず貨幣の非中立性の成立を論証したいわけであるから、その理論的根拠をケインズ効果に求めることはできない。また、その短期的性格ゆえ、ケインズの投資理論を動態経済過程の投資理論とすることもできない。前に論じたように、動態経済の投資理論は、生産技術の変化と投資マインドを内生的に説明する必要がある。そうした理論的枠組みが用意されていてはじめて、次の段階の現実分析、いわゆる歴史的事実との照合とその理論的説明へと歩を進められるからである。

次に、ピグー効果について。この効果は新古典派経済学をベースにデフレを考察した場合の経路である。いわばミクロ主体の合理的行動から貨幣の非中立性が導出されている。ピグーは、反ケインズの立場すなわち反介入主義の立場から、経済がデフレに陥っても自律的に回復することを主張するためにこの効果を唱えた。ただし、ピグー効果は、現代版新古典派経済学である「新しい古典派」からすれば成り立たない見解であろう。ピグーは単に「デフレに直面するミクロ主体」を考えたが、新しい古典派は「デフレの原因を熟知し、それに対応する術を心得ているミクロ主体」を考えているからである。後者は、デフレの原因が発生したときからそれに対応する行動をとっているため、現実にデフレに直面しても行動を変えることはない。したがって、ピグー効果はミクロ主体が情報ラグ―ここでは一般物価水準の情報が遅れてしか入手できない状況―という制約下にあるときにしか成立しないことになる。また一般的な意味の資産効果にしても、デフレ下では効果はほとんど見込めない。なぜなら消費主体である家計部門は資産も保有しているが、同時に負債も負っているからである。デフレによって「実質負債残高」も増加してしまうのである。さらに借入金利も名目金利であり、デフレによって実質的な負担は増す。負債の存在により資産効果はかなり減殺されると考えられる。したがって、ピグー効果を用いて貨幣の非中立性を唱えることには限界があろう。

最後に、シュンペーター効果である。企業の新規の資金需要は、新株発行による増資もしくは銀行融資によって賄われる。前者の場合は金融的流通内の貨幣の移動であり、経済全体としての貨幣量に変化はない。後者の場合は、いわゆる信用創出であり、経済内への新規の貨幣の注入と考えられる（ただし貨幣の移動であっても本質は変わらない）。いずれにせよ貨幣的変動が発生するのである。しかし、これを単なる貨幣の産業的流通への新規注入（もしくは環流）と形式的に考えてはならない。企業への信用供与は実物投資の原資となり、時間差を伴うが将来の生産量の増加をもたらすのである。いわゆる「投資の能力効果」の発生である。融資を得た企業は、その資金を用いて経済内の特定の市場において生産要素および生産財を購入し投資を実行する。その際、好況であれば価格に上昇圧力が生じ、不況であれば価格が上昇することなく資材を調達できる。当然、価格水準が上昇する場合には相対価格体系は変化する。初期的に価格水準が変化しない場合も、事後的に特定の財貨の生産量が増加するわけであるから、結果的に相対価格体系は変化する。まさに貨幣的要因は実物的要因へ影響を及ぼすのである。経済全体の投資水準は景気動向に依存する。しかし、個々の投資は景気動向にかかわらず存在するはずである。ひとつでも実物投資が存在するならば、シュンペーター効果は成立する。

シュンペーター効果の前提は、「生産性の向上を意図しない投資はあり得ない」とする企業側の経営姿勢である。換言すれば、「生産性の向上が予想されなければ投資は実行されない」ということである。もちろん、現実にはそう考えない経営者もいるであろう。否、いてもよいのである。少なくとも生産性向上の意欲に燃える経営者が一人でも現実経済に存在することを認めるなら、シュンペーター効果は成立するのである。現実の経済過程では、たとえ更新投資であっても旧来の手法そのままの形態では行われていないと思われる。そこには何らかの創意工夫があるはずである。収穫逓増型の産業部門であれば、既存の技術を用いたとしても生産規模の拡大により生産性は向上するのである。経済過程における資本の生産性と設備投資の間には明確な関連がある。シュンペーターの元来の革新理論は、革新の遂行主体として類まれな資質を有する企業者を想定した議論であるが、ここではそうした企業者機能のいくばくかを現実経済の企業経営者の多くは有するものとして一般化して論じているのである。その機能が発揮されるのが、たとえ一時的にすぎなかったとしても、である。したがって、シュンペーター効果を認めるか否かは、動態経済における企業をいかに捉えるかという認識に依存している。現実の経済過程に存する全ての企業を、所与の生産技術の下で十年一日の如く慣行の生産を行う主体と考える者にとっては、シュンペーター効果自体を否定するであろう。そうした静態的状況に限定して経済分析を行うことも学問のひとつの方法ではある。しかし、本書の立場がそうした黒板経済学に与するものではないことは、もはや説明を要しないであろう。

現実の経済過程の渦中にある企業の多くを、絶えざる技術競争、低コスト化への圧力および熾烈なる商品開発にさらされている存在として認識するならば、シュンペーター効果の存在は極めて自然に受け入れられると思われる。動態経済における貨幣的要因と実物的要因の相互交渉は、好不況を問わず、このシュンペーター効果によって成立しているのである。不況下にあっては価格の上昇を伴うことなく産出増をもたらし、好況時には価格の上昇を伴いながら将来の産出増を惹起せしめるのである。そうした経済内の「一部の生産物」に生じた量的変化は、必然的に以前の相対価格体系を変化させる。以前には存在しない新生産物が誕生した場合は尚更そうである。技術進歩が現実経済に存在することを容認するなら、またその技術進歩が経済内の全ての生産物に対して比例的な生産性の上昇をもたらすものではないとするなら、動態経済における貨幣の非中立性は紛れもない真理に他ならない。以上、三つの効果を吟味したが、結論としてはシュンペーター効果が動態経済における「貨幣の非中立性」を成立させる主因と考えられるのである。

第9章

経済通念の陥穽：利害対立に翻弄される経済論理

1. 経済論理の濫用の構図

経済学の系譜で見たように、現代における主流派経済学は論理的厳密性を重視する純粋経済学である。純粋理論は現実性を排除して構築されているため、現実分析には不向きである。にもかかわらず、あえて純粋理論を用いて現実経済の分析を行うことをわれわれは「経済論理の濫用」と規定した。それは学者として厳に慎むべき行為である。われわれのこの主張は、経済学者はもとより一般の経済人にも容認されると思われる。しかし、前章の最後で指摘した通り、いかに純粋理論といえども現実社会に存在する限り、「純粋でない動機」を持つ人々によって利用されることになる。もちろん、悪用される場合もある。ここで悪用とは自己の利益もしくは自己の属する少数者の集団のために社会の大多数の人々に損害を与える利用としておく。その理由を簡単に示しておこう。

純粋理論の想定する画一的な世界とは異なり、現実社会は利害の対立する社会的勢力が複数存在している。経済問題に関していえば、全ての人達にとって利益となる政策や制度変更はあり得ない。なぜなら経済政策や制度変更には給付と納付が付随するからである。歳出には歳入が伴う。「誰が負担し、誰が得るのか」に関して必ず利害対立が生ずるのである。ただし、民主主義のルールが確立した社会では、マルクスの想定したような政治的閉塞感はない。利害対立を調整する場が間接民主主義における議院内閣制である。

当然、自己の属する社会的勢力の利益のためには、選挙による過半数の支持が必要となる。この場合、社会の多数派の属する社会的勢力、いわゆる一般大衆のための施策が実行されるように思われるかもしれない。しかし、問題はそれほど単純ではない。経済政策なり経済制度の変更には、理屈が必要だからである。理屈の通らない政策を掲げても選挙で過半数を得ることは困難である。社会の構成員が高学歴で知的水準が高ければ高いほど、この傾向は顕著になる。社会の過半数の人達が納得できる理屈を提示できれば、たとえ社会の少数派の利益につながる施策であっても実現できるのである。

さらに問題を複雑にしているのは、個人の政治的行動が、しばしば自らの経済的利益から離れて行われることがあるということである。すなわち、人々は往々にして自分の属する社会的勢力の利益に反するような投票行動を結果的にとってしまう。マルクスは社会の下部構造たる生産様式（経済的利害）が、上部構造（ここでは政治的行動）を規定すると論じたが、民主主義制度の確立した現代社会では両者が分離する傾向がある。物質的な豊かさが一定水準以上になると、人々の関心は経済問題一辺倒ではなくなる。各人固有の価値観、偏見、信仰、感情、郷土愛、愛国心等々のいわばイデオロギー（自らの究極的価値判断）によって政治的行動が規定されることは、しばしば見受けられることである。例えば、反共思想を持っている労働者が、自らの生活基盤を切り崩しかねない政策を掲げる保守政党に投票するようなケースである。

もちろん、個人の政治的行動に影響を及ぼす主たる要因は各時代における社会的雰囲気、すなわち大多数の人達に共通する価値意識なり社会観であろう。それは10年ないし20年といった比較的短い期間で変遷を繰り返す性質のものであるため、本書第5章では「時の社会思潮」と呼称した。「時の社会思潮」は、資本主義過程全般に普遍的に妥当するメンタリティーとしてシュンペーターが命名した「時代の精神」とは異なる。すなわち「時代の精神」を基盤としながらも、資本主義過程にある各国の歴史的事情を加味した概念である。したがって、資本主義諸国全般に妥当するものでもなく、またある時期に熱狂的に迎えられても一定期間が経過すれば、忘れ去られる思想ともいえる。もちろん「時の社会思潮」形成の根底にあるのは、各時代の多数の人間の精神内部に存在する共通のメンタリティーである。それは価値判断と呼ぶほど確固としたものではなく、当事者も意識していないほど極めてあいまいなものにすぎない。しかし、何らかの契機によって、それは明確な社会思潮として歴史に登場する。いわば、時の社会思潮とは「社会思想の流行現象」なのである。戦後の日本社会を見ても、時の社会思潮はめまぐるしく変遷している。戦後の復興期における民主化の流れに期待が高まった時期、高度成長期に見られる物質的豊かさへの憧れの時期、公害が社会問題化し石油危機による成長の限界を認識させられた時期、そして拝金主義の種がまかれたバブル期への突入。さらにバブル崩壊と経済的停滞による自信喪失の時期、そしてグローバリズムの出現という困惑の時期である。その時々に、人々の価値意識は大きく揺れ動いてきた。そうした時の社会思潮の影響を受け、各時代の政治的選択は行われてきたのである。

一般的に見て、経済的動機と政治的行動の乖離が生ずるのは、社会全体の知的水準が未成熟な状態、いわゆる成熟化へ至る「過渡期」の特徴であるのかもしれない。いずれ人間は先入観や偏見に基づく固有のイデオロギーを排し、より高次の合理的もしくは社会的な次元から物事を判断するようになるのかもしれない。しかし、現実の人間はそこまで至ってはいない。それを分析するためには、われわれの理論的枠組みよりもさらに包括的な経済社会学的枠組みを必要とすることになろう。したがって、ここではそうした問題に立ち入ることはできないが、政治的行動が経済的動機のみならず「時の社会思潮」にも大いに影響されるものであることを意識して分析を進めることにする。いわば論理と時代の価値観が個人の政治的行動を規定している以上、人々の説得には理屈に加えて彼らの価値観に訴えかけることも必要となるのである。次にそれを考察してゆこう。

さて、利害の対立する社会的勢力が、自己の勢力に有利となるような理屈を求めていることを先に指摘した。その理屈を提供するのが経済理論である。それゆえ経済理論は必然的に現実社会で特定の社会的勢力によって利用されることになる。もしも、理屈を提供する経済理論が純粋理論—正確には静態理論一般—であるならば、それは論理の濫用を意味することになる。われわれは、この事態を憂うるものであり、またそれを批判せねばならない。しかし、その段階にとどまったままでいてもならない。われわれは、この経済論理の濫用という事実を、事実として認め対策を講ずる必要がある。静態理論を現実経済に適用することの誤りを訴えねばならない。さらに、その濫用を図っている特定の社会的勢力の意図を一般大衆に知らしめる必要がある。それが経済学者の現実社会における重要な役割ではないだろうか。そうした情報を提供することによって、一般大衆は新たな知識を獲得し、行動の選択幅を広げることができるのである。しかし、静態理論にのみ立脚している経済学者には、これは無理であろう。なぜなら、批判はできてもその先の代替案を提示することができないからである。たとえ経済論理が特定の社会的勢力に濫用されていることなど陳腐なる事実にすぎないと強弁したとしても、その対応策を提示できない。否、濫用自体に気づかないかもしれない。しかし、われわれには現実経済を分析できる理論的枠組みがある。経済社会学的分析へとつながる動態経済理論である。ここにおいて、われわれは、ようやく現実経済に至る扉の目前までたどり着けたことになる。本章では経済論理の濫用の事例として、市場原理主義、グローバリズムおよび供給側の経済学に基づく政策論について検討してゆく。

2. 市場原理主義の誕生：論理の鎧をまとったイデオロギー

静態理論の主内容は、個と全体の調和と安定であった。それを保証するものが市場メカニズムであった。静態理論はアダム・スミスのヴィジョンに端を発し、ワルラスの一般均衡論の構築によって第一段階の完成をみた。さらに、パレートの貢献によって静態均衡は資源配分上、最も効率的であることが証明された。いわゆるパレート最適である。それは市場メカニズムという資源配分方式が、経済全体の経済効率の観点からも最適であることを示したものであった。経済効率を社会にとっての一種の価値基準とするなら、静態均衡は効率性という価値観とも両立する、もしくはそれ以上に一体化された状態として認識されるようになった。この段階を静態理論の第二段階としよう。静態理論の非現実性が露わになった大恐慌時以降、ケインズ経済学と対峙したのがミルトン・フリードマンであった。マネタリズムの主張はケインズ経済学から静態理論を守る防護壁の役割を一時果たした。フリードマン自身の静態理論への貢献はそれほど大きなものではなかったが、後の社会思想および政治思想に及ぼした影響力に関しては経済学者の中でも群を抜いた存在といえる。ある意味、スミスに次ぐといっても過言ではない。フリードマンは静態理論に新自由主義思想という価値観を持ち込み、かつ両者を合体させることによって「市場原理主義」を確立させたのである。これは静態理論の理論的発展方向とは異なるが、社会的影響力を理論に付与した点で静態理論の第三段階としておこう。静態理論への理論的貢献からすれば、フリードマンより遙かに大きな存在はロバート・ルーカスである。彼はマクロ経済学のミクロ的基礎づけを問うという学問的方向性を提示し、マクロ経済学を書き換え、遂にはマクロ経済学自体を消し去ることさえ企図した。すなわち完全なる静態理論の復権を図ったわけである。しかし、ルーカスは純粋理論の探究者であり、社会思想の啓蒙とは無縁であった。ルーカス以降を静態理論の第四段階としておこう。

静態理論は、それ自体、純粋理論であるから何ら政策的含意を有するものではない。強いていえば、消極的な意味での自由放任主義（レッセ・フェール）程度のことである。反対に、ケインズ経済学は積極的に資本主義過程の制御を目指していることから、政策志向が強いといえる。反ケインズの立場を貫いたフリードマンは、静態理論の提示する無機質な資源配分システムとしての市場メカニズムの概念に、自由主義という極めて人間的な命（思想）を吹き込むことによってケインズ主義に替わる経済思想を提示した。それが市場原理主義である。純粋理論の信奉者であったフリードマンが、論理を超えた経済哲学を援用することによってはじめて、資本主義過程に影響を及ぼす経済思想を生み出したことは皮肉ともいえよう。1962 年発行のフリードマンの著書『資本主義と自由』は、市場原理主義の思想的バックボーンを与えると共に、現実の資本主義過程においても政治過程を通じて多大なる影響を及ぼしてきた著作といえる。1979 年から始発した英国のサッチャリズム、1980 年代のレーガノミックス、および 21 世紀初頭の日本における小泉内閣による構造改革主義といった政治的ムーブメントは、政策的および思想的に多くのものをその著作に負っている。いわば 20 世紀後半から 21 世紀初頭にかけての「時の社会思潮」を形成する核のひとつとして市場原理主義は存在感を示したといえる。

さて、市場原理主義の構造について説明しておこう。形式的に見れば、市場原理主義は経済論理と価値観とが密接不可分に結合した形態をとっている。すなわち、「存在（Sein）」を論ずる経済原理と「当為（Sollen）」に関わる価値観とが合体された、いわば二重構造になっているのである。市場原理主義の中で、論理は価値観に転換され、逆に価値観は理論づけられたのである（後掲の図 9–1 参照）。したがって、市場原理主義を「理論の鎧をまとったイデオロギー」と解することもできる。ここでイデオロギーという言葉を使う理由も説明しておく。物事を判断する基準は各自の価値観に存するが、そうした価値観を形成するに至った最終的な価値基準をイデオロギーという。すなわち究極的な価値観がイデオロギーなのである。後に見るように、市場原理主義に内包された価値観はまさにイデオロギーと見なされる性質のものである。一般的に市場原理主義に対する見解は賛否両論様々であるが、いずれにしても、この二重構造を見逃しているか混同しているものが多い。

具体的にいえば、市場原理主義は、静態理論における需給調整メカニズムである「市場機構（メカニズム）」と新自由主義というイデオロギーを結合させ、全ての経済活動を競争と効率性の基準に基づき評価すべしとする価値観である。この論理とイデオロギーの結合を可能にしたのが、フリードマン独自の新自由主義思想であった。彼は市場均衡の最適性を強調するために市場原理主義を唱えたのではなく、彼自身の自由主義哲学を主張するためにそれを行ったのである。彼にとっての自由主義とは、「個人の自由に最大限の価値を置き、それを阻害する諸要因の排除を最重要と考える信条」であった。また他者からの強制を受けないと同時に、自己責任を全うする者こそ自由人であると考えた。その思考線上から、社会における「自由の拡大」を第一に考える方向に進んだのである。彼の議論を素描しておこう。

フリードマンは、自由を「経済的自由」と「政治的自由」に大別し、両者の関係を次のように規定した。すなわち、政治と経済には密接な関係があるが、経済的自由は政治的自由を実現するための前提であると。ここでいう経済的自由とは、他者からの強制から免れ、自己の意志に従って経済取引を行える状態を指す。したがって、経済的自由は、まさに資本主義経済における競争市場において完全に満たされることになる。他方、社会において他者からの強制を被らない状態である政治的自由を達成することは難しい。たとえ民主主義制度を以てしても、政治的決定が全会一致でなく多数決で行われる限り、少数者の自由は常に侵される。したがって、程度の差こそあれ、政治過程における政治的権力の出現は不可避となる。フリードマンの危惧は、自由の最大の危機である「権力の集中（強制力の拡大）」にあった。とりわけ政治的権力と経済的権力の結合による権力の集中を恐れたのである。それが専制君主であろうと、独裁者であろうと、議会における多数派であろうと同じことだと考えた。しかし、競争市場は経済的自由を保証するものであるから、市場経済の範囲の拡大、逆にいえば公的部門の範囲の縮小によって、経済的権力の発生は食い止められる。政治と経済が分離されることによって、自由の最大の敵である強制力の出現を抑制できるとするのが彼の議論の概略である。

静態理論の存立基盤である市場メカニズムは、完全競争市場を前提とする最適資源配分をもたらす需給調整メカニズムである。市場均衡は主体的均衡と両立し、かつその状態はパレート最適を満たしている。つまり完全競争市場における市場均衡は、最も効率的な経済状態といえる。静態理論の諸前提を受け容れるならば、いかなる経済学者といえども、この論理的帰結を否定することはできない。フリードマンの新自由主義は、この「パレート最適」状態を、価値理念上、「経済的自由が達成された状態」と再解釈するものである。それによって、「競争」および「効率」といった概念にイデオロギーが吹き込まれることになった。つまりそれらは「自由」の同義語になったのである。すなわち、「競争は効率を実現し、同時に自由の達成をも意味する」ことになった。新自由主義思想は、「経済的自由」という概念を接着剤にすることで、堅固なる経済論理という外皮をまとうことに成功したのである。静態理論の論理が、大学の教場の黒板の中から現実経済へと、政治的スローガンとなって歩み出すことになった。

3. 市場原理主義の限界：市場の失敗と価値の選択

一般経済人の中に、経済効率を重視しない者は存在しない。でき得るならば、最も効率的でありたいと望んでいる。多くの人にとって、無駄（非効率）を排することは日常的な生活信条にもなっている。全く同じように、自由でありたいと願うことも社会全員に共通する心情である。社会生活には必然的に制約が伴う。そうした一種の不自由さから解放されたいと思わぬ人はいない。市場原理主義は、そうした人達に訴えかける。そして、最も効率的かつ最大限の自由を保証する「理想の社会像」を提示する。さらに理想郷に達するための具体的手段をも示し、一般の人達を教え導く。効率を求めることは、自由を求めることでもあるのだと。こうしたスローガンに一般大衆はいともたやすく感化されてしまう。自分達が追い求める理想の社会が、実際には経済権力者および彼らから利益を得ている政治権力者をはじめとする社会的勢力にとっての理想郷であることに気づくことはまずない。同様に、経済的権力を縮小し経済的自由を拡大するための手段が、既存の経済権力者にとって最も望ましいことであるというパラドクスにも気づかない。

市場原理主義は既存の経済権力者（企業経営者、一般的には財界人）にとっての福音である。それは経済効率の徹底追及と公的規制の撤廃を正当化する論理だからである。民間企業内部における非効率の温床は何であろうか。それは労働組合および労働者を保護するための各種法律や規制であり、また終身雇用および年功序列賃金といった旧来の雇用慣行である。それが労働コストの削減を阻んでいる。経営者にとってみれば、労働者は必要なときにだけ雇用し、不必要なときに容易に解雇できる状況が最も望ましい。すなわち、管理統括部門を除く全ての労働者が非正規雇用であることが理想なのである。言い換えれば、労働者を機械のパーツもしくは製品をつくるための原材料と同等に扱える状況が望ましいのである。他方、企業の自由な経済活動を縛っているものに行政による各種規制がある。その中には社会にとって必要な規制もあれば、もはや時代遅れとなった規制もあろう。市場原理主義者は、時代にそぐわなくなった規制の例をひとつか二つ持ち出し社会に示す。そして、それを利用して社会にとって必要な規制、すなわち資本の暴走を制御するための必要な規制を含めて十把一からげに撤廃することを企図するのである。公的権力の縮小という美名の下でそれを行うのである。このように、市場原理主義の主張は全ての経済権力者にとっての理想状態が描かれている。さらに好ましいことに、経済効率を追求する企業の行為が、社会全体に自由をもたらす社会改良運動として位置づけられることである。経済効率を追求することは、具体的には労働者の利益を奪い取ることを意味していることに一般大衆は気づかない。市場原理主義の立場に立てば、企業側は「労働組合は社会主義につながる」ないし「労働者の権利保護は経済非効率の原因である」と堂々と主張できるのである。もちろん、後者は直接述べられるのではなく、「雇用の流動化を求める」という間接的な表現に変換されてはいるが。

スローガンは、しばしば人々を思考停止状態に陥れる。スローガンは結論だけを吹聴し、論拠に関する説明を拒絶する。それは、経済通念に相通ずるものがある。市場原理主義もまた本来説明すべきことを省き、結論だけを強調している点では同じである。論理は特定の前提条件の下でのみ成り立ち、あらゆる条件に妥当するものではない。また価値観は、複数ある価値の中で何を最も重視するかという主観的選択の結果から形成されるのであって、あらゆる価値を序列づける客観的かつ絶対的基準などない。そうした常識的な観点から市場原理主義を眺めた場合、その論理の妥当範囲はかなり狭まる。到底、一般的に妥当するものではない。

フリードマンの新自由主義思想の最大の欠陥は、その論理が完全競争市場を前提にしなければ成り立たないことである。それゆえ市場メカニズムと一体化しているのである。直言すれば、フリードマンの新自由主義は「市場の失敗」の分野では成立しない。市場の失敗が現実経済の常態だとすれば、彼の新自由主義は社会に関する局所理論にすぎなくなる。市場の失敗とは、経済社会において市場メカニズムが機能しない、もしくはそれが及ばない分野の存在を意味する。具体的には、所得分配、不完全競争、外部性および公共財・サービス等の問題が主要なものである。しかし、フリードマン自身はその限界を十分意識しており、対応策を用意していた。もしも市場の失敗が経済社会の中で無視できるほどの狭小な問題にすぎなければ、彼の主張のかなりの部分は正当化されることになる。それゆえ、彼は市場の失敗の分野を極力減らすような知的操作を行ったのである。

市場の失敗の発生が必然的だとしても、その問題をいかに取り扱うかは、多分に恣意的な程度問題に帰着させることができる。例えば、公共部門の活動に関してである。社会の維持にとって必要最低限の政府の活動は、国防、治安維持、外交および法の整備といった分野である。政府の役割をそうした分野に限定すべしという考え方が、有名な「夜警国家論」である。フリードマンも自由の拡大を推進する観点から、極力、政治的権力の行使を排除するこの立場に与している。いわゆる「小さな政府」と呼ばれている見解である。一般の人達は、「小さな政府とは、スリム化した官僚組織が行政運営に際して無駄をなくし、かつ民間経済へも極力干渉しない政府のあり方」と解釈している。しかし、通念化したこの解釈は完全なる誤りである。その理由は「大きな政府」―それは小さな政府論者しか使わない用語であるが便宜上ここでは使用しておく―と比較すれば容易に理解できよう。大きな政府とは、夜警国家観に加えて社会保障制度の維持も国家の役割であるという立場に立脚し、さらに経済の安定をも国家の役割とする見解である。通常、社会保障制度には景気安定化装置としての役割もあるので、一般的に大きな政府という場合は、さらにケインズ型の裁量的財政政策を機動的に運用する国家を指すことが多い（しかし、この点に関しては次節で取り上げる構造改革論との対比の中で論じよう)。

誤解の本源は、政府論で使われる「小さい」もしくは「大きい」という表現が国家の財政規模を表すものと勘違いすることにある。さらに誤解に輪をかけるのが、小さな政府の別称として使われる「安価な政府」である。小さくて安価といえば、誰しも政府の財政規模だと勘違いする(それが「小さな政府論者」の意図に他ならない)。しかし、それは財政規模を指すものではない。ましてや行政の効率化とは全く無縁の概念なのである。「非効率に運営される小さな政府」もしくは「効率的に運営される大きな政府」は言語矛盾ではない。「大きい」ないし「小さい」は政府の介入する範囲を規定する概念なのである。フリードマンの新自由主義の立場からすると、小さな政府とは「反福祉国家」のことである。政府は社会福祉の分野に関わるべきではないという見解なのである。彼にとって福祉の充実もしくは福祉国家指向は、社会主義への道程に他ならない。福祉は政治権力の民間経済への介入であり、自己責任で行動する自由人の育成を阻むため、福祉水準は最小限にとどめるべきであると考えているのである。逆にいえば、大きな政府とは財政支出における福祉関連予算の割合が大きい政府のことである。財政支出に占める軍事予算が突出して莫大であったとしても、福祉予算が僅かであれば、立派に「安価な政府」と呼べるのである。国防は夜警国家においても重要な政府の役割であるから、国防予算が突出していた政府であっても「小さい政府」に変わりはないのである。

フリードマンは公的部門の縮小化という自らの見解を、一般大衆の持つ先入観や偏見に訴えかけることによって補強している。先ず、民間人の多くが抱いていると思われる「公務員や官僚に対する嫌悪感」への訴えである。「税金を払う者」と「税金を使う者」との間に潜む緊張関係を利用したのである。官僚は無責任で無駄なことばかりするので、彼らの権限は徹底的に制限されるべきである。同時に、彼らの恣意性に経済運営を委ねることは極めて危険であるから、彼らの権力の及ばない制度（ルール）による統治を考えるべきであると。次に、「社会主義思想に対する嫌悪感」への訴えである。フリードマンの社会主義に対する嫌悪は自らのイデオロギーに発しているのだが、同時に彼の主張の裏づけとしても大衆の賛同が必要だったのである。たいていの人は、旧ソ連や東欧諸国から漏れ聞こえてきた基本的人権の軽視や独裁政治といった国家権力の濫用に生理的な嫌悪感を抱いてきた。前世紀末における社会主義諸国の崩壊によって、社会主義制度の欠陥が露呈されと感じた人達も多かったに違いない。この歴史的事実は、市場原理主義にとって追い風となった。資本主義は自由で効率的な制度であるのに対し、社会主義は不自由で非効率な制度であるから破綻したのであると、制度運営の問題を棚上げした形で、一般に認識されるからである。

そこから魔女狩りがはじまる。資本主義社会における社会主義的要素は何か。それはまさしく公的部門である。公的部門を社会主義制度になぞらえて、その非効率を縮小すべしというスローガンは一般大衆を扇動するには十分であった。同時に民間経済における社会主義的要素は何か。それは労働運動であり、労働組合である。形骸化した労働組合の活動やそれを利用する労働貴族の存在が、一般大衆による労働運動への批判を増幅させる。企業経営者にとってこれほど好ましい状況はない。労働組合批判によって、その本来の機能が労働者の権利保護―それこそ経済効率を阻害する主因である―であることも忘れ去られるからである。時の社会思潮は、あらゆるものを効率性の観点から評価し、無駄なものを排除する傾向をたどった。

しかし、民間経済における経済効率の基準は「費用対効果」の計算によって算出できようが、その基準を公的部門の活動に適用することは困難である。目的が違う以上、同一の基準で比較することはできないのである。巷間いわれている、いわゆる官と民の効率比較は、重量をメートル尺で測るようなもので意味がない。一般的に、官業と民業の相違は当該事業の収益性の有無によって区分されよう。収益を生む事業は民が担い、収益を生まないが社会に必要な事業は官が担う。この場合、官業を効率性の観点から評価できようか。さらに収益事業であっても低収益で莫大なる初期投資がかかり、その回収に長期間を有する場合はどうであろうか。鉄道や道路事業などである。おそらく民は担わないであろう。官が担った場合、民間の効率性の観点からその事業を無駄だといえるのであろうか。無駄を定義できない例はいくらでもある。例えば、過疎地で高齢者が主として利用する公営バスと大都会で通勤者が利用する公営バスを費用対効果の観点で比較できようか。比較自体、無意味であろう。

フリードマンは、公的活動に関わる「市場の失敗」を矮小化することに成功したのかもしれない。「小さな政府」ないし「公的部門の無駄の排除」を望む世論は、その内容が全くの誤解であるにもかかわらず、時の社会思潮として定着した観があるからである。しかし、「市場の失敗」の主たる分野である不完全競争市場の問題に関しては、フリードマンの新自由主義は破綻している。その理由も簡単に示しておこう。そもそも市場の失敗の議論とは、現実経済において完全競争市場がほとんど存在しないことの必然性を暗示するものである。例えば、「規模の利益（スケール・メリット）」は経済のほとんどの産業部門で観察される事実である。もしも自由放任主義政策を採用し、民間経済主体の利己心に基づく行動を全て許容するならば、必然的に、市場メカニズムの機能しない経済社会が現出することになる。すなわち、ほとんどの市場で失敗が起こる。「自由放任主義の論拠であった市場メカニズムは、自由放任主義によって機能不全に陥る」のである。まさに逆説としかいいようがない。しかし、これは経済理論の中の経済社会ではなく、現実の経済社会を前提とした場合の必然的な論理的帰結なのである。

現実経済において完全競争市場がほとんど存在しない理由は、唯ひとつ、それが「存在できない」からである。したがって、市場メカニズムを機能させるためには「政府による介入」が必要になる。独占、寡占、情報公開および製造物責任等に関する諸規制がなければ市場メカニズムは立ちゆかない。もちろん、その場合も生産技術の問題から完全競争市場が実現するわけではないが、多少なりとも価格変動による調整が可能となる。数少ない完全競争市場といわれる整備された資本市場に関しても、政府の規制が不可欠である。情報開示義務、各種審査基準、インサイダー取引防止策等々である。政府の介入なくして市場メカニズムは機能し得ない。現実経済で市場の失敗が例外ではなく一般的事実であるとすれば、フリードマンの新自由主義は論理的にかなりの打撃を被ることになる。彼の唱える経済的自由は完全競争市場においてはじめて実現するものだからである。不完全競争市場では、供給者側の恣意的な操作を排除できないため、需要側の自由な意思決定に基づく取引は阻害される。したがって、現実経済では経済的自由の実現は不可能となる。独占企業や寡占企業が経済権力者として登場し、消費者を先導することになる。いわばJ.K.ガルブレイスのいう「生産者主権」の出現である。そうした状況下で、市場メカニズムの機能を取り戻すために必要なものは何か。「政府の民間経済への介入」しかない。寡占や独占を解体するような政府による強権発動—独占禁止法、公正取引委員会による行政指導や罰則規定等—である。フリードマンの経済的自由を実現するためには、彼の最も嫌う政治権力の介入が前提条件とならざるを得ないのである。現実経済でフリードマンの新自由主義が成立しない理由である。

新自由主義の根幹でもある価値観の取り扱いについても触れておこう。自由という価値が重要なものであることに疑いはない。しかし、他の価値と比較した場合に、それは絶対的かつ最重要の価値であるといえるだろうか。例えば、「公正」や「平等」といった価値よりも上位の価値なのだろうか。確かに、フリードマンにとって自由は公平よりも重要であるのかもしれない。しかし、基本的人権を保障された現代に生きるわれわれにとって、より重要なのは「どちらの価値を選択するか」ではなく、「どちらの価値も選択した上でのバランス」なのである。例えば、自由と平等との間のバランスなのである。自由をとって平等を捨てることではない。平等は自由を阻害するものではない。機会の平等を保てれば、結果の平等は考慮しなくてもよいとするのは詭弁である。機会の平等にたどり着く前に経済的不平等が立ち塞がっているからである。バランスの保たれた社会制度の構築こそが重要な由縁である。現代人は、政治的にも経済的にも既に自由を保障されている。フリードマンは、現状に加えて、さらに僅かな経済的自由の拡大を求めようとしている。そのために公正や平等といった価値を捨て去るべきだと、暗黙裡に主張

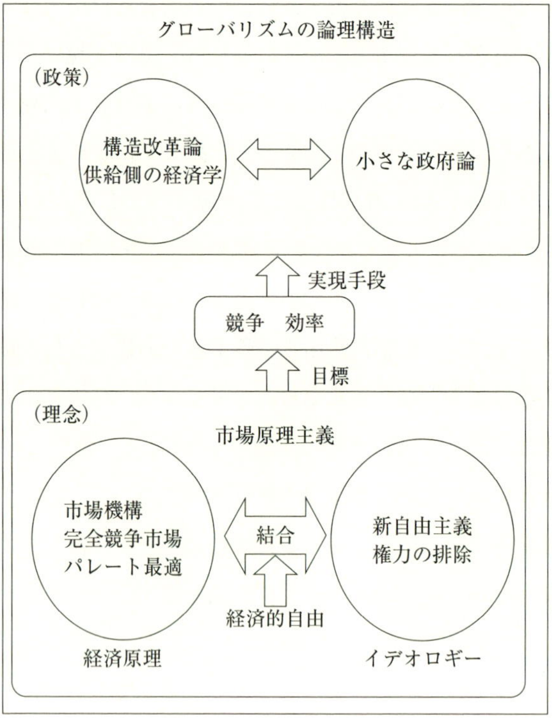

図 9-1　市場原理主義とグローバリズムの関係

しているのである。公正や平等の行きつく先が社会主義だと考えているからである。

以上のように、フリードマンの市場原理主義は現実経済における行動指針としては妥当性を欠くといわざるを得ない。しかし、残念ながら、一般の経済人はそこまで気づかない。それゆえ「自由と効率の両立」を旗印にした市場原理主義の行進は、20世紀後半より続いてきた。そして遂に、それは20世紀末から本格化したグローバル化の過程で世界を席巻するようになった。しかし、その過程は同時に、市場原理主義の脆弱さと矛盾を露呈するものともなった。経済効率の追求は所得格差を生み、公的部門の縮小でもたらされたのは「人間の経済的自由の拡大」ではなく、「資本の自由の拡大」であった。規制という鎖を解き放たれた資本は暴走をはじめ、遂には2008年のリーマン・ショックという金融恐慌を生じさせるに至った。しかし、それを契機として、人々はようやく市場原理主義の本質を、徐々にではあるが、認識するようになってきた。次節ではその経緯を論ずることにしよう。

4. グローバル化とグローバリズム

グローバリズムとは何だろうか。それはグローバル化を推進する社会的勢力による政治運動であると本書では規定しておく。すなわち、グローバル化を純粋な経済現象（過程）として、そしてグローバリズムを特定の社会的勢力による意図的な政治運動として認識する。両者を区分する意味は、「資本の論理」と「資本の論理を利用すること」の混同を避けるためである。前者は経済の論理で解明できるが、後者は政治的な権力闘争以外の何ものでもない。それゆえ、グローバリズムを分析するためには経済理論だけでは不十分であり、経済社会学的視点が必要となる。社会的対立の観点を欠いた静態理論の中に閉じこもっている限り、グローバリズムの本質を理解することは、到底、不可能であろう。グローバル化は世界環境の変化によって必然的に生じた資本主義過程の歴史的一段階である。世界はグローバル化の渦中にあり、その中で社会的諸勢力間の様々な利害得失が発生する。そこからグローバル化を伸長させようとする勢力と、その制御を求める勢力との政治的勢力争いが生ずるのである。本節では、リーマン・ショックが生ずるまで世界を席巻してきたグローバリズムの構造を解明し、かつその意味を再認識してゆく。

グローバル化とは、物理的には、カネ、モノ、ヒトが効率至上主義の原理に従って世界中を自由に移動する資本主義段階およびその段階へ至る過程のことである。そうした移動がなぜ生ずるのかを考えれば、グローバル化の本質は明らかになる。すなわち、グローバル化の本質とは、「最も効率的な生産システムを世界規模で構築すること」なのである。グローバル化を可能にした歴史事実として二つのことが挙げられよう。技術的には、1995年以降、IT革命の成功によりインターネットが世界中に張り巡らされたことである。すなわち、情報のグローバル化が物理的グローバル化に先行して実現したことである。いまひとつは、1990年前後に社会主義体制の崩壊が生じたのを契機として、旧社会主義諸国および中国・インド・ブラジル等（以下、「新参入国」とする）が一斉に開放政策に転じたことである。それによって先進資本主義諸国にとっての経済的フロンティアが一挙に拡大し、投資機会が激増したことである。

グローバル化の動因は、資本主義経済に内在する「資本の論理」である。資本の論理とは、「競争」と「効率」を両輪とする資本の自己増殖運動のことである。たとえていえば、資本は利益を食べて生きている。利益がなければやせ細り、遂には潰える。利益があれば増殖し続けられる。利益も大きいほうがいい。それだけ速く成長できるからである。それゆえ最も大きな利益を求めて資本は動き回るのである。それが資本の論理に他ならない。初期資本主義段階から現段階に至るまで、それは資本主義の全過程を貫く経済のダイナミズムの根源であった。したがって、それをもってグローバル化段階に至った資本主義を特徴づけるものと規定するのは適切ではない。ある意味、第二次世界大戦後の歴史は、この資本の論理を制御する歴史とも考えられる。多くの先進資本主義諸国は、所得の再分配を図る税制度、社会保障制度および各種経済規制を充実させることによって資本の暴走を防いできたといえる。しかし、20 世紀末から 21 世紀初頭の 10 年間あまりの期間に生じた膨大な利潤機会の出現は、国内外の経済環境を一変させ社会的雰囲気および政治的勢力関係に由々しき影響を及ぼした。人々は、いまだかつて経験したことのない資本の増殖の速さにはじめは驚嘆し、次に酔い痴れたのである。結果的に、資本が剥き出しの形、すなわち制御が効かない形―国際的に資本移動を制御する実効的な枠組みは今のところ整っていない―で世界中に溢れ出すきっかけとなった。

グローバル化の進行に、なぜ政治勢力が必要なのであろうか。それはグローバル化の障害を打ち壊すためである。民主主義体制において、資本の自由な運動を阻む社会に存するありとあらゆる法律、制度および規制を撤廃もしくは骨抜きにするためには、グローバル化のパトロンたる政治勢力がどうしても必要なのである。さらにグローバル化の継続のためには、一般大衆をも巻き込んで資本の論理の「シンパ（同調者）」を生み出すことが必要なのである。そうした時の社会思潮を形成するために、すなわち資本の論理の行進の地ならしをするために、経済界、政界、官界、学界およびマスコミ界等の多数の人々がこぞって協力し合っているのである。グローバル化の進行によって少なからざる利益を得る社会的勢力が行う政治運動、さらにそれがその社会の時代の価値観、いわゆる時の社会思潮を転換させようとする運動の全体を、本書ではグローバリズムと規定するものである。

グローバル化によって利益を得る者は誰であろうか。先進国側に限っていうならば、第一に、金融資本の所有者と運用者である。グローバル化を資本移動の面から眺めれば、先進国に蓄積された膨大な資本が新参入国へ奔流のように流れてゆく様子が見てとれる。運用成果の向上および運用先の多様化によって金融業界全体が潤うことになる。第二に、新参入国へ実物投資を行う産業資本の所有者である。グローバル化は企業経営者に経費削減の機会、すなわち先進国の労働者に替えて新参入国の労働者を低廉な賃金で雇用できる選択肢を提供する。生産拠点を新参入国に移すだけで企業業績を向上させる機会が生ずることになった。ただし、所有と経営の分離が進み「経営者資本主義」ともいわれる現代社会を考慮するなら、産業資本家というよりも企業業績と連動する報酬体系を有する企業経営者が最も利益を受けたといえよう。もちろん企業業績の向上は株価の上昇につながるため、一般の株主（投資家）も利益に与かることになる。第三に、先進国の消費者全般である。グローバル化は、企業の競争相手を世界規模で無尽蔵に増加させる。競争の激化は価格競争を生み、企業の体力（資本量）が最終的な勝敗を分ける。製造段階ばかりでなく小売り段階でも同様である。個人経営の商店は衰退し、巨大資本の商業施設に取って代わられる。価格競争はコスト競争であるから、新参入国の低賃金労働によって支えられた低価格の商品が社会に満ち溢れることになる。結果的に消費者は従来よりも低価格の商品を購入できることになった。

逆に、グローバル化によって不利益を被る者は誰であろうか。間違いなくいえることは、先進諸国の労働者、一般的にいえば勤労者全般である。グローバル化は、現行の国内中心の生産システムをより効率的な生産システムに世界規模で改変することを促す。より具体的にいえば、グローバル化の本質は先進国の労働者から新参入国の労働者への所得移転のことであり、その賃金格差の部分がグローバル化の利益である。その利益の部分が先に示した通り、企業経営者、株主（投資家）および消費者に分配される構造である。

グローバル化以前、収益率を上昇させるには、労働生産性を向上させる技術進歩（革新）が必要であった。しかし、グローバル化段階では先進国と新参入国との賃金格差（労働コストの差）を利用できるため、既存の生産技術を海外へ移転するだけで収益率を向上させることができる。こうした生産設備の海外移転が継続的かつ大規模に続けば、「産業の空洞化」へつながってゆく。こうした状況下で先進国の労働者が雇用面で不利になることはいうまでもない。ただし、生産設備の海外移転によって生産コストの低下した企業は収益を向上させる。それは株価の上昇因でもあるから当該企業への投資者は有利となろう。したがって、産業の空洞化の進行は、先進国の製造業全般の収益向上および株価上昇をもたらす契機ともなり得る。それゆえ先進国の民間企業は産業の空洞化を恐れない。消費者も消費財の価格低下を享受するから、それを恐れない。投資家も高株価を期待するからそれを恐れない。労働者だけが産業の空洞化を恐れるのである。しかし、たいていの人間は労働者であると同時に消費者であり、また投資家でもある。三つの側面が整合的であれば問題はないが、分裂した場合はどうか。すなわち、労働者である自分にとっては不利益を被るが、消費者および投資者としての自分にとっては利益となる事態に直面した場合である。その事態をどう評価するのか。まさしくグローバル化は、そうした個人内部における二律背反状況をつくり出すのである。しかし、個人としてその事態をどう評価するかに関しては、後に論ずるように、政治的意図を持ったグローバリズムが介入することになる。

5. グローバリズムの構造と本質

グローバル化の利益の根源は、先進国と新参入国との間の労働コストの差である。より正確には、グローバル化によって新参入国の労働者に代替された先進国の労働者の賃金コストと新参入国の労働者のそれとの差額である。封鎖経済と比較すれば、それは明らかであろう。そのコスト差が企業経営者、株主および消費者に配分されるのである。それゆえ先進国の労働者の所得は、先進国内のグローバル化により利益を受ける階層と新参入国の労働者とに分配される。新参入国の労働者への分配分は、先進国の労働者からの所得移転ということになる。所得移転を受けた新参入国の経済発展は先進国に対して新たな市場を提供する。それによって先進国も利益を受け、新参入国と共に相乗的に経済を拡大してゆく。こうした理想的なバランスを保ったまま世界経済の拡大が続けば、グローバル化の影の部分、すなわち先進国の労働者の所得減少および労働条件の悪化は表面上現れにくい。しかし、資本主義過程は景気変動を免れ得ない。ひとたび景気低迷に直面したとき、グローバル化による悪影響が噴出することになる。不況期において、グローバル化の利益は売上高の減少のため、当然、量的に縮小する。それは大雑把にいって、労働コスト差に売上高を乗じたものと考えられるからである。問題は不況によってグローバル化の利益の配分、すなわち企業経営者、株主（投資家）および消費者の間での利益配分が変化することである。景気の低迷は企業業績の悪化であるから、株価の低迷もしくは下落が継続することになる。これによって株主もしくは投資家の期待するグローバル化から発する利益は雲散霧消し、場合によっては損失を被ることになる。消費者としての個人は価格下落の利益を享受し続けるが、労働者としての個人は深刻な雇用問題に直面することになる。消費の源泉が所得である以上、消費財の多少の価格低下による利益よりも雇用問題がより深刻であることに疑いはないであろう。他方、企業経営者は量的な利益の減少を被るが、利益の全てを失うことはない。

グローバル化の本質は、不況期において露わになる。「労働者でない企業経営者（雇用者）」と「労働者である個人（被雇用者）」との間に明確な格差が生ずるからである。雇用者側は景気循環のいかなる場面でもグローバル化から利益を得られる。それに対し、被雇用者側は好況期にはグローバル化からの利益を享受できるが、不況期には深刻な損失を被るのである。すなわち、企業経営者と個人との間の、より一般的には雇用者と被雇用者との間の利害対立が生ずることになる。対立が深刻化した場合、批判の矛先はグローバル化自体に向けられる危険性もある。それは企業経営者にとって最悪の事態である。

こうした利害対立を回避するために、いかなる景気状況でもグローバル化の推進を目指す政治的な啓蒙運動がグローバリズムである。グローバリズムは、一般大衆に対してグローバル化による社会的利益を強調し、同時にグローバル化に背を向けることによって世界経済の孤児になる危険性を教唆する。さらに効率至上主義と対外的な開放政策（自由化政策）の重要性を、人々の脳裏に焼きつくまで繰り返し喧伝する。そうしたグローバリズムを主導する社会的勢力の中心は、いうまでもなく、企業経営者の利益を代弁する財界である。そしてその影響下にある与野党を問わず保守派の政治家達—政界—である。さらに行政を統括する官僚群—官界—は、法制度の改変を行う実働部隊としてそれに従う。いわば既存の権力者層の大部分が総力を挙げてこの政治的ムーブメントを推進しているのである。グローバル化によって明確な利益を得る勢力が、具体的な法制化段階で結託して事に当たるという点で、グローバリズムは極めて直接的な利害闘争の風を呈している。

ただし、以前指摘したように、民主主義制度下では国民の同意が必要となる。自由勝手に制度改変を行うことはできない。国民を説得し啓蒙するには理屈が必要である。そこで主役を演ずるのが経済界からの支援を受け、その利益を代弁する一部のマスコミ界である。さらに彼らに経済理論上および思想上の知識という弾薬を供給し続けるのが一部の主流派経済学者や官僚エコノミスト達である。教育水準が高く経済知識もある程度有している一般人を説得する明快な論理、誰もが首肯する思想、さらにグローバル化による「目に見える恩恵」が存在することが啓蒙には必要なのである。外見上、グローバリズムにはそれらの要件が全て備わっている。少なくとも一般人にとって論理的にグローバリズムを批判することは至難のことであろう。当然、グローバリズムの論理の賛同者は増加する。特に好況期においては社会全体に普及してゆく。その過程が進行してゆけば、社会的に全く無関係の人達が、グローバル化を是とする価値観を共有する段階に至る。それはまるで一種の「思想共同体」の形成といえる。そうした社会的雰囲気が醸成されれば、大多数の人々の行動様式を規定する「時の社会思潮」が形成されることになる。

ここでグローバリズムの論理構造を簡単に提示しておこう（図9－1参照）。それは理念的部分と実践的部分とに二分割される。理念的部分は、いうまでもなく「市場原理主義」である。既述の如く、それは経済原理と新自由主義的価値観を結合させ、社会における達成すべき経済目標を提示するものである。すなわち、なぜ競争が必要なのか、なぜ経済効率の達成が必要なのかを説明する部分である。次に、実践的部分は理念を実現させる方策を示すもので、いわゆる政策論である。それは「構造改革論」と「小さな政府論」から構成されている。前者は規制緩和を中心とする経済政策一般を論じ、後者はそれと整合的な政府のあり方を論ずるものである。市場原理主義および小さな政府論については既に論じたので、構造改革論に関して次節で論じてゆく。

本節の最後に、グローバル化が必然的に分配問題を先鋭化させることを示し、さらにグローバリズムの論理の中で分配問題がいかに処理されているかを見ておこう。グローバル化は先進国に低廉な消費財の大量供給という形で生活水準の向上をもたらしたが、同時に分配問題も惹起させた。先進国でのグローバル化の過程は、「企業業績の向上」と「労働者の賃金の低迷」とを同時発生させた。労働賃金の低迷は、「新参入国の労働者との競争」というグローバル化によって生じた原因と、「複雑な業務（熟練労働）を単純な業務（単純労働）へ分解する」という効率の徹底追求を目指す資本主義過程に固有の原因に基づくものである。もちろん、後者の原因も競争相手の増加を引き起こしたグローバル化によって加速された面は否めない。すなわち、グローバル化段階の分配問題は、先進国と新参入国の労働者間での「労労対立」と、先進国における「労使対立」の二重構造となっている。

この対立図式は、マルクスも独占資本主義が帝国主義段階へ移行するに際して想定したものと同一である。驚くべきことに、グローバル化は、そこから政治的調整の可能性を抜き去るとマルクスの帝国主義段階の描写と酷似している。マルクスの解決策は、「労労対立」に対して、いわゆる「万国の労働者、団結せよ」というスローガンで表されているような国際的な労働組合の組織化、すなわちインターナショナルの結成であった。そして「労使対立」にのみ労働者の注意を向けさせたわけである。マルクスの場合、分配問題を社会的に調整する民主主義的な政治過程を想定しなかったため、すなわち独占資本と政治権力の結託を前提としていたため、搾取に対する抵抗という労働者側の論理で議論が進められていた。

他方、現代における分配問題は、もっぱら民主主義を基盤とする政治過程によって解決の道が開かれている。資本主義過程の進行により社会全体が豊かになるにつれて、かつ基本的人権が確保されるにつれて、人々の政治的行動は自身の経済的基盤（社会階級）から離れ、自らの信条や価値観に基づくものとなった。それにつれて、分配問題は、労働者側に政治的行動を引き起こさせるほど切迫した問題ではなくなってきた。しかし、グローバル化段階になって分配問題は再び、様相を変えて、社会問題として浮上してきたのである。

分配問題とは、いわば生産の成果を主たる生産要素である資本と労働にいかに配分するかという問題である。かつて分配問題は純粋に労働問題であった。すなわち労働者側が生活水準の向上を目指し、経営者側と対立する図式として認識されていた。経営者側への対抗手段としてストライキやサボタージュが行われてきたのである。しかし、グローバル化段階では攻守が入れ替わる。すなわち、マルクスの時代とは逆に「経営者側が労働者側に攻撃を仕掛ける」のである。その背景にあるのは経済効率の追求を是とする社会思潮である。そうした社会的雰囲気の中では、企業経営においても経済効率を高めることに対して表立った異論はでない。企業経営者は大手を振って資本の効率性を追求できるのである。

かつて企業収益の増加は、労働所得の増加および生活水準の向上と同義であったが、グローバル化段階では様相が異なる。新参入国の労働者との代替という選択肢を持つ企業経営者が、労働者に対して圧倒的に強い立場についたからである。既に代替されてしまった失業者のプールが大きければ大きいほど、その立場は強化される。労働者の地位がかなり不安定かつ流動的になる中、さらなる経済効率を求めて邁進する経営者は手を緩めることなく攻撃を繰り返す。サービス残業、賃金引き下げ、リストラ、日雇い雇用、雇用契約の任期制、果ては「ホワイトカラー・エグゼプション」の提案である。ホワイトカラー・エグゼプションとは実質的には管理職の残業代カットを意味し、社員を名目上の管理職にすれば企業収益を向上させることができる即効性のある手段である。「グローバル化による競争激化のため企業の存亡がかかっている」という脅し文句の下、労働者側に雇用不安を募らせる環境づくりが現代の企業経営者にとって重要な手腕となってきている。

ただし、そうした労働者への圧力は水面下で行う必要がある。実際、労使対立の表面化を最も恐れるのは、直接的には企業経営者であり、間接的には株主であろう。労働運動を押さえ込むこと、できれば労働組合を解体することは資本主義過程全般を通じて資本家および経営者にとって最大の関心事であり続けた。労働運動は、「資本の論理」すなわち効率追求の障害以外の何ものでもないからである。資本家および経営者は資本の論理の忠実な実行者であり、資本主義過程の擁護勢力であり、何よりも資本主義精神の体現者なのである。しかし、表面上、労働運動の壊滅を声高にいうことはできない。労働者は同時に消費者でもあるからである。

間接的に労働運動を弱体化させ、分配の問題から社会の目をそらせるために何をすべきか。それは資本の論理を是とする社会的雰囲気をできるだけ醸成し、かつ継続させることである。資本の論理を社会に普及させるための最後のステップが、平等や公共心といった社会化の理念を打ち砕く論理の構築なのである。その役割を担うために市場原理主義が利用されてきたのである。「平等も公共性も福祉も、権力の集中のおそれがあるから排除すべき対象である」という見解こそ資本主義の擁護階層にとっての福音なのである。もちろん、彼らがフリードマンの新自由主義思想に帰依してきたわけではない。フリードマンは、数十年も前から市場原理主義を唱え続けていたのである。なぜ、今なのか。その答えは、フリードマンの論理を利用できる時代（資本主義段階）が到来したということにすぎない。「無駄を追放しよう」、「効率を重視すべきだ」、「公務員は怠慢である」、「行政は非効率だ」、「公共事業へのばらまきは止めるべきだ」等々。「もしもこうした認識を共有できるならば、あなたも立派な市場原理主義者の仲間です」という問いかけに反論することは一般大衆にとっては難しいことであろう。

6. なぜ「供給側の経済学」は濫用されるのか：反ケインズ主義の学問的帰結

グローバル化段階にある資本主義過程において、市場原理主義を具体的な政策に結びつける論理が、セー法則を前提とする「供給側の経済学」である。今世紀初頭の日本においても、供給側の経済学に基づく「構造改革論」が経済政策の中心として位置づけられた時期があった。そして現在もなお、大半の経済学者は、多少の温度差はあるが、経済政策を論ずるに際して供給側の経済学に立脚している。本書では、これまで供給側の経済学を静態理論として認識してきた。それゆえ供給側の経済学に基づく経済政策全般は、まさしく経済論理の濫用と規定されることになる。本節では、なぜそうした濫用が行われているかについて検討してゆく。それは経済学界における主流派の交替によって生じた学問的状況—すなわちケインズ経済学から供給側の経済学への交替—を既存の経済権力を有する社会的勢力が利用してきたことに主たる原因がある。後に論ずるように、供給側の経済学は、既存の経済権力者にとって最も好都合な論理を備えているからである。他方、そうした社会的勢力に加担することによって社会的地位、名誉および経済的利益を得る機会が生じたことを契機に、政策提言に際して積極的に供給側の経済論理を振りかざす経済学者の数が、雨後の竹の子の如く増えていった。既存の経済権力に連なる社会的勢力と、これまで権力闘争とは無縁であった経済学者の一部がマスコミを媒介にして利益共同体を形成し、連携することになった。経済論理の濫用は、まさしくそうした社会的勢力が織りなす複合現象であることをここでは論ずる。また濫用の具体例として構造改革論、金融政策至上主義および成長戦略を取り上げる。

先ず、経済論理が濫用される素地をつくった経済学者側の事情を、本書のこれまでの議論に基づき二点論じておくことにする。第一に、「経済学者の理想像（あり得べき姿）」を規定したポパー主義に、大多数の経済学者が暗黙裡に従ってきたことである。すなわち、経済学者は、統計データによって反証可能な問題設定の範囲内で、眼前の細目研究いわゆる「ピースミール・エンジニアリング（部分工学）」に専心すべきであり、それにとどまり続けることこそ学者の矜持であると世代を超えて伝えられてきたのである。こうした研究姿勢は学問から形而上学的問題を排除する上で有益であるが、他方、学問の発展にとって根本的かつ致命的な問題を生じさせる。すなわち、全ての経済学者が「部分」の研究に専心した場合、「全体（グランドデザイン）」は誰が考えるのかという問題である。部分は全体を前提として成り立つ。個別的研究は、いうなれば特定の論理体系（全体）から派生した九牛の一毛にすぎない。部分だけに専心することは、既存の論理体系を踏襲することを意味しているのと同じである。それでは、経済学者はその時代の主流派の見解に基づいて個別的研究をしていればよいことになる。それが学問の発展にとっての障害であることに疑いはない。ポパー主義によってア・プリオリ（先験的）に経済学研究の範囲が限定された結果、経済学と他の社会科学の間の学際的研究および経済社会学的研究は、経済学研究の範疇から除外されることになった。当然、「（旧）制度学派」の諸研究も無視されることになった。経済学者が独自のヴィジョンに基づく学際的もしくは制度的研究をすることは経済学の世界ではご法度となったのである。そうした研究を行う者は、もはや理論経済学者と見なされないという悪しき雰囲気が経済学界を覆ってきたのである。

部分工学に徹することが経済学者の矜持であるということは、同時に、経済研究が社会的価値観から独立していなければならないことをも意味している。経済学者は、自身が政策判断（評価）をしてはならない。他者が政策判断を行うに際しての選択肢となる事実関係を提示するのが経済学者の役割なのであると。ポパー流の考え方から発したこの戒めによって、経済学者は研究範囲と価値判断の両面で自縄自縛に陥ってしまった。しかし、こうした学者としての矜持を守り続ける経済学者こそ、特定の価値観を社会に普及させようとする社会的勢力にとって、格好の餌食なのである。なぜなら価値判断に関与することなく、自らの勢力にとって都合のよい主流派経済学の論理的帰結だけを繰り返し唱えてくれるからである。その学者が権威のある経済学者であればあるほど、一般大衆への説得効果も大きくなる。

第二に、これが最も大きな原因であるが、米国においては1970年代後半以降、日本においても1990年代以降、供給側の経済学が名実ともに主流派経済学の地位に就いたことである。日米のタイムラグは、80年代の日本がバブル景気を謳歌していたため生じたものである。好況に沸く日本では、財界人も政治家もマスコミ人もアカデミズムの世界で生じた交替劇に気を留めることもなかったので、供給側の経済学の内容が一般に知れ渡ることはなかったのである。しかし、バブル崩壊後、景気の低迷が長期化するにつれて日本でも供給側の経済学の論理が急速に普及することになった。景気低迷の原因を探すためである。経済論理が、日本においてこれほど短期間のうちに一般人に至るまで普及することは、歴史的に見ても類まれな事例といえる。まさしく財界、政界、官界、学界およびマスコミ界あげての政治的ムーブメントの結果であったとしか説明できない。

主流派経済学の交替によって大多数の経済学者は、ケインズ経済学を捨ててしまった。本書で論じてきたように、ルーカス批判に論理的に反論することができなかったからである。その結果、ルーカスの唱えるマクロ経済学のミクロ的基礎づけの必要性を受け容れるしかなかった。彼のミクロ的基礎づけが単に「ミクロ主体を同質的主体と想定する」という「特殊な」ミクロ的基礎づけの論理にすぎないことを看破することができなかったためである。それが一般的な意味でのミクロ的基礎づけといえるものではなく、特殊理論にすぎないことは既に論じた通りである。ケインズ経済学を放棄した経済学者は、単に理論面ばかりでなく政策面および思想面においてもそれを放棄してしまった。同時に、ケインズ経済学の意義であった現実分析の重要性をも捨ててしまった。90年代央から急速に日本の経済学界において反ケインズ主義の雰囲気が蔓延しだした。「ケインズは古い」、「ケインズはだめだ」といった意味のない批判が財界人ばかりでなく学者の言の葉にも上るようになった。そうした反ケインズへの転向現象は経済学者自身の地位保全から発した可能性が高い。ケインズを学説史的観点から研究する者は問題ないが、ケインズを理論的観点から研究する者は、経済学者として認められなくなるという恐怖心から発したものと推定される。なぜなら経済学界においてケインズ経済学は論理的に破綻していると誤解されていたからである。これまで親ケインズ派と目されていた正統派経済学者でさえも、「非自発的失業は存在すると思いますか」と問われると、途端に口ごもる。現況の失業の説明として、せいぜい「サーチ理論（もしくはマッチング理論）」を持ち出すのが精一杯である。静態理論の枠内にいる限り、ルーカス批判に正面から反論することは不可能なのである。

ここでサーチ理論についても簡単に説明をしておこう。サーチ理論とはミクロ経済学における摩擦的失業を説明する雇用理論であり、失業の原因を景気変動要因と構造的要因に分類して分析するものである。「サーチ」とは「探す」ことであり、正確には被雇用者側では「職を探す（求職活動）」ことを、そして雇用者側では「人を探す（求人活動）」ことを意味する。両者が最適な相手を探すという合理的行動の結果によって、摩擦的失業が生ずるとするものである。結論を端的に述べれば、求職者側と求人側の希望が一致しない、すなわち「ミス・マッチ」によって失業が発生するというものである（構造的失業）。そして、最適な相手を探すには、すなわちマッチングのためには費用（サーチ費用）がかかるとしている。一見すると景気変動に起因する失業の発生は、ケインズ的な非自発的失業に思えるが、本質はそうではない。景気悪化に直面した企業（求人側）が、今までより能力の高い人材の確保に乗り出すと想定すれば、その場合もまたミス・マッチが生ずることになるからである。求人側の求める能力と求職者側の能力が一致しないこと、そしてサーチ費用がかかることが失業発生の原因だとすれば、その対策は二つ考えられる。サーチ費用を引き下げる方策と求職者の能力を高めるための職業訓練の実施である。前者は、例えば職業安定所の拡充および就職情報を容易に入手できるシステムの構築であるが、それは既に実施されていることである。したがって、職業訓練の実施および対象者の拡充に政府は注力すべきであると唱え続ける主流派経済学者もいる。人間の能力差を職業訓練によってのみ埋められるとステレオタイプに考えているのであろう。

ただし、サーチ理論は労働市場における新古典派的分析ではあるが、明らかに「労働の異質性」を前提としている。全ての労働が同質であれば、雇用のミス・マッチは生じないはずだからである。しかし、そのことを表立っていうことはできない。全ての個人は効用最大化という同一の目的（価値観）に従って行動するとの新古典派の前提があるからである。個人間の能力差を認めるが、それによっても価値観や行動様式は変わらないとするのは、さすがに無理がある。そのために、労働の異質性（能力差）を情報の差に置き換えて、完全情報の仮定を緩めることで対処しているのである。すなわち、相手の能力についての情報が不足していることによってミス・マッチが生ずるのであると。このように、静態理論に現実的要素を入れようとしても、同質的個人の想定が障害となり、そこから得られる帰結の現実的含意はあまりない。

ケインズ経済学を捨て去った後、大半の経済学者の掌中に残されたものは供給側の経済学だけとなった。制度学派の現実的諸研究も、ポパー主義の影響により、既に捨て去っていたからである。結果的に、現実性から離れ論理的厳密性を追求する経済理論を唯一の武器として現実経済を分析せざるを得なくなったのである。いわばカミソリで大木を切り倒すことになったのである。もはや道具箱に斧はない。これが経済論理の濫用が生じた経済学者側の事情である。それでは次に濫用の具体的な内容について順次論じてゆくことにする。

7. 日本における濫用の事例：構造改革論と成長戦略

供給側の経済学が労働の完全雇用および資源の完全利用を前提としている点に関しては、新古典派経済学と全く同じである。したがって、双方ともに失業問題は存在しない。両者の相違は経済内に非効率な生産部門が存在するか否かである。無論、新古典派経済学の想定する経済には、完全情報と競争の結果として非効率性は存在し得ない。すなわち、個と全体は調和しており、改善の余地はない（パレート最適状態）。これに対し、供給側の経済学は何らかの原因によって発生した非効率な生産部門の存在を許容している。この場合、非効率な生産部門に雇用もしくは利用されている生産諸資源を、効率的な生産部門に移動することによって、より大きな成果を上げることができる。こうした認識から「経済問題が生じているとすれば、それは生産構造、広義には経済構造に問題がある」との結論が導かれる。いうなれば、供給側の経済学が提起するのは「個と全体は調和しているが、全体に関しては改善の余地がある」とする経済観である。したがって、改善が行われれば―非効率部門から効率部門への諸資源の移動がなされれば―、新古典派経済学の世界へ達することになる。

改善のための中心的な役割を果たすのが構造改革論である。改善をするためには、具体的に経済構造のどこをいかになおすかを示す必要がある。その役割を担うものが、構造改革論なのである。20世紀初頭の日本における構造改革論は、「経済（生産）構造の非効率性の除去」を、「非効率な官業部門の縮小」および「民間企業の生産性の向上」と読み替えて諸施策を提唱した。具体的には、郵政民営化、公共事業および地方交付金の削減、民間企業の実業機会を拡大するための規制緩和策、企業の労働コストを低下させるための派遣労働法の改変等々である。端的にいえば、経済効率の追求を掲げた構造改革論の内容は、デフレ政策と企業支援策であった。すなわち、官需（内需）を大幅に削減しつつ、企業の労働コストを削減することに重きが置かれたのである。国民的視線（社会の多数派の観点）で見れば、地方と労働者にとっては過酷な「構造改悪」となった。

前に指摘した通り、経済法、制度、規制等の改変は、社会的利害対立の温床である。供給側の経済学は同質的な個人を前提としているため、社会に利害対立は存在しない。それゆえ、経済効率の向上は国民経済全体にとって望ましいから、それを推進する政策は全て構造「改革」と呼ばれることになる。しかし、一歩踏み込んで現実経済を考えれば、その論理の脆弱さは明らかになる。経済効率の向上が国民経済全体にとって望ましくなるためには、完全雇用が達成されかつ制度変革によっても労働分配率が低下しないという条件が必要なのである。その場合、経済効率の向上は企業にとっても労働者にとっても望ましいものとなる。しかし、非自発的失業者が存在する経済状況では賃金率は上昇しない。たとえ経済効率を向上させる手段があったとしてもその成果は全て企業に配分されることになる。さらに雇用の流動化を目指す制度変革が加われば、労働賃金に下方圧力が加わる。単純労働の賃金が下限に張り付き、それが単純労働以外の賃金の足枷となるからである。雇用の流動化は労働コストを引き下げることにより経済効率を向上させる方策であるから、それを目指す制度改変は企業にとって大きな利益をもたらす「改革」であるが、労働者にとっては不利益以外の何物ももたらさない「改悪」となる。これが現実の姿である。しかし、供給側の経済学は完全雇用を前提としているために、両者間の利害対立は分析の俎上に上らない。それは現実の利害対立を意図的に隠ぺいするのに格好の論理なのである。その論理に立脚する経済学者達は、現実の対立に向き合うことなく、「改革」という言葉を連呼して一般大衆の目を欺く。まさしくその行為こそ経済論理の濫用に他ならない。生産の成果（パイ）は主たる生産要素である資本と労働に分配される。パイの大きさが不変なら、労働の分配分を減らせば必然的に資本の分配分が増える。それは資本の収益率を上昇させるため、経済効率は向上したことになる。構造改革論の内容は労働者の犠牲の下に、資本の収益率を向上させる方策に他ならない。

上の事例で明らかなように、供給側の経済学に立脚して現実経済を見る場合、最大の問題点は完全雇用が成立しているという前提なのである。そして全ての個人は現況に満足している（主体的均衡状態）という想定なのである。

そうした経済観の下では、地方の過疎地に住む高齢者も、やむなくフリーターの立場に甘んじている若者も、自ら進んでそうした環境を選択したことになる。したがって、理論的には過疎地対策も若者の雇用対策も不必要ということになる。それどころか、その経済観では国民の生活自体が関心の埒外となっているのである。全ての人間が現況に満足しているという想定であるから、政府が個人の生活を改善する余地はないのである。良い悪いではなく、そうした前提条件で成り立っている論理なのである。論理が間違っているわけではない。それを用いて現実経済を分析する者が誤っているのである。このことを誤認してはならない。しかし、経済効率を向上させる方策はいかなる景気状況にあっても、経済権力を有する者にとっては利益となる。先に示した日本の構造改革政策を見れば、それによって誰が利益を得るか、誰が損失を被るかは一目瞭然であろう。制度改変による利益の獲得を目指し、同時に国民の目を本質（分配問題）から逸らすために、経済権力と政治権力を中核にそれらに群がるマスコミや学者を含めた勢力が純粋な経済論理を自己都合のために濫用してきたのである。そして、こうした社会のリーダーシップを掌握する階層が自己の利益誘導のために他の階層、一般的には国民の利益を阻害する制度改変を強力に推し進める事態は、過去のことではなく、いまだに進行中の事態なのである。社会の各階層の指導者たちは、当然、国家を憂うる気持ちは保持していよう。しかし、現下の事態は、彼らの国家への帰属意識もしくは愛国心が薄れてきたものか、それ以上に自己の利益への執着心が強まった結果として引き起こされたものとしか考えられない。

濫用の事例は枚挙にいとまがないが、巷間いわれている「成長戦略」についても触れておこう。供給側の経済論理において、経済を成長させるものは供給側の要因である資本蓄積、技術進歩および人口の増大である。政策的すなわち意図的に技術進歩を促すことは難しい。せいぜい技術進歩が起こりやすい経済環境の整備、例えばベンチャーキャピタルへの融資制度の充実や起業手続きの簡素化等を行う程度であろう。また、成熟した先進国では、移民を大量に受け容れる制度改変でもしない限り、人口の成長を望むことはできない。消去法で考えれば、経済成長のためには資本蓄積の増加（資本蓄積率の上昇）以外に対策はない。資本蓄積は何によって実現するか。それは貯蓄と企業収益（正確には留保利潤）から行われる。ここまでの理屈は純粋理論の範疇であり、前提を受け容れれば異論を挟む余地はない。ところが、この純粋理論の帰結は、特定の社会的勢力によってしばしば意図的に濫用されている。すなわち、純粋理論と現実の関係を位置づける理屈（論理）を構築することなく、唐突に純粋理論を現実経済に当てはめるのである。その結果、とんでもない結論が導出されることになる。

静態理論の想定する社会は同質的な個人から構成されているわけであるから、当然、貧富の差は存在しない。しかし、現実の社会は、個々人の能力差および生まれた環境によって貧富の差が存在する。成長（資本蓄積）のために必要な貯蓄は、貧者と富者のうちどちらがより多くするか。答えは明白であろう。貧者は所得のほとんどを消費に回すのに対して、富者はより多く貯蓄をする。したがって、成長のためには富者をますます富ますことによって、彼らに貯蓄をより多くしてもらうことが肝要であるとの結論に達する。成長すれば、いずれ貧者も分け前に与れるはずだという見解である。1980年代、米国の「レーガノミックス」における高額所得者への大幅減税政策に際して使われた論理はまさにこれである。それを「トリクルダウン理論（trickle-down theory)」という。邦訳すれば「滴り落ち理論」となろうか。富める者が富めば、貧しい者にもいずれ自然に富が滴り落ちてくるという理屈である。

文脈は異なるが、同じような理屈に2000年頃に日本銀行が唱えた「ダム論」がある。それは企業収益と家計所得（もしくは消費）との因果関係を論じたものである。ダムの水位が上がり、やがて満水状態になれば下流への放流がはじまる。企業収益をダムにたまる水とし、家計所得を下流へ流れる水と見なせば、その理屈は容易に看取できよう。企業収益を増加させれば、いずれ家計も潤うという見解である。ただし、日銀のダム論自体はゼロ金利政策の解除を目指してつけた理屈である。われわれは、グローバル化が進行した結果、企業収益の増加が必ずしも労働所得の増加につながらないことを既に論じた。グローバル化は世界規模での労働所得の平準化の動きを加速させ、新参入国の労働者に有利に先進国の労働者に不利に働くのである。したがって、ダム論が現実に成り立つとは思われない。

マスコミによって喧伝されている成長戦略とは、基本的には資本蓄積の促進策である。それはトリクルダウン理論とダム論を合体させたような理屈である。その具体策は、企業収益を増加させるための法人税減税と高額所得者の所得税減税である。法人税に関しては日本が他国より法人税率の高いことがよく指摘されるが、企業が負担する社会保険料事業主負担を加えた実質的な公的負担で比較すればEU諸国の平均よりずっと低い。所得税に関しては、過去30年間に渡って何度も行われてきた所得税減税によって、高額所得者が最も恩恵に与ってきた。80年代前半に8000万円を超える所得に対して最高税率が75%であったのに対し、2007年以降は1800万円を超える所得に対して最高税率が40%であることを見ればそれは明らかであろう。消費税の税率引き上げ論議も、所得税増税から国民の目をそらさせると同時に、高額所得者にとっては有利となろう。特定の意図に基づいて制度改変が過去行われてきた。そして今後も行われようとしていると断ぜざるを得ない。

供給側の経済論理を自己の都合のよいように解釈し、それに基づく制度改変を行うことで特定の社会的勢力は利益を得てきた。しかし、それは他の多数の国民に不利益をもたらしてきた。税制度の基本理念のひとつである「垂直的公平」をなし崩し的に排除し、所得の再分配システムを富者に有利となるように歪めたからである。雇用不安、年金不安が暗雲となって社会を覆っている。財務省の統計資料を見れば、度重なる所得税減税と法人税減税によって2011年度の所得税収はバブル期に比べて半分に落ち込み、法人税収にいたっては3分の1となった。しかし、その間、日本経済は成長しなかった。逆に経済停滞が長期的に続いている。そして構造的な財政欠陥だけが残された。これまでの成長戦略の考え方は完全に失敗に終わったのである。にもかかわらず、経済権力側の攻勢は一部の経済マスコミを通じて止むことはない。既存の成長戦略がこれまで経済成長を促すものでなかったとしても、企業収益および高額所得者の富を着実に成長させ得たことは間違いなかったからである。

8. 金融政策至上主義の限界

構造改革論に加えて主流派経済学者に共通する政策的立場としては、金融政策至上主義が挙げられる（ただし、金融政策至上主義という呼称は著者の造語である）。これは文字通り、経済政策に関して金融政策の手段だけを強調するものであり、裏を返せばケインズ的な財政政策に対する批判に立脚した見解といえる。すなわち財政政策が有効でないから、金融政策で経済政策を講ずるしかないという見解である。現在、不況下であるにもかかわらず財界、政界、官界および学界から裁量的財政政策の必要性を訴える議論をほとんど耳にすることはない。一般の経済人にあっても同様である。それほどケインズ的財政政策に対する批判は、経済学界からはじまり社会の各階層にまで及んでいる状況にある。ただしケインズ政策批判は一様ではなく、批判の理由に関しては相違がある。すなわち、ケインズ政策の何が問題なのかという点に関する認識に相違が見られるのである。主たる批判の論点は三つに分類される。

第一に、経済理論面からの批判である。いうまでもなく、供給側の経済学に立脚したケインズ経済学批判の延長としての財政政策批判である。「新しい古典派」の立場からすれば、政府による裁量的な財政政策は、合理的経済主体に全て読み取られ、経済の実質値に影響を及ぼすことができないために無効となる。もちろん、その立場からすれば金融政策も、当然、無効となる。ただし、新しい古典派ほど極端な見解をとらない場合には、経済主体の期待を政府が変化させられれば実質値に影響を及ぼすことができるというマイルドな見解となる。その考え方から発した金融政策の手段が、「インフレ・ターゲット政策」である。すなわち中央銀行が目標とするインフレ率を実現するまで貨幣供給量を増加させ続けると宣言し、それを実行に移すことで人々の期待を変化させようとする方法である。現在、米国の連邦準備制度をはじめとする主要国の中央銀行は、民間経済に無用な攪乱を招かないために、短期金利の決定をルール化している。いわゆる「テイラー・ルール」である。テイラー・ルール自体は、理論的背景を持たない時系列分析から導出されたものである。テイラー・ルールによる短期金利決定に際しては、目標インフレ率も考慮されているので、それをインフレ・ターゲット政策の拡張版と見なすこともできる。しかし、マイルドな見解においても、財政政策の無効性の主張は変わらない。その論拠に頻繁に使われるのが、「マンデル・フレミング理論」である。

マンデル・フレミング理論は、「開放経済下で変動相場制を採用している国が財政政策を行っても効果はない」とする見解である。その理由は、先ず財政出動のための資金調達によってクラウディング・アウト（crowding-out）が資金市場で発生し、金利が上昇する。次に金利の上昇は自国通貨の為替レートを上昇させ、輸出を減少させる。それゆえ財政出動による内需の増加は、外需の減少によって相殺されるため、その効果はないとするものである。しかし、一見して明らかなように、マンデル・フレミング理論は、現実的観点からすれば、国内が完全雇用状態になければ成り立たない。諸資源が完全利用され、資金市場が逼迫した状況でなければ成り立たないのである。この理論のポイントは、クラウディング・アウトが生ずるか否かである。遊休設備を抱える不況下では、資金需要も低調であるから金利も低い。そうした低金利状態こそ不況の金融面での特徴である。民間の資金供給がだぶついている状況下で、政府による財政出動のための追加的資金需要が生じたところで金利の上昇は考えられない。マンデル・フレミング理論は、「好況下における財政政策の無効性」を提示する理論にすぎない。しかし、果たして、好況下で財政出動は必要であろうか。言わずもがなであろう。「不況下における財政出動の無効性」を立証しなければ、財政政策批判に値しない。われわれの立場からすれば、完全雇用を前提とするマンデル・フレミング理論を不況下の経済状況に適用することが誤っているのである。マンデル・フレミング理論が濫用されているといえよう。

第二に、「政府の失敗」という現実的観点からの批判である。これは財政政策が有効か無効かを問題にするのではなく、財政政策の現実的な運用上の問題を指摘するものである。財政政策の発動に際して、政策策定者の恣意の混入は不可避である。ケインズ自身は、「ハーベイロードの前提」、すなわち政策策定者は民間人よりもエリートであるということを暗黙裡に想定していたといわれているが、現実社会を見る限りその前提が成り立つとは思われない。したがって、政策立案に際して何らかの恣意が不可避的に混入することは間違いない。そうした恣意性が「政・官・財」の利害集団に利用される危険性があるとの批判は常に存在していた。裁量的財政政策が、様々な原因によって当初の経済効果を上げられない状況を「政府の失敗」という。最も有名な例は、公共選択理論の創始者であるブキャナンによる財政政策批判であろう。ブキャナンは、民主主義制度という政治過程を前提とした場合、政治家が当選のために常に大衆迎合的な経済政策をとる危険性を指摘した。そして恣意の混入が不可避な財政政策が政治家に利用されると考えた。すなわち大衆受けする減税や公共施設の整備事業などの拡張的財政政策が優先的に実行されると考えた。結果的に、政府は恒常的な財政赤字に陥ることになると。

ブキャナンの批判は、現実的観点を分析に導入している点で高く評価できるものである。また論点にも鋭いものがある。しかし、ブキャナンの見解が成立するためには、政策立案の過程を国民がチェックできないという制度的状況に加え、国民が常に目先の利益だけに拘泥して政治的に行動するという前提が必要である。確かにブキャナンの見た現実社会は、彼にはそう映ったのかもしれない。しかし、国民の政治意識が高まり、知的水準が向上し、情報公開が徹底された段階に社会が到達すれば、結果として国民が政治家に容易に利用されない状況、すなわち愚弄されない状況が現出する可能性も高い。そのためには、国民に正確な情報を与え、様々な利害集団の意図を伝え、政策の結果について教唆してゆくといった啓蒙運動が必要なのである。本書の意図の一端も正しくそこにある。

政府の失敗という論点は経済分析への現実的観点の導入という意味で意義のあるものといえる。しかし、この論点もまた主流派経済学者やそれに連なる人達に濫用されている。彼らが政府の失敗を持ち出すのは、必ず「市場の失敗」の対抗手段としてである。市場の失敗は、供給側の経済学の中核である市場メカニズム批判であることは既に論じた。その批判に正面から答えるのではなく、「市場にも欠陥があるが政府にも欠陥がある。しかし、どちらがより問題なのか」と切り返す際に政府の失敗を持ち出すのである。つまり資源配分問題として、市場か恣意かという原理的な問題に帰着させるわけである。しかし、この論理には致命的な欠陥がある。政府の失敗を持ち出す主流派経済学者は、理論と現実を混同していることになるからである。政府の失敗は、現実における人間観察なり社会観察の結果として認識されるものである。すなわち非合理な人間行動が経済運営に失敗をもたらすという話である。しかし、供給側の経済学を奉じている経済学者の想定する世界には非合理な人間は登場しない。全て価値観を同じくし情報を共有する同質的人間しかいない。非合理な人間はどこから出てきたのか。論理的に非合理な人間を分析する枠組みがないにもかかわらず、唐突に現実の人間を持ち出してくる。政府の失敗の議論を便宜的にのみ利用しているといわざるを得ない。

第三に、実証面からの財政政策批判である。この批判はケインズ政策が有効であったとしても、その有効性に疑問があるとの批判である。具体的には財政支出に関わる公共投資乗数の低下傾向の問題である。公共投資乗数とは、公共投資がどれほど実質 GDP の増加をもたらすかを示す指標であり、いわば財政出動の波及効果を示すものといえる。内閣府の「短期日本経済マクロ計量モデル（2008 年度版）」によれば、乗数効果は 1 年目 1.00、2 年目 1.11、3 年目 0.94 というものである。ちなみに同じ財政政策であっても所得税減税の効果はずっと低く、1 年目 0.32、2 年目 0.60、3 年目 0.60 となっている。内閣府発表の統計数値への信頼性の問題はさておき、財政政策の効果があまりないとすれば財政出動に伴う問題が浮上してくる。すなわち、費用対効果の視点で財政出動の是非が問われることになる。財政出動に伴う問題として、常に挙げられるのが次の二つの論点である。第一に、それが無駄な公共投資に使われるという「ばらまき論」であり、第二に巨額な財政赤字への「積み上げ論」である。後者は次章における主題なので、ここでは前者についてのみ言及する。

構造改革論者は、財政政策を批判する際の常套句として「ばらまき」という言葉を使っている。また彼らは「穴を掘って、埋めるだけの公共事業でも需要創出には効果的」というケインズのたとえ話を引用することも忘れない。おそらく公共投資は無駄であると印象づけるために使っているのであろう。その甲斐あってか、現在では政治家やマスコミ論者はもとより一般経済人に至るまで、従来型の公共事業を批判的に見るようになった。しかし、これも単純な論理のすり替えにすぎない。「財政政策の是非」と「公共事業の内容」は全くの別物だからである。「財政政策は公共投資であり、公共投資は無駄であるから、財政政策は必要ない」といった類の論理は、無駄でない公共事業の例をひとつあげるだけで崩れ去る。今後の社会にとって必要かつ乗数効果の高い分野、例えば環境関連事業や医療関連事業への公共投資および災害復旧・復興のための公共投資を考えれば、そのことは容易に理解できよう。

さらに、「ばらまき」という言葉も濫用されている。自己の所属する社会的勢力に都合の悪い予算措置を全て「ばらまき」と断じる傾向は、近年とみに強まってきた。とりわけ社会の分配問題に関してそうである。先に指摘した成長戦略は企業および富者に対する傾斜分配方式であった。その逆の分配政策、例えば農家に対する農業所得保障制度および子供手当制度等は、正しく一般大衆への分配（給付）を増加させる政策である。当然、そうした政策は、自らの利益に反するため政・財・官およびマスコミ界から総攻撃が加えられる。そうした政策およびそれを推進する勢力に対して「ばらまき」との批判が礫となって集中するのである。企業および富者への分配増は成長にとって適切な措置であるが、一般大衆への分配増は「ばらまき」となる。「ばらまき」とは無駄への配分を指すが、何が無駄であるのかの基準を明示しなければ、その言葉を使う資格はない。そうした費用対効果の観点からすれば、先の成長戦略は結果的に経済成長をもたらさなかったわけであるから、彼らの論理を援用すれば、法人税減税および所得税減税こそ企業と富者への「ばらまき」に他ならなかったといえる。

以上のような理由で、経済学界においても現実社会においても財政政策の評価は芳しくない。結果的に、ほとんどの経済学者が金融政策至上主義に立脚するようになった。ただし、2008年に生じたリーマン・ショックは、主流派経済学者に対して厳しい問題を突きつけた。彼らが効率的市場と考えてきた金融市場に大混乱が生じ、それが急速に世界規模の実体経済の悪化へとつながったからである。ここでいう効率的市場とは、世界中の全ての情報と全ての英知が集まって価格が形成される市場であり、真の市場メカニズムが具現する市場といえる。リーマン・ショックによって生じた負の連鎖を止める術は、供給側の経済学にはない。しかし、今さらケインズ政策を持ち出すことはできない。そんな提言をすれば、彼ら自身の学問的立場を否定することになるからである。主流派経済学者のとった行動は、リーマン・ショックを「百年に一度」の異常事態であるとして誤魔化すしかなかった。そうした稀有な状況であるから、「非伝統的な政策」の発動も止むを得ないと弁明するしかなかった。結局、米国と中国を中心とする各国の行政当局が大規模なケインズ的財政政策を発動することによって、リーマン・ショックは小康状態を得るに至った。この過程において、供給側の経済学に依拠する学者たちは無力であった。否、それ以上に悪影響を及ぼしてきたといわざるを得ない。自己の論理に固執するあまり、現実を全くないがしろにしていたからである。もしも正統派経済学者の言を鵜呑みにして、各国が協調してケインズ的財政政策を発動しなかったなら、事態はどれほど悪化したか計り知れない。しかし、リーマン・ショック以降、明らかに経済学界の潮流は変化しつつある。少なくとも供給側の経済論理一辺倒であった状況からは脱しつつある。リーマン・ショックの残した唯一の余慶であろう。

第10章

現実分析への一寄与：国債問題の最終解決

1. 国債問題の憂鬱

日本における国債の累増問題は、日本経済の心臓部に突き刺さった棘である。2011年度の国債発行残高は667兆円が見込まれ、それが足枷となって拡張的財政政策も発動できないと考えられている。しかし、この棘は外部から刺さったものではなく、経済通念から生じた心理的な棘である。すなわち、実態のない棘である。刺さっていると信じ込んでいる人々は、「将来」激痛が走るといって大騒ぎをしている。しかし、その「将来」はいつくるのだろうか。財政学者を中心に著名な主流派経済学者達が、10年以上前から警告を発している長期金利の上昇はその気配すらない。逆に、バブル崩壊後の景気対策の原資として国債の累増がはじまったここ十数年間の長期金利の推移を見れば明らかなように、増発前には6～7%だった長期金利はその後増発が続いたにもかかわらず1～2%へと低下傾向を示している。ここ数年も、1%台前半という歴史的低水準で推移しているのである。1%割れも珍しくはなくなった。当然、長期金利の上昇から生ずるはずのクラウディング・アウトも、その影さえ見えない。

同様に、為替相場も主流派経済理論（供給側の経済学）とは逆の動きを示している。日本国内で財政破綻が懸念されているにもかかわらず、世界的に「円」が買われているのである。2008年9月のリーマン・ショック以降、円の対ドルレートは上昇傾向を明確に示してきた。さらに2009年の「ドバイ・ショック」や2010年以降の「ギリシャ国債危機」を契機として、円相場は、対ドルレートはいうに及ばず対ユーロレートでも顕著に上昇し、円独歩高の様相を呈している。円相場急騰の原因は、いうまでもなく、ドルおよびユーロの先安感から生じた円への逃避である。すなわち、金融機関や機関投資家は、保有するドル資産やユーロ資産を円資産へ振り替えているのである。

それでは、なぜ、円が逃避先になり得るのか。円は先安を予想させる危険資産のはずではなかったのか。ムーディーズやS&Pといった格付会社は、日本国債に対して米国債や欧州主要国の国債よりずっと低い格付をしている。今後、さらに格付を下げる可能性もある。そして日本の政治家、官僚、経済学者および経済マスコミの多くは、連日、財政破綻の危険性を声高に叫んでいる。予算編成に際しても、先ず問題になるのが国債増発への懸念である。これ以上国債を増発すれば国の破産は不回避といった論調が大手新聞の紙面を飾り、テレビでは経済評論家達が深刻な顔でそれに同調している。

財政破綻目前の国家の通貨を保有することの危険性は、1997年のアジア通貨危機や2001年に財政破綻したアルゼンチンの事例を持ち出すまでもなく明白であろう。さらに、後述するように、日本で最も権威のある経済学者達も将来の財政破綻を確実視しているわけであるから、尚更その傾向は強まるはずである。「日本は国債の累増により遠からず財政破綻し、円相場は暴落する」という見解が、日本の「政・財・官」はもとより経済学界やマスコミ界を含めた共通認識であり、それは経済通念としてほとんどの国民の意識を覆っている暗雲である。

しかし、それでも円相場は上昇している。日本および諸外国の資産運用者は、ドルやユーロの先安は予想しても、円の先安を予想してはいないのである。それが現実経済における円通貨の国際的（相対的）評価なのである。それでは各金融機関の資産運用者達は、先の見えない愚か者なのであろうか。

そう考える人は皆無であろう。ある意味からすれば、彼らは世界で最も優秀な人種である。彼らは優れた頭脳を持ち、潤沢な資金を運用し、誰よりも迅速に大量の情報を入手でき、最新のモデルを使ってそれらを分析しているのである。いわば、彼らは金融界のオピニオン・リーダーなのである。彼らが歴史的高水準まで円を買っているのはなぜか。いうまでもなく、彼らは円が暴落しないことを確信しているのである。日本の財政破綻など予想だにしていないからである。

なぜ、主流派経済理論と現実がかくも乖離しているのか。理屈と実態が違う原因は何か。常識的にいえば、その問題への解答は二通りであろう。第一は、「理論が正しく、現実が間違っている」とする解釈である。驚くべきことに、ほとんどの経済学者は、財政学者も含めて、このように考えているのである。曰く、「国民がわかっていない、間違っている」と。国民が国家財政を自己の家計と同様に考えられるほど賢ければ、ことの重大さに気づくであろうとするのが、彼らの常套句である。煎じ詰めれば、国民が未熟で経済知識がないために財政破綻が起きず、それゆえ経済（財政）学者の予測がはずれると。したがって、国民に正確な経済知識を習得させ、彼らが合理的に行動するなら、経済理論通りに財政破綻が実現するのだと考えているのである。「国民の有する経済知識の増大が財政破綻を招く」という見解は一見滑稽に思えるかもしれないが、大半の主流派経済学者は大真面目にそれを信じているのである。

第二は、「現実が間違っているのではなく、理論が間違っている」との解釈である。いわば、「ベッドの長さ（理論）に合わせて足（現実）を切る必要はない」と考える常識的な見解である。すなわち、現実に生起する経済現象こそ直視すべきであって、その説明に堪えられない理論は適切ではないから棄却すべきであるとする見解である。経済学者の世界を除けば、それは当たり前の考え方であろう。しかし、経済学者の大半はそのことを指摘することなく沈黙を守っている。より正確には、沈黙せざるを得ない状況に置かれている。その理由はこれまでの記述で明らかであろう。既に彼らは供給側の経済学に帰依してしまっているからである。

本章は、国債問題に関する通念化した誤解を解き、正当な理解を提示することを目的とする。また正当な理解に基づく新たな政策論—動態的貨幣政策論—を示し、累積した国債残高の解消策、いわば国債問題の最終解決策を明示するものである。その方策は現代日本経済の直面する最大の経済問題である円高対策に直結するものでもあり、同時に景気対策ともなり得るものである。従来の国債問題への対策としては、消費税率引き上げを中心とする「増税策」、借り換えによる「先延ばし策」および現状がいまだ危機的状況にはないとする「現状維持策」といった議論がなされてきた。もちろん、通念の誤解に基づく増税策が圧倒的に普及している。本章では、それらとは全く別の観点から最終解決策を提示する。併せて、それを通じて一般経済人の啓蒙を目指すものである。ただし、本章は現状の国債残高の解消策を論ずるものであり、今後の歳入歳出構造の改変にまで及ぶものではない。税制度および社会保障制度の改変については、別の機会に論じたい。

2.「主流派経済学者の提言」の行方

2003年、日本を代表する著名な主流派経済学者グループが、深刻な長期的停滞に悩む日本経済への対応策を盛り込んだ政策提言を行った(2003年3月19日付『日本経済新聞』「経済学者グループ緊急提言」)。その要旨は、「非伝統的」金融および財政政策を発動し、日本経済を覆うデフレ、財政悪化、不良債権の増加および失業率の上昇などの問題解決に当たるべきだというものである。ここでいう「非伝統的」とは、「非」供給側の経済学的という意味で、主流派経済学が提示してきた政策手段とは異なる手段を用いるべきだと解釈される。頑迷に現実に目をそむけ続けた主流派経済学者も、事ここに至っては、現実経済を直視するほかなかったのであろう。具体的な、非伝統的政策としては「(構造改革に根ざした適切な) 財政政策の発動」および「インフレ目標(インフレ・ターゲット) の設定」である。

主流派経済学者が最も忌み嫌う「財政政策の発動」を採用せざるを得なかったのだが、ここでも、「構造改革に根ざした適切な」という制約をつけるところが供給側の経済学者達の真骨頂であろう。具体的な財政政策としては、第一に、「財政赤字を増やさずに新しい需要を創造するよう歳出内容の大胆な変更を行うこと」。第二に、「公共事業主体の民間化による効率化を図ること」。第三に、「金融システム安定のための財政支出」であり、最後に「失業対策・再就職支援などのセーフティーネット (安全網) のための財政支出」である。同時に、公共投資の大幅削減、義務的経費の抜本的見直しを行うべきであるとしている。これを見て容易にわかるように、これは財政政策の新規発動を意味するものではなく、従来の財政支出の組み替えを論じているものである。正統派経済学者の意地を感ずる人もいよう。しかし、「歳出内容の変更によって新規需要の創出が見込める」こと、すなわち需要側の問題として景気拡大が図れることを認めたわけであるから、主流派経済学者も現実へ半歩前進したと考えたい。

しかし、この提言の核心は、日本銀行はインフレ・ターゲット論を採用すべしとする主流派経済学者の要求である。具体的には、日本銀行はインフレ目標として、1～3%のマイルドなインフレ率を設定し、その実現のためにマネタリーベースの供給増を図れとしている。すなわち、経済人にインフレ期待 (予想) を抱かせることによって、実質金利を引き下げ、民間投資の拡大を目指すというものである。マネタリーベースの供給は、日銀が資産購入の対価として行われる。具体的には、長期国債の買い切り額の増加、株価指数連動上場株式投信 (ETF) や不動産投信 (REIT) の市場での購入などが挙げられている。

さて、順序が逆になったが、この提言が行われる前提となった正統派経済学者の現状認識を見ておこう。多少長いが、提言に記載されている原文を、以下引用することにする（ただし、傍点は筆者によるものである）。

> 景気低迷と特別減税のもたらした税収不足、さらに景気刺激のための度重なる補正予算の発動により、政府部門の債務の対国内総生産（GDP）比率はすでに140%に達している。毎年7%の赤字を出し続ければあと8年以内に同比率は200%に達する。
>
> この水準は国家財政の事実上の破たんを意味すると言ってよい。たとえデフレが収束し経済成長が回復しても、その結果金利が上昇するとただちに政府の利払い負担が国税収入を上回る可能性が高いからである。もしデフレが収束しなければ、金融機関が次々に破たんするだろうから、国民経済の破たんという意味では同じことが起こる。

これは2003年における主流派経済学者の経済認識である。財務省HPにある広報資料によれば、2011年度末の公債残高は667兆円あまりで、地方の債務を加えた国・地方の長期債務残高は894兆円（対GDP比189%）、さらに政府短期証券や独立行政法人の債務を加えたOECD統計に基づいて計算すれば、政府の債務残高の対GDP比は212%あまりとなっている（ただし2011年度末の数値は全て財務省による見込みである）。したがって、この提言から8年間経過した2011年度の政府部門の債務残高の対GDP比（189%）は、200%には達しないものの提言の予測の範囲内にあるといえる。すなわち、主流派経済学者の提言通りとすれば、現在の日本経済は事実上の財政破綻状態ということになる。現在、国家財政は事実上破綻しているのだろうか。もしくはあと1、2年して政府部門の債務残高の対GDP比が200%を超えたとき、国家財政は破綻し、日本経済は大混乱に陥るのだろうか。財務省HPの資料（www.zaisei.mof.go.jp）によれば、「国債は国の借金であり、2011年度末時点で国民一人あたりの借金は520万円余りである」との主旨の記載がある。そうであるなら、国家財政が破綻した場合、国民一人一人が520万円の借金を背負って生きていくことになってしまう。四人家族なら2000万円を超える借金である。その借金を誰に、どういう方法で返すのだろうか。一般国民にとって、不安は募るばかりである。

否、そうした懸念は全くの杞憂である。2011年現在、日本の国家財政は破綻していないし、その兆しさえもない。このことは紛れもない事実である。それでは財政破綻とはいかなる状況を指すのであろうか。財政破綻の意味は往々にして誤解されている。誤解の原因は国家を個人や企業と同一視し、そこから財政破綻を個人や企業の破産と混同することにある。そうした立場からすれば「財政破綻とは借金が返済できなくなる状態」と解せられるが、それは正しくない。なぜなら、国家の財政と個人や企業の収支とは全く別物だからである。管理通貨制度の下、通貨発行当局が政府内にある以上、円建てで発行される日本国債が償還不能に陥ることはない。すなわち、円通貨の増発により政府の借金は必ず返済できるのである。これが個人や企業とは異なる点である。それでは財政破綻の正確な意味は何か。それは「政府が、これ以上（追加の）借金ができなくなる状態」を指す。すなわち、政府に金を貸す人が誰もいなくなる状況が、財政破綻なのである。追加の借金ができない、もしくは借り換えができない状況が現出し、歳入と歳出のバランスがとれなくなれば予算は組めない。それが財政破綻なのである。

財政状況が悪化し財政不安を噂される国家が、さらなる借金を続けるためには、より高い金利（確定利率）を国債に付与しなければならない。そうしなければ国内外のカネを集めることはできないからである。しかし、国債に付与される金利の上昇と共に当該国債の信用リスク（貸倒リスク）も上昇する。

金利がある一定値を超え、これ以上リスクをとる人がいなくなったとき、すなわち国債を買う人がいなくなったとき当該国の国債は暴落する。誰もその国家にカネを貸さなくなるからである。国債を大量に抱える国内の金融機関は債務超過による破綻にさらされ、ドミノ倒しのように次々と金融機関が潰れるのではないかという信用不安が国内経済を覆う。同時に、外資は引き揚げられ、当該国の対外的通貨価値は暴落する。輸入インフレと高金利による不況の同時発生によって、当該国の経済状態は大打撃を受ける。これが歴史的に見られる財政破綻の一般的パターンである。決して、自国通貨建ての国債が償還できなくなることではないのである。外貨建てで国債を発行している国家（例えばユーロ諸国）を除けば、借金返済能力の有無は国家の財政破綻の要件ではない。

さて、正統派経済学者の提言に話を戻そう。提言の中にある「事実上の財政破綻」と「現実の財政破綻」とは何が違うのであろうか。違いはない。全く同じことなのである。いずれも、国家がこれ以上借金をすることができない状況に変わりはない。しかし、2011年現在において、日本国債は円滑に消化され、長期金利の上がる気配もない。それどころか長期金利はここ十数年間、底這いを続けている。それは日本政府にカネを貸したい、すなわち国債を買いたい人達が多数存在することを意味しているのである。日本国債は金融市場において大人気であると言い換えてもよい。正統派経済学者は、政府債務の対GDP比率の予測はほぼ的中したにもかかわらず、肝心の財政破綻に関する予測はものの見事にはずれてしまった。このことは一体何を意味しているのか。実は重要な論点を含んでいるのである。それは、財政破綻と債務残高の多寡との関係に関するものである。通常、財政破綻の危険性の判定基準としては、債務残高の水準が問題とされる。債務残高の対GDP比率は最も参考にされている指標であろう。しかし、日本の現状を見た場合、財政破綻の危険性と債務残高の累増はほとんど無関係であったといえる。しかし、このことはそれほど不思議なことではない。例えば、1兆円の借金を抱えるA国と、700兆円の借金を抱えるB国があったとして、どちらの国家が財政破綻の危険性が高いかは一概にいえるものではないからである。財政破綻は、追加の借金ができるか否かに関わる概念であるから、負債残高は副次的な問題にすぎないのである。

しかし、財務省も正統派経済学者も常に負債残高の累増を財政破綻と結びつけてきた。結論を先取りすれば、現在のところ、債務残高の増加を財政破綻と結びつける最後の理屈、いわば彼らにとっての最後の砦が、債務残高の増加には限界があるという見解である。ここでは、それを「国債残高の天井説」と呼称しておこう。後に詳しく見るように、借金（債務）の発生は単独の経済現象ではない。債務の発生は必ず債権の発生と同時に生ずる。カネを借りるには、カネを貸す人が必要なのである。天井説は、国債を購入する民間資金には限界があり、それ以上の国債発行は不可能とする見解である。例えば、日本の場合、2011年3月末の個人金融資産は約1470兆円強であるから、それが天井になるというわけである。一見すると、もっともらしい見解ではあるが、致命的な欠陥がある。国債残高を消し去る手段、すなわち日本銀行による国債買い切り操作を考慮に入れていないことである。国債を買い切ることによって、同額の資金的余裕が民間経済に生まれることになる。もちろん、同時に日本銀行の国債資産の残高は増加するが、それは政府の負担にはならない。制度的に日本銀行への利払い分の95%は政府へ還流する仕組みだからである。また国債の償還に際しても日本銀行からの借り換えを継続すれば済む。それは政府と日本銀行間のカネの循環にすぎないから、民間経済への影響は皆無である。このように適切な政策を実行するなら、たとえ天井はあったとしても、それは「逃げ水」のように達することはない天井となるのである。ただし、供給側の経済論理には、そうした政策を考慮する論理的枠組みが欠けているために「天井説」にとどまらざるを得ないのである。

近い将来、たとえ政府債務の対GDP比率が200％を超えたとしても、決して、財政破綻など生じないと筆者は考える。実際、正統派経済学から現実経済を分析する場合の、最大にして最悪の誤解が、国債問題をめぐる議論に存するのである。ここで取り上げた正統派経済学者の提言の帰結がその一端を物語っている。財政政策を堂々と実施できない理由も、国債の累増問題が足枷になっていると思い込んでいるからである。しかし、実はその足枷をつくっているのは供給側の経済理論なのである。いわば人為的かつ理念上の足枷であって、政治家、学者、マスコミ人からはじまって一般大衆に至るまで、そうした静態理論によって自縄自縛状態にいるだけなのである。この誤った経済通念を断ち切るべく、次節以降で国債問題の正当な理解と解決について論ずることにする。

3. 国債問題に潜む静態理論

本書ではこれまで、現実に適合可能な分析（動態分析）の重要性を説いてきた。特に国債問題を論ずるに当たっては、この観点なくして問題の本質に迫ることは不可能である。すなわち、国債問題を各国に共通する問題として、またいかなる景気状況にも妥当する普遍的な問題として扱うべきではないということである。決して、そうした純粋理論の立場から判断してはならない。国債問題は、各国の経済事情ごとに、そして景気状況ごとにその性格も解決手段も異なるのである。それゆえ、各国の経済事情および景気状況を加味した現実分析に基づく政策立案が重要となる。しかし、われわれの見解を展開する前に、正統派経済学者が想定している国債発行に関わる諸問題を吟味しておくことが順序であろう。

経済通念と化している国債累増および国債の新規発行に対する批判は、

「財政破綻論」と「次世代負担論」に大別される。いずれの批判の出発点も新古典派理論から派生した供給側の経済学の提示する仮定である。さすがに現在は「国債は国の借金である」という財務省や経済マスコミの扇動的キャッチフレーズに同調する経済学者は少ないと思うが、一般経済人の多くはこの喧伝を鵜呑みにしていると思われるので最初に簡略に考察することにする。以下、順番に要点を論じてゆく。

第一に、国債に関する「国の借金説」である。先に示したような財務省の発表資料はいうに及ばず、全国規模の大手新聞社の紙面も「国債イコール国の借金」説で埋め尽くされている。さらに、国債ばかりでなく、借入金や政府短期証券を加えて水増しされた額を国の借金として誇張して報道している。追い打ちをかけるように、親切にも国民一人当たりの借金額を記載することも怠らない。果ては、刻々と増加する借金をカウントする「国の借金カウンター」なるものまでマスコミに登場して、国民の危機意識を徒に煽っている。

しかし、これは国民経済（すなわち経済全体）に対する単純な認識の誤りに起因するものである。国民経済は、「公共部門（政府）」と「民間部門（民間経済）」とから構成されており、「国（国民経済全体）の借金」とは外国からの借金、すなわち対外純債務（対外資産マイナス対外債務）を指す（図 10–1 参照）。日

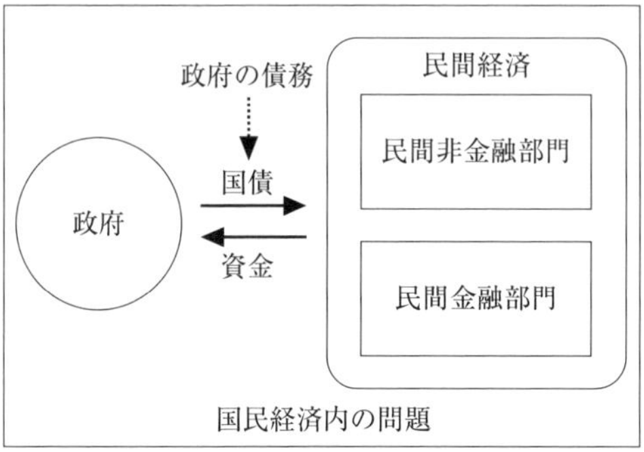

図 10–1 「政府の債務」と「国家の債務」

本の場合、借金どころか対外純資産が、財務省の発表によれば2010年度末時点で251兆円もあり、19年連続で世界最大の債権国なのである。さらに、それは毎年経常黒字分だけ増加し続けている。つまりカネを貸している側の国なのであり、純額でいえば国の借金など1円もない。もちろん、官僚も経済学者も、ほぼ全員この事実をずっと以前から知っていたのである。しかし、この事実は全くマスコミに登場しない。彼らが意図的に黙っているか、マスコミが故意に報道しないかのどちらかであろう。財務省HPに記載されている「国債は国の借金」説は、財務省が意図的に国民を騙し続けている明確な証拠である。なぜ、こうした欺瞞が堂々とまかり通っているか。その背後の意図は何か。そうした事情を考察するためには、利害の対立する社会的勢力関係を分析できる理論的枠組みが必須であることは、もはや多言を要しないであろう。

さて、この基本認識に基づけば、国債とは「政府（部門）の借金」ということになる。日本の場合、国債は95%前後が国内で保有されているので、筆者はより積極的に、国債とは政府の借金であり、「政府の借金とは民間（部門）の資産」であることを強調したい。各国の国債残高の多寡は、基本的にそれぞれの国の民間経済規模の反映である。経済規模の小さな国家では、政府は民間から多くを借りられないが、経済規模が大きければ、かなりの額を借りられるということである。日本の場合、国債残高の増加は国民一人当たりの借金が増えたことを意味するのではなく、国民一人当たりの国債という金融資産が増えたことを意味しているのである。財務省HPの「2011年度末の国民一人あたりの借金は520万円余りある」という主旨の記載は全くの嘘で、正確にはその逆の「国民一人あたりの国債という金融資産が520万円余りある」ということである。

ただし、注意すべきは、国債問題を論じる場合は一般論ではなく個々の国家の事情を考慮する必要があるということである。日本における国債は民間の資産であるが、2001年に財政破綻したアルゼンチンではそうではなかった。米ドル建ての公的対外債務を負っていたのである。その返済ができずにデフォルトを宣言したのである。したがって、アルゼンチンの場合には、正に「国の借金」だったのである。そうした経済では、通貨価値の継続的下落もしくは下落予想が外資の引き揚げに直結し、国債価格暴落の引き金となる。また、2011年におけるギリシャ危機では、ギリシャ国債は自国通貨建てではなくユーロ建てであることから、自国内で国債問題を解決することは不可能だったのである。さらに金融工学的手法を通じて、ギリシャ国債を含む金融派生商品を各国の金融機関が保有していたことが問題を大きくしたのである。リーマン・ショックと同様、一国の金融不安が容易に世界中に拡大する状況は、正に「金融グローバル化時代」の特徴である。

第二に、財政破綻論である。この見解の推論過程は、概略次のようなものである。すなわち、国債の累増および継続的な赤字国債の発行は、何よりも「財政規律」に違反する。財務省や正統派経済学に与する財政学者の最も好む言葉を援用すれば、「財政の持続可能性に対する市場の信認失墜の危険性が生ずる」ことになると。財政規律の破綻は、現象面として長期金利を上昇させクラウディング・アウトを引き起こす。膨大な国債償還費もしくは利払い費に対して、充当財源のなくなった国家は、結局、国債の中央銀行引き受けという手段をとらざるを得なくなる。大量の通貨の発行により経済は激しいインフレに見舞われる。当然、通貨の対外的価値（円レート）も暴落する。高金利とインフレで国内経済は疲弊し、「国家の信認」は低下し、もはや国債の引き受け手はいなくなる。すなわち、これ以上、国家が借金をできなくなる状態に陥る。いわゆる財政破綻状態となると。

第三に、「次世代負担論」のシナリオである。これは一般的に二つの見解に分けられる。先ずは強制貯蓄による次世代負担論である。国債発行は公共投資や経常経費として使用されるわけであるから、経済の総需要を増加させる。総需要の増加はインフレを引き起こし、消費財価格も上昇させる。必然的に、所得のうち消費へまわる支出額が増加し、逆に貯蓄は減る。いわゆる強制貯蓄を引き起こす。貯蓄の減少は投資の減少であるから（貯蓄先行説より）、将来の消費財生産の減少を意味する。このように国債発行はインフレと過小投資をもたらし、将来世代への負の遺産となると。しかし、厳密にいえば、マネタリズムの新貨幣数量説の世界を想定すると、国債発行が中央銀行引き受けでない限り、インフレは発生しない（説明は後述）。

次に、最も普及している次世代負担論の見解は次のようなものである。すなわち、国債発行は、現役世代に有利に将来世代を不利にするように富の異時点配分を歪ませるという議論である。建設国債はまだしも、赤字国債の発行によって得た資金を現役世代のために使ってしまえば、借金だけが残る。国債償還時に、その借金の返済に税金を充てるとしたならば、税金を負担するのは将来世代である。したがって、国債発行は次世代への負担に他ならないと。

ただし、主流派経済学の論理に基づくならば「バローの中立命題」が成立すれば次世代負担は生じないとされている。バローの中立命題とは、国債発行時の世代（親世代）と国債償還時の世代（子供世代）が異なったとしても、親世代が子供世代を思いやり、子供世代は孫世代を思いやる形で順々に資産を残してゆくならば、すなわち遺産で調整が行われるならば、次世代への負担はないとするものである。親が子や孫のことを我がことのように思って行動するならば、次世代負担は発生しない。これが純粋理論の論理的帰結である。われわれは、純粋理論の帰結がそのまま現実に当てはまるものではないとする立場である。しかし、純粋理論に立脚する者が次世代負担を主張するためには、バローの中立命題が成立しないことを実証しなければならない。そこで主流派財政学者達は、純粋理論に基づくモデルに現実的諸要因を持ち込んで、バローの中立命題が現実には成立しない状況があることについて論究している。例えば預金金利と借入金利の差、攪乱的な税制度の存在、将来の不確実性等の現実的諸要因を前提としたとき、バローの中立命題は成立しないと。しかし、これはかなり強引な手法、いわば経済理論を構築する上での反則技といわざるを得ない。

純粋理論の中に、何ら論理的整合性を考慮することなく、唐突に現実的要因を導入してくる手法はまさに「木に竹を接ぐ」ことである。同質的な合理的経済人を想定してバローの中立命題は成り立っている。その世界は貯蓄先行説を前提としているゆえ、預金金利と借入金利に差は生じない。自分が貯蓄したものを自分が投資するからである。また、全てを読み切った合理的経済人を攪乱できる、すなわち騙し続けられる制度的要因はどのようにして生まれたのか。同様に、純粋理論の世界には不確実性は存在しないはずである。全ての変数の将来生起する値の確率分布が事前にわかっている世界を想定しているからである。確率誤差は不確実性とは呼ばない。われわれは、純粋理論を現実分析に適用することを論理の濫用と規定してきたが、こうした逆のケースを何と名づけるべきであろうか。「現実性の濫用」とでも呼ぶべきであろうか。現実を論ずるならば、理論の初手から現実性を導入できる理論的枠組みが必要なのである。われわれは、それを探すために苦労して同質的な経済人からなる静態理論から脱却し、異質性を容認する枠組みである動態理論へたどり着き、そこから経済社会学的分析へと歩を進めてきたわけである。バローの中立命題の考察に際して、主流派財政学者が想定した世界は矛盾に満ちている。子供や孫はいうに及ばず、曾孫（ひまご）、玄孫（やしゃご）、それ以降の子々孫々の経済状況さえも考慮して行動する完全予見下にある超合理的経済人と不確実性とが共存できる経済論理はあり得ない。論理的整合性がなく、辻褄を合わせようがない。

さて、財政破綻論および次世代負担論の内容の概略を提示したわけであるが、双方の論理は、そこで共通に使われている新古典派経済学（一般には供給側の経済学）の前提条件に依存している。その前提条件を受け容れる人には、上記の議論は説得力がある。しかし、その前提条件が現実とかなり乖離していると判断されるなら、これらの見解には疑問符がつけられよう。国債問題は、現実経済における喫緊の時事的課題であり、その解決のために「厳しい前提条件下でのみ成立する非現実的な経済論理」を用いることは適切ではないからである。それでは、その厳しい前提条件とは具体的には何か。主要なものを五つ指摘しておく。すなわち、理論モデル構築に際しての「所得（予算）制約条件」、同質的な方法論的個人主義から発する「個人と政府の同一視」、市場機構が完全に機能した結果として出現する「完全雇用状態」、ベースマネー管理によるマネーストック調整が可能であるとする「外生的貨幣供給論」および物価水準決定方式としての「新貨幣数量説」である。以下、それらの混入状態を調べよう。

4. 財政均衡主義の誤謬

財政規律とは、歳出は歳入の範囲内で行うべきであるとする「財政均衡主義」に立脚した概念である。財政均衡主義とは、財政運営に際して第一義的に財政均衡を優先すべしとする思想である。それは財政運営に堅固な鉄枠をはめることを意味している。しかし、財政均衡主義が柔軟な財政運営に比べて優れていることは論理的に証明されていない。それは伝統的な商売上の戒めや商慣習および個人の道徳観の延長として、すなわち「個人の家計と政府の財政を同一視する」という誤解に基づいて世間に普及した思想にすぎない。そもそも財政均衡主義に論理的な根拠などないのである。それでは、なぜ経済理論では財政均衡に基づく議論が展開されるのか。

極めて単純なことに、それは新古典派の理論モデルの制約条件（所得制約もしくは予算制約）だからである。財政均衡は、証明すべき対象ではなく理論モデル構築のための仮定にすぎない。その仮定がなければ、モデルは収束せず発散してしまうのである。一般に新古典派モデルは、「制約条件つきの最適化問題」として定式化される。生涯に渡る最適化を考える家計モデルの場合、完全予見の下での恒常所得（生涯所得）が所得制約となり、生涯が終わるまでの最適消費パターン（異時点間の消費配分）が導出される。その理論には、生涯所得は期間内に完全に消費されねばならないという条件がつく。生涯を通算すれば総支出額が総所得額を上回れない。世代重複モデルの場合は、親は子の、子は孫の将来を考えて行動することを前提としている。いわば家計の永続化である。しかし、家計が永続化しても、その一族全体の期間中の総支出額が総所得額に一致する条件は変わらない。

そうした家計行動との対比によって、政府の財政を考えようとするのが主流派経済学者、特に財政学者の抱く先入観である。家計の所得に対する政府の歳入は税収であり、家計の消費に対応するのが政府の歳出である。家計はライフサイクル期間中に借金もするが、必ず生存期間中に所得から完済する。政府も同じであると考えるのである。これのどこが問題なのであろうか。それは、借金の返済方式なのである。家計と政府を同一視した場合、借金は必ず税収から返済しなければならない。つまり、国債の償還は税収を財源としなければならなくなる。それゆえ、正統派経済学者は「累増した国債残高の償還に税収を以てするならば、その手段は増税（特に消費税増税）以外に考えられない」と結論づけるのである。近年は、国債残高が巨額なため、これ以上増やさないための基準として基礎的収支の均衡（プライマリーバランス）を政策目標に掲げているが、ここでも税収からの借金の返済という根本原則は変わらない。

しかし、政府は根本的に家計とは異なる存在である。国家は永続する存在であると同時に、国民生活の安寧のために行動する役割を負わねばならない。

資本主義経済過程を絶えざる景気循環の過程と認識するならば、財政不均衡は必然的な現象である。好不況によって民間経済からの税収が変動することは不可避的であり、他方、一般歳出の大部分は景気変動とは独立の義務的経費だからである。すなわち、財政不均衡こそ常態であり、国債残高の削減が要請されたとしても、その解決は国民生活に配慮して中長期的なスパンで考える課題なのである。主流派経済学には景気循環が存在しないために、こうした視点が欠落しているのである。さらに一言すれば、景気循環を前提としたとき、「財政均衡主義は経済の不均衡を拡大させる」ことになる。財政を均衡させるためには、税収不足の不況期には増税を実施する必要があり、税収が潤沢に入る好況期には減税をする必要があるからである。不況期の増税は景気をますます落ち込ませ、それにより税収はますます不足する。財政均衡のためにはさらなる増税が必要となり、経済はスパイラル的に悪化する。好況期の減税は逆のパターンとなり、景気過熱とインフレをもたらす。いずれにせよ、財政均衡主義は現実経済を前提としたとき「百害あって一利なし」の経済思想である。財政の機動的運用が要請される所以である。

さて、政府が借金を返済する手段は、三つある。「税収」を財源とする手段、「借り換え」による手段および「日銀による国債引き受け」もしくは「日銀による国債買い切り」の手段である。日銀による「国債引き受け」と「国債買い切り」は同じことである。償還資金を調達するための借換債を日銀が引き受けても、償還される国債を日銀が買い切っても本質的な相違はないからである。家計には、第二、第三の手段は使えないが、政府には現行法の枠内でそれが可能なのである。したがって、民間経済の状況に悪影響を及ぼすことなく、適宜それらの手段を使用することが重要なのである。財政再建のために国民経済を疲弊させるような手段は愚の骨頂といえる。前に示したように主流派経済学者は、税収からの借金返済しか考えていないが、借り換えや国債の日銀引き受けは日常的に行われていることなのである（借り換えや日銀引き受けの意義は、現実経済における貨幣流通の図式の中で次節にて再考する)。

財政破綻論の現実妥当性は、現行の国債残高の上積みとして今後も国債が継続的に発行された場合、金利が上昇するか否かにかかっている。主流派理論の中では、このことは保証されている。なぜなら、完全雇用下、すなわち諸資源が完全利用されている状態を前提としているため、国債発行は必然的に金利（および物価水準）を上昇させるからである。資金市場における需給が逼迫している状態で新規の需要が生ずるわけであるから金利の上昇は当然であろう。金利の上昇によってクラウディング・アウトが発生する。民間部門で利用されている諸資源の一部が、政府へと配分先を変えられることになる。

しかし、現実を見る限り、金利の上昇は起こっていない。構造改革論者達が批判する大型の財政政策が次々に発動された1992年から直近の2011年までの長期国債の利回りの推移を見ると、当初6%台だったものが一貫して低下し続け、ここ十数年間は1%台で底這いを続けていることは既に論じた通りである。もちろん、この間、国債残高は急増している。ちなみに92年当時170兆円あまりだったのが2011年度末には660兆円強になると見込まれている。誰が見ても明らかであろう。国債の累増によっても長期金利は上昇せず、低下傾向をたどり、低位安定をしている。それは10年物の長期国債の価格が高止まりしていること、すなわち国債が市場で人気を博していることを示している。この事実は現実の経済観察からすれば明らかなことである。現実は不況状況にあり、資金市場も逼迫していないため金利が上昇しないのである。主流派理論の前提である完全雇用および資源の完全利用が現実には満たされていないのである。しかし、財務省の官僚、著名な財政学者達および大手経済紙をはじめとする経済マスコミは、「このままでは財政破綻する」とか「いまや財政破綻の状況である」等々と10年以上も前から現在に至るまで声を涸らして警鐘を鳴らしている。しかし、幸いにも、現在までのところ一向にその気配すらない。

財政破綻しかかっている国の国債を誰が買うのであろうか。主流派財政学者によれば、「日本財政の厳しさを現実のものとして認識していない人」ということになる。いわば経済理論を知らない人達、すなわち非合理な行動をする人達ということになる。こうした見解は主流派経済学者に共通の認識でもある。すなわち、「個人と政府を同一視する」見解である。社会の全構成員は、経済理論の説くように、政府の状況を我がこととして考慮する必要があるというものである。特に、「新規国債発行によって財政政策を発動しても、合理的個人は将来の増税を予想するために支出を増やさない」といった財政政策無効論や、「政府が財政再建のために増税に踏み切ると、政府への信頼が増し、逆に安心して消費を増やす」といった非ケインズ効果を学ぶ必要があるということであろう。そして、理論通りに合理的に行動せよと主張しているのである。しかし、いかに国家の行く末を案じている者でも、政府の財政と自らの懐具合を同一に考える者が果たしているのだろうか。少なくとも、主流派財政学者以外には見当たりそうにない。彼らにとって理論は常に正しく、現実の方が間違っているのであろう。この世で長期金利の上昇を待ち望んでいる人がいるとすれば、それは他ならぬ自説に固執する主流派財政学者だけかもしれない。

5. 国債の機能と貨幣循環

次世代負担論も、財政破綻論同様、「(日銀引き受けによる) 国債発行」が完全雇用下で実施されるという新古典派的想定にその論拠を置いたものである。すなわち、そうした状況を前提とするならインフレや強制貯蓄が発生し、それが次世代の負担になると主張しているのである。したがって、不況を前提とすれば成立しないことになる。例えば、不況下で財政出動のために国債が発行され、それを日銀が引き受けた場合を考える。国債が市中消化された場合は、外生的貨幣供給論に立脚する新貨幣数量説の立場からすれば、インフレは生じない。その場合、民間経済全体としての貨幣量に変化が生じないからである。デフレギャップが存在している中で、そのギャップの何分の１かの規模の「呼び水」的な財政出動を行ったとしても、一般物価水準が上昇するとは到底考えられない。日本経済を見ても、ここ十数年間に渡りデフレ状態が続いているのである。デフレ下では、「逆」強制貯蓄が発生する。すなわち、消費財価格の低下により、所得のうち消費に回る割合が減り、貯蓄が増えるのである。新古典派的にいうならば、これは将来世代への贈り物（ギフト）である。

もう一つの次世代負担論も吟味しておこう。それは、「国債発行は現役世代が将来世代の富を先喰いすることになるから、課税される次世代の負担に他ならない」とする見解であった。この見解を「バローの中立命題」を持ち出すことなく、われわれの動態経済分析の枠内で考察する。すなわち、われわれの貨幣循環図式の中に国債をおき、その機能と役割を明示し、そこから次世代負担論を吟味してゆくのである。

貨幣循環の観点からすれば、財源が増税であれ国債発行―ただし日銀引き受けは除く―であれ、政府の経済介入（公共投資やその他の財政出動）によって、国民経済内の貨幣量は変化しない。それは政府による資源配分の変更をもたらすだけである。政府は国債発行で調達した資金を政府部門内に止めておくわけではない。その資金を公共投資や一般歳出の形で民間経済へ再注入するのである。いわば、民間経済の資金が政府を経由して再び民間経済へ戻ってくるだけの話である。国債発行の場合は、従来の貨幣量に加えて国債という「政府の借金の証文」が、発行時から償還時まで民間経済に存在するだけである。したがって、貨幣量の面から見れば、次世代の貨幣量が減少するわけではないので次世代負担など発生する余地もない。財源が増税にせよ国債発行にせよ、財政出動時には現役世代の資金が「政府経由」で同じ現役世代へ回るだけだからである。また、国債の償還時においても事情は変わらない。税収もしくは借り換えによる償還の場合、将来世代の資金が「政府経由」で同じ将来世代へ回るにすぎない。

現役世代は、将来世代の富（貨幣）を先喰いして借金の証文を残しているのではない。現役世代で国債を買う人、すなわち政府にカネを貸す人は「自分のカネ（現在のカネ）」で国債を買うのである。借りた政府がそれを使うことによって他の現役世代の所得が増える。すなわち、同じ現役世代の中で貨幣が循環するだけなのである。将来世代が現役世代の残した国債を相続する場合はどうか。遺産として残された国債を「借金の証文」として放棄する者がいるだろうか。財務省の公式見解では、国債は「国の借金の証文」であり、とりもなおさず「国民の借金の証文」とされている。それを鵜呑みにする者がいるだろうか。いるはずもない。国債は「金融資産」として将来世代に引き継がれてゆくのである。いわば遺産として残された国債は、現役世代から将来世代への贈り物（ギフト）なのである。確かに、国債償還のための財源が税収によるものであるならば、それを負担するのは将来世代である。しかし、国債の償還時にカネを受け取るのも将来世代なのである。償還財源が日銀引き受けでない限り、すなわち税金や借り換えの場合には、それは将来世代の間の貨幣循環を発生させるにすぎない。

問題は、「政府と民間との間の貨幣（資金）循環の発生が、発生しない場合に比べて経済にいかなる影響を及ぼすか」ということである。悪影響を及ぼすのであれば国債発行は「非」であり、好影響を及ぼすのであれば「是」である。この問題を、われわれが第8章において展開した動態的貨幣理論の枠組みの中で論じよう。最も重要なことは、経済内の貨幣流通を「貨幣の産業的流通」と「貨幣の金融的流通」に区分して考えることである。以前示したように、前者は財・サービスの取引といった経常取引に伴う貨幣の流通量であり、後者は資金貸借すなわち金融取引に伴う貨幣の流通量である。経常取引はまさに所得を生む取引であるから、そこで使用される貨幣は「活動貨幣」であり、他方、金融取引で使用される貨幣は、直接、所得を生むものではないため「不活動貨幣」である。

さて、われわれの動態における貨幣循環の図式は、民間経済内に二つの貨幣量のプールがあると想定するものであった。両者は、それぞれ「産業的流通内の活動貨幣量」および「金融的流通内の不活動貨幣量」である。もちろん、両者は没交渉ではない。家計の所得からの貯蓄は、産業的流通から金融的流通への貨幣の転換であるし、他方、銀行による家計や企業への融資はその逆の転換だからである。いうまでもなく、この転換における貯蓄（金融的流通内への流入額）と投資（産業的流通への流入額）の量的比較が重要である。不況期にあっては、貯蓄を下回る過少投資状態が現出し、それは来期の所得を減少させる。それによって来期の貯蓄は今期の過少投資の水準に一致するまで低下するのである。好況時は逆の過程が生ずることになる。

この貨幣循環の図式の中に国債を投ずることによって、その意義が明らかになる。より適切にいえば、「国債の機能」を明快に看取することができる。すなわち、「国債の機能とは、金融的流通内にある不活動貨幣を産業的流通内の活動貨幣へと転換すること」である。国債は、政府系機関を別とすれば、ほぼ民間の金融機関が購入している。そうした国債購入は金融機関の資産選択行動に基づくものである。すなわち、預金という形で金融的流通内に投ぜられた貨幣を用いて資産運用を行っているのである。実体経済の活動が活発な好況期には旺盛な資金需要があるため、銀行融資という形で、不活動貨幣は民間経済内部で自律的に活動貨幣へと転換されるであろう。しかし、不況期には不活動貨幣が金融的流通内に滞留し、産業的流通へスムーズに転換されない可能性が強い。不況とは先が見えないことである。すなわち、将来への不安心理が経済内を覆っている状況である。リスクの高まりは、金融機関の融資姿勢を厳格にさせ、「貸し渋り」や「貸し剥がし」といった事態を生じさせる危険性もある。いわば、民間金融機関にとってリスクをとれない状態が不況の実相なのである。

こうした不況下でこそ国債発行は意味を持つ。政府が国債発行で得た資金を用いて財政出動という形で経常取引の場へ参入する。それは産業的流通内への活動貨幣の注入に他ならない。金融市場でどれほど証券類を買ったところで手数料以外に何の所得も生まないが、財政出動は直接的に所得の増加に結びつくのである。まさに金融的流通内に退蔵された不活動貨幣に息を吹き込むことによって、実体経済で活動させるのである。不況下で唯一リスクをとれるのは、長期的視点で国民経済の運営を考えられる政府だけなのである。

さて、国債発行によって金融的流通内の貨幣が産業的流通内へ移動するという貨幣循環が生ずるわけであるが、国債の償還時にはどうなるか。償還資金の調達、すなわち政府の借金の返済方法に関しては三通り考えられた。「税収」、「借り換え」そして「日銀引き受け（もしくは日銀による国債買い切り）」であった。決して、「国債の償還資金は税金をもってする」という経済通念に従ってはならない。それは単なる新古典派経済学の前提条件にすぎず、財政運営上の金科玉条ではない。経済状況を見ながら、適宜、三つの方法を柔軟に使い分けることが肝要なのである。「財政再建」というスローガンは、財政均衡主義のテーゼにすぎない。政策運営で最重要なのは「経済再建」なのである。不況下で財政の均衡化のために大幅な歳出減や増税を行うことは、「角を矯めて牛を殺す」ことになる。理解を容易にするために、図 10-2 に国債発行時および国債償還時の貨幣循環を記しておく。

さて、国債償還時の貨幣の流れを見ておこう。国債発行と同様に、国債の償還も民間経済の金融的流通内への貨幣の環流であることに注意が必要である。第一に、税収を財源に償還するケースである。所得税であれ消費税であれ、それは産業的流通内の活動貨幣を、金融的流通内の不活動貨幣へと転換させることを意味する。一般に、累積した巨額な国債を解消する手段として

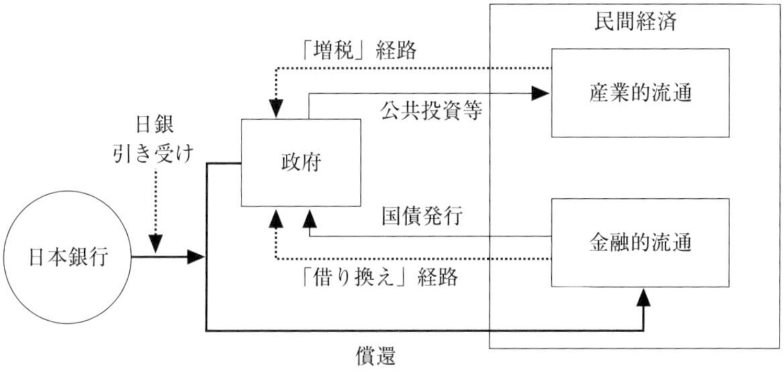

図 10-2　国債償還における貨幣循環

考えられているのは増税であるが、増税はこの貨幣循環を加速させる。いうまでもなく、増税は所得税への増税にせよ、消費税への増税にせよ、直接的に所得を減少させる。前者であれば可処分所得の減少を通じて、後者であれば消費支出の減少を通じてである。さらに所得の減少は来期の税収の減収をもたらすことになる。景気の過熱期ならいざ知らず、不況期において、この返済方法を選択したら経済はどうなるであろうか。スパイラル的に悪化の一途をたどる。世間で常識的に議論されている「税金による国債償還」は、不況下における最悪の選択である。しかし、これこそ主流派経済学者が一致して主張している方法なのである。いわば所得化するカネを壺に入れて庭に埋めるのに等しい。財政再建のために経済を潰すことになる。

第二に、「借り換え」のケースである。これは国債償還の資金として新たな国債（借換債）を発行する返済方法である。いわば「借金の返済に借金を以てする」ことである。一般経済人なら眉をひそめそうな返済方法かもしれない。雪だるま式に借金が増えそうなイメージを与えるからである。しかし、貨幣循環の観点からすると、借り換えは、金融的流通内の不活動貨幣が「政府経由」で再び金融的流通内へ環流するだけの話である。例えば、1兆円の国債を借り換えで償還する場合を考える。金融的流通内の貨幣を新たに1兆円借りて返済するのである。この場合、金融的流通内の貨幣量に変化はない。貸した貨幣は政府経由で戻ってくる。国債残高も新規に１兆円分増えるが、１兆円分償還しているので変化はない。借り換えは、借金が先送りされるだけである。不況時に、増税による国債償還で経済を痛めるか、借り換えによって経済の回復を待つのが得策かはいうまでもない。国家は永続するゆえ、長期的視点から返済方法を選択できるのである。

第三に、「国債の日銀引き受け（もしくは日銀による国債買い切り）」のケースである。これは償還資金となる借換債を日銀が引き受ける、すなわち貨幣（現金）の増発によって賄うことである。もしくは、同じことであるが、日銀が償還国債を買い切ることである。この返済方法は、現行の財政法の枠内でも国会の議決と承認を経ることによって認められている方法である。しかし、一般通念として、この返済方法が最も反発を受けることは想像に難くない。ハイパーインフレを発生させると思い込んでいるからである。先入観、思い込み、固定観念が社会共通の通念となったときの危険性をまざまざと見せつける事例といえる。しかし、そうした説明は後述するとして、ここでは貨幣循環図式の中でその返済方法を見ておこう。

先ずもって認識する必要があることは、「国債の日銀引き受け」という返済方法が金融的流通内における現象であることである。すなわち、貨幣の増発は、正確には「不活動貨幣の増発」なのである。それは現実の貨幣流通を考えれば容易にわかる。日銀が民間経済に貨幣を注入する方法は、民間の保有する証券類を買い取ることである。日銀の国債買い切りの場合には、民間の保有する国債を買い取り、代金として貨幣を渡すのである。この過程で民間経済の貨幣量は確実に増加する。しかし、増発された貨幣は誰の手に渡るのか。もちろん、国債の売却者である。それは、主に民間の金融機関、すなわち銀行および生損保なのである（個人保有の国債は全体の5%程度にすぎず、かつ個人は公開市場で取引することはできない）。具体的には、市中銀行の保有する日本銀行の当座預金残高の増加という形で、貨幣の増発は行われるのである。このことは、金融的流通内の不活動貨幣の増加を意味する。

次に、日銀当座預金の現金残高の増加した銀行はいかなる行動をとるか。それは経済状況および銀行の資産選択行動に依存する。資金需要が逼迫している好況期であれば、銀行は増加した現金準備をベースに融資を増加させるであろう。すなわち、産業的流通内へ向かうわけである。好況であれば実体経済の需給もタイトであるから、それは物価水準の上昇圧力となる可能性が高い。しかし、貸し渋りや貸し剥がしが横行するような不況期では事情が異なる。増発された貨幣は、容易に産業的流通へは向かわない。結果的に、金融投資という形で金融的流通内に滞留する可能性の方が高い。これによって、幾ばくかの金利の低下余地が生ずるかもしれない。しかし、超低金利にもかかわらず投資が一向に回復しないような流動性の罠に嵌っている経済では、ほとんど景気を浮揚させる効果はない。

国債の日銀引き受けによる償還の場合には、好況期にそれを行えばインフレを生じさせる危険性があるが、不況期においてはインフレという副作用は生じない。一般通念では、貨幣の増発と聞くと、条件反射的にインフレの発生と結びつけてしまう。それは、貨幣の産業的および金融的流通を区別せず、一括して貨幣量のプールを考えているためである。両者を合計したものを貨幣量と考え、貨幣の増発はそのプールへの増分であるから、必ずインフレが起こると錯覚しているのである。この錯覚をもたらす原因となっているのが、新貨幣数量説である。特に、その見解が意図的に貨幣流通を捨象していることが一般人を惑わしているのである。一般人ばかりでなく、主流派経済学者の大半も同様であろう。

経済の供給能力が疲弊している戦時において、国家が戦費調達のための国債をむりやり日銀に引き受けさせ、そこで得た貨幣によって実物経済で消費および投資活動を行えば、インフレどころかハイパーインフレを引き起こすことにもなりかねない。当然のことである。しかし、そのイメージで現在における国債償還のための借換債の日銀引き受け（もしくは国債買い切り）を判断してはならない。現在においては、市中に大量に出回っている国債残高の精算手段として、この方法を選択肢に入れるべきなのである。

6. 国債問題の最終解決：動態的金融政策

これまでの議論を踏まえて、国債問題に対する解決手段について提示する。政策目標としては、第一に「国債残高の解消」であり、第二に「低迷する日本経済の景気浮揚」である。しかし、国債残高の解消は、実はそれほど重要な問題ではない。今後、国債残高が累増しようとも実体経済にとってそれほど影響はないのである。主流派経済学者グループが国債残高の対 GDP 比が200%を超えれば事実上の財政破綻状態であると主張しているが、それを超えようとも財政破綻は起きない。財政破綻とは、国債残高の多寡で決まるものではなく、当該政府が追加的な借金をできなくなることである。すなわち、貸し倒れの危険性である。10 年以上も長期金利が極めて低水準で推移していることは、市場が日本国債の貸し倒れの危険性がないと判断している証拠なのである。

ではなぜ、国債残高の解消策が必要なのか。それは経済通念に囚われている全ての人々、政治家、学者、マスコミ人、財界人および一般大衆の不安心理を解消するためである。赤字国債の増発は、今後日本の歳入に占める公債金収入の比率を着実に上昇させる。ただ、それだけのことにすぎない。しかし、個人の家計と国家の財政を同一視する人々、もしくはそう仕向ける人々、そしてそれを信じ込まされている人々にとっては大問題であろう。それによって、より重要な問題、すなわち不況期における財政出動の手足が縛られている。財政政策発動の足枷をはずすために、国債残高を解消する道筋をつけておく必要がある。したがって、国債残高の解消策が、現段階では、社会心理面における最大の景気対策になると思われる。さて、われわれの政策提言の前提となる現実認識は次の通りである。

①現実の資本主義経済過程は景気変動を免れ得ないこと。

②不況期には非自発的失業が存在すること。

③不況期にはデフレギャップが存在すること。

④不況期には過剰生産設備が存在するため、一般物価水準の上昇は生じないこと（コストプッシュ・インフレは除く）。

⑤資金需要が存在しなければ、資金供給（融資）は行われないこと。

⑥資金市場が緩んでいるときに金利は上昇しないこと。

これらの認識は一般的に受容可能な前提条件であると思われる。しかし、非自発的失業は存在しないと主張している主流派経済学者には受け容れ難いかもしれない。しかし、彼らの見解が現実分析に堪え得るものでないことは既に論じた通りである。EU 諸国における 25 歳以下の失業率は、20%を超えている（2009 年時点）。スペインに至っては 40%を遙かに超えている。雇用のミス・マッチといった構造的失業として説明できる水準ではない。明らかにグローバル化の進行によって、先進国の雇用が新参入国の労働者によって奪われた結果なのである。職業訓練を充実させることで解決できる問題ではない。例えば、先進国と新参入国の賃金格差が 3 倍あるとして、職業訓練によって先進国の労働者の労働生産性を 3 倍に引き上げることなど不可能なのである。必然的に雇用は奪われてゆく。先進国で最も弱い立場の若年層労働者が被害の矢面に立つ。彼らは自発的に失業しているわけではないのである。経済環境の変化によって失業させられている非自発的失業者なのである。さて、こうした前提の下で、われわれの動態経済における貨幣循環図式ならびに貨幣供給観を導入することにより、国債残高の解消策、いわば動態的金融政策が明示される。

動態的金融政策の根幹は、「国民経済内に存する国債残高の約3割を20年程度の期間をかけて日本銀行へ移すこと」である。すなわち、国債を民間から日銀へ移し替えることである。無論、全ての国債残高を移し替える必要は全くない。国債問題に対する社会不安を一掃することが重要なのである。経済通念は、それが誤りであったとしても劇的に変わるものではない。転換には時間がかかる。それまでの間、一般の経済人が不安を抱かない程度の国債残高水準にしておく必要がある。筆者は、それを現行の残高水準の7割程度ではないかと考えている。もちろん、それは腰だめの数字であり、筆者の主観にすぎない。また移し替えるための期間も厳密なものではない。多少、長くなっても短くなってもさしたる問題ではない。本質は、「国債を日銀へ移し替える」ことなのである。

国債を日銀へ移し替えることによって、日銀のバランスシートは拡大することになる。しかし、それだけのことである。日銀のバランスシートが拡大したところで、管理通貨制度の下では経済にとって実害は全くない。金本位制の下であるなら、通貨の増発にはそれに応じた金保有が必要になるが、管理通貨制度においてはそうした必要はない。管理通貨制度は、通貨の信認によって支えられている、いわば経済における究極の債務超過システムなのである。通貨という負債に対応する金融資産はない。信用という債権によってのみバランスしているのである。時折、民間企業との比較から公的部門の債務超過を指摘する見解が散見されるが、それは経済に対する不見識を表明しているに等しい。民間経済のバランスシートに資産計上されている貨幣自体が、信用を資産とする政府の負債であることを見逃しているからである。政府の信用がなくなれば、すなわち貨幣価値が急落すれば、民間経済のバランスシートも債務超過に陥る危険性も大きいのである。

通貨の信認は貨幣の購買力（物価水準）で示される。デフレは、「通貨の信認が行きすぎた状態」を意味する。その状況は、貨幣保有を物財の保有より有利にすることによって経済活動を停滞させる。すなわち貨幣が死蔵されることになる。われわれの貨幣循環の図式でいえば、貨幣が金融的流通内に滞留することになる。主要国の中央銀行が2%程度のインフレ目標をおいていることは、その水準が経済にとって望ましいと考えているからである。そうした中、日銀だけが過度の通貨の信認を維持するために経済を疲弊させている。一向にデフレ対策をとらない。そこに根本的な問題がある。その解消を目指すのが動態的金融政策の目標なのである。この日銀への国債移し替え政策は、デフレギャップの存在する不況下にある経済にとって最適な国債解消策といえる。逆にいえば、好況下においては、この手段は使えない。したがって、デフレギャップのある時期こそ国債残高解消の好機なのである。

さて、日銀への国債移し替えの具体的な手段について論じてゆこう。それはインフレを発生させずに移し替える「基本的（もしくは自動的）手段」と、より積極的にインフレ動向を見ながら移し替える「機動的手段」とからなる。前者はデフレ状況において自動的に発動する手段であり、後者はより積極的な景気拡大を目指す場合に適宜発動する手段である。両者を組み合わせることにより、より円滑な移し替えが可能となる。また、国債の移し替え策ではないが、景気浮揚のための補足的手段もつけ加えておく。さて、具体策を次に列挙しよう。

(1) 基本的（もしくは自動的）手段

①国債費の内、償還費を不況期間に渡って、例えば今後10年間から20年間に渡って「日銀引き受け」として処理する。国債の償還は、国の一般会計から国債整理基金を経由して行われている。一般会計から国債整理基金へ繰り入れる額が償還費である。日本では60年で現金償還し終えるという「60年償還ルール」を採用しているため、毎年、国債残高の1.6%（すなわち60分

の1）が繰入額となる。2011年度では、約11兆円である。発行後60年を経ない発行済み国債が満期を迎えた場合、新たに国債を発行して借り換えを行っている。この借換債を、デフレギャップの範囲内で日銀が引き受けるということである。

②国債費の内、利払い費を不況期間、例えば今後10年間から20年間に渡って「日銀引き受け」として処理する。国債の利払い費もまた、一般会計から国債整理基金へ繰り入れられている。2011年度では約10兆円である。その財源となる新規に発行される借換債を、デフレギャップの範囲内で日銀が引き受けるということである。デフレギャップが埋まった場合、それ以上の部分は借り換えによって市中消化する。

③日銀が国債費を引き受けても、なお、デフレギャップが埋まらない場合、日銀はその不足分に当たる額の長期国債を市場にて買い切る。それによって、長期金利も低位安定するので、利払い費も抑えられる。

（II）機動的手段

④基本的手段によってデフレギャップが埋まったにもかかわらず、なお、一般物価水準が上昇しなかった場合、すなわちインフレ率が0%から1%程度にとどまっている場合、日銀引き受けによる増加分の貨幣量が金融的流通内に滞留し、十分に産業的流通へ行き渡っていないと判断される。そうした状況下では、さらに積極的に国債残高の解消を推し進めることが可能となる。例えば、インフレ率が2%程度に上昇するまで、日銀が長期国債の買い切りを継続することである。これは一種の動態的インフレ目標と考えても差し支えないが、主流派経済学者の提唱するインフレ・ターゲット論とは背後の論理を全く異にする。外生的貨幣供給論に立脚する主流派経済学者は、貨幣を増発すれば自動的にインフレになると考えている。しかし、われわれは貨幣の増発がインフレにつながるか否かは景気状況に依存すると考えているのである。したがって、インフレになるまで貨幣の増発は可能だと考えているの

である。望ましいとされるインフレ目標が2%であるならば、それまでは貨幣を増発できる、すなわち国債を買い切り続けられると考えているのである。

⑤動態的為替レート目標の設定。インフレ率が低位に止まり、かつ円高基調が定着している状況もまた、国債残高を解消する好機といえる。目標とする円レートを設定し、物価水準の動向に目配りしながら、機動的に日銀は国債買い切りを推進することが肝要である。現在、円高対策として行われている外国為替市場への円売り介入といった小手先の手段は、長期的にほとんど効果がないばかりか、政府の市場介入に対する諸外国からの批判を招くばかりである。長期国債の買い切りは、直接、外国為替市場に介入するものではないため国際的批判を浴びることもなく、長期的に最も有効な円高対策となる。すなわち、マイルドなインフレ基調を定着させることによって、円安を誘導するのである。現行の日本経済に垂れ込めている二つの懸念、すなわち際限のない円高と国債累増問題を同時に解決できるのである。

（Ⅲ）補足的手段

⑥増税による国債費の償還は行わないことを宣言する。

⑦内需拡大、特に地方経済再生のための積極的な財政出動を行う。

上記の提言は現行の日本経済を前提としたものである。簡単に解説すれば、毎年デフレギャップを上限として、日銀が市中に存在する国債残高のうち償還分を引き受ける（買い切る）ことである。利払い費は、利子所得として産業的流通に向かう可能性があるので、景気の状況、すなわち不況の程度を観察しながら日銀引き受けにするか借り換えるかを適宜決めるべきである。もちろん、償還分を引き受けてもデフレギャップが埋まらない場合は、日銀が積極的にそれを引き受けることが肝要である。国債費を日銀が引き受けても、なお、デフレギャップが埋まらない場合には、長期国債の買い切りが必要になる。これによって長期金利も低位安定をするので、景気にとっても好ましい。同時に、円高対策にもなるのである。長期国債の買い切りを「禁じ手」と考える経済学者やエコノミストは、外生的貨幣供給論に基づく経済通念に囚われているだけである。すなわち、「買い切りは貨幣の増発であり、インフレをもたらす」との通念の虜になっている。

しかし、現実は異なる。実際、米国の連邦準備制度（FRB）では、2009年以降、大規模な長期国債の買い切りを継続している。そして、低金利とドル安を誘導しているのである。そうした機動的な経済運営を行っていないのは日本銀行だけである。たとえ重い腰を上げたとしても、常に、「遅すぎるし、少なすぎる（too late, too little）」と揶揄されるような前例踏襲的な政策スタンスをとるならば、日本経済にとって憂うるべき状況が継続されることになる。日銀の主張としてよく聞かれるのは、「国債買い切り残高の対GDP比」が米国に比べて既に高い水準にあるというものである（2010年で11.8%）。しかし、これもまた全く意味のない理由である。各国の直面する経済状況が異なっているにもかかわらず、他国の経済政策との比較で自国の経済政策を選択する合理的根拠はない。例えば、日本はスウェーデンに比べて国民負担率が低いので福祉の充実のために社会保障予算をより拡大させるべきなのか、逆に米国に比べて国民負担率が高いので経済成長のために社会保障予算を縮小すべきなのか。誰しもそのような質問は無意味だと思うはずである。他国との比較によって、解答が得られるはずもない。日本は自国が直面している固有の経済問題に対処するために、独自の政策を実行しなければならないのである。何を目指すかを自国で決めなければならないのである。国債買い切り残高の対GDP比率が上昇して、実体経済に何の問題が生ずるのであろうか。通貨の信認が揺らぐとでもいうのであろうか。通貨の信認は物価水準の動向を注視していれば済むことである。デフレ下にある限り、国債買い切り残高の対GDP比率が上昇しようとも、通貨の信認と無関係であることは自明の理である。

機動的手段はより積極的な国債残高の解消策である。基本的手段がデフレ状況の克服を目指しているのに対し、それは動態的インフレ目標に到達するまで長期国債を買い切る対策だからである。もちろん、20年程度の期間をかけて、目標とする国債買い切り総額、すなわち日銀へと移し替える国債総額に達するまで計画的に買い切ってゆくことが重要である。同時に、間接的ではあるが、動態的為替レート目標も設定すべきであろう。際限のない円高の進行は、日本経済の致命傷になりかねない。国際通貨のプール、すなわち国際的な投資資金のプールに円通貨を潤沢に注入する必要がある。そのためには、先ず国内の金融機関に貨幣を渡す必要があるのである。それには国債を買い切るしかない。

補足的手段についても簡略に解説しておこう。第一に、増税による国債償還は行わないことを宣言することである。いわゆるアナウンスメント効果に期待するのである。特に、将来の消費税増税を回避することは、消費者のマインド（期待もしくは将来予想）を好転させる意味を持つ。失われた10年といわれる景気低迷の契機となったのは、97年の消費税増税であったことを忘れてはならない。政財官界では、消費税増税を実施するための地ならしとして、長期低迷の原因を当時のアジア通貨危機に求める見解を経産省から出している。しかし、アジア通貨危機は比較的迅速に収束したにもかかわらず、それ以降も長期に渡って日本経済は低迷し続けているのである。アジア通貨危機に日本経済の長期的低迷の原因を負わせるには、かなり無理がある。第二に、財政出動である。国債残高の解消に直接的な効果があるとは思われないかもしれないが、本来、最大の国債残高解消策は税収の増加を図ることなのである。市場原理主義に基づく構造改革政策によって疲弊を極める地方経済に積極的な財政出動が望まれる。もちろん、この提言ではその方向性を提示するだけで、具体的内容にまでは触れられない。

こうした動態的金融政策をとれば、現在財政出動の足枷となっている国債残高は確実に減少する。同時に、その方向性が国民に示されることによって、着実な日本経済の景気浮揚が図られると思われる。しかし、継続的で多額の国債買い切りオペの実施を非現実的だと考える向きもあろう。そうした予想される批判に対しても答えておく必要がある。実は、日銀による国債の買い切りオペは特段特別な政策ではなく、かなり頻繁に行われている手段なのである。問題は、その程度（買い切り額）であり、実施期間なのである。筆者の政策提言は、ベースマネーによるマネーストック管理は不可能と考える官僚やエコノミストには素直に受け容れられると思われる。ベースマネーを経済へ注入しても、それが直接的にインフレには結びつかないことを実感として認識しているからである。ただし、そうした事実認識を持っている人達も、なぜそうなるかといった論拠は持っていない。その論拠こそ本書で論じている動態的貨幣理論なのである。逆に、筆者の提言は、貨幣乗数アプローチに立脚し、あくまでもベースマネーによるマネーストック管理が可能であるとする、外生的貨幣供給論に固執する主流派経済学者には受け容れ難いかもしれない。しかし、主流派学者にもインフレ・ターゲット論を支持している人達は多いので、学問的立場からは無理でも、現実的な政策的立場からの会話は可能であろう。

実際、筆者の提示する動態的金融政策と、日銀による「量的緩和政策」ならびに「インフレ・ターゲット論」は立脚する経済観（つまり理屈）は全く違っていても、民間経済内への貨幣の注入という目標は一致している。注入する手段、程度および実施期間が異なるだけである。もちろん、われわれの動態的金融政策では民間経済への貨幣注入と国債残高の解消が同時に達成されるという利点のあることはいうまでもない。日銀による量的緩和政策は、2001年3月に導入され、2006年3月に解除されるまで丸5年続いた政策である。それは、市中銀行から債券類を買い取り彼らの日銀当座預金の現金を積み増す政策であった。これが、外生的貨幣供給論もしくは新貨幣数量説に立脚した政策であることは明らかであろう。

導入時点で4兆円ほどであった市中銀行の日銀当座預金残高は、ピーク時33兆円あまりに増加し、その水準は2年以上保たれた。正統派理論からすれば、ベースマネーの増加は貨幣乗数倍（導入時点で貨幣乗数は9前後）のマネーストックの増加をもたらすはずであった。しかし、日銀HP（www.boj.or.jp）の公表資料によれば、政策期間中マネーストック（M3）の増加率（対前年比）は1%前後でほぼ変わらず、もしくは若干の減少傾向さえ示している。ベースマネーが急増しているにもかかわらず、マネーストックの増加率が政策前とほとんど変わらないということは、結果的に貨幣乗数が急激に低下したことになる。発表資料から推計すれば、2002～2006年の量的緩和期間中、貨幣乗数の値は5～6程度へと低下している。

貨幣乗数は安定的ではなかったのである。すなわち、貨幣乗数は、現金とマネーストックの事後的な比率にすぎなかったと判断せざるを得ない。それを媒介にしてマネーストックをベースマネーで制御できるとする主流派の見解は、正に事実によって反証されたことになる。主流派経済学者は、日銀が民間金融部門へ現金を渡すことと民間非金融部門へ貨幣を注入することが同じだと錯覚しているのである。われわれの貨幣循環の図式からすれば、このことは簡単に説明できる。図10–2で明示されたように、日銀は民間経済の金融的流通内の貨幣量を増加させることはできる。民間金融部門へ現金を渡すことまではできるのである。しかし、そこから実体経済である民間非金融部門へ貨幣を渡すことはできない。それは民間金融機関の仕事なのである。自由経済下で彼らに強制はできない。不況下で資金需要がなければ、尚更できない。日銀が民間経済へ注入した現金は、金融的流通内に滞留してしまったのである。マネーは回らなかったのである。われわれの動態的貨幣理論を提示した第8章の図8–6を見れば、それは明白であろう。ベースマネーの増加はマネーストックの上限を引き上げるが、貨幣需要が変化しなければ現行のマネーストックの水準は変化しないのである。

他方、インフレ・ターゲット論は、中央銀行が2〜3%のインフレ目標を設定し、それが達成されるまで貨幣供給をし続けるという政策である。人々のインフレ期待を変化させることによって、実質金利を引き下げようとするものである。それによって投資を拡大させようとする政策であるが疑問も多い。インフレ・ターゲット論は、いわば量的緩和政策の拡大版に人々の期待の変化を導入した論理構造を持っている。しかし、量的緩和政策と同様の欠陥を持っている。すなわち民間非金融部門へ貨幣を注入する経路を欠いている。景気動向を考慮せず、経済内の貨幣量のプールをひとつだけと想定する外生的貨幣供給論に立脚した見解は、現実の経済分析に用いるには限界がある。

日銀が国債買い切りオペを続けても、増発された現金は市中銀行の手元にとどまる。不況期にどれほど産業的流通へ貨幣が回るかは、銀行の融資姿勢と銀行を取り巻く環境いかんに関わっている。例えば、新たなBIS規制がさらに強化されるなら、彼らはより融資に慎重にならざるを得ない。また、運よく産業的流通へ向かった場合にも、不況期にはデフレギャップが存在する。潜在的供給余力と総需要との差額である。それが、例えば30兆円あるとすれば、それを超える総需要が創出されなければ、インフレは生じない。したがって、われわれの動態的金融政策では、現行のデフレギャップと国債残高の満期（期間）構成を考慮しながら、日銀による国債買い切りオペを機動的に行うことによって、「インフレなき国債残高の解消」が可能になるのである。

国債残高の累増から発する人為的な恐怖感を国民経済から払拭できれば、本来の景気浮揚および地域経済活性化という目標に向かって注力できる。ここで地域もしくは地方経済の活性化を強調するには理由がある。今後とも経済効率のみを目標とする市場原理主義的政策が継続した場合、大都市圏の経済的繁栄は保証されることになるが、地方は置き去りにされる危険性が大きいためである。われわれがなすべきことは、インフレ期待を創出することではなく、日本経済の将来性に対する期待を創出することなのである。

主要参考文献

青木泰樹（1987）『シュンペーター理論の展開構造』御茶の水書房
――（2004）『動態経済分析への道』八千代出版
伊東光晴（1962）『ケインズ』岩波新書
猪木武徳（2008）「経済社会の安定性と厚生の尺度を再考する」（浅子和美・池田新介・市村英彦・伊藤秀史編『現代経済学の潮流 2008』東洋経済新報社）
――（2009）『戦後世界経済史』中公新書
井堀利宏（2000）『財政赤字の正しい考え方』東洋経済新報社
岩井克人（2006）『二十一世紀の資本主義論』ちくま学芸文庫
岩田規久男（2006）『「小さな政府」を問いなおす』ちくま新書
宇沢弘文（2000）『ヴェブレン』岩波書店
内田義彦（1966）『資本論の世界』岩波新書
大瀧雅之（1994）『景気循環の理論』東京大学出版会
小野善康（1992）『貨幣経済の動学理論』東京大学出版会
――（1998）『景気と経済政策』岩波新書
――（2001）『誤解だらけの構造改革』日本経済新聞社
加藤涼（2007）『現代マクロ経済学講義』東洋経済新報社
佐和隆光（1982）『経済学とは何だろうか』岩波新書
――（2000）『市場主義の終焉』岩波新書
齊藤誠（1996）『新しいマクロ経済学』有斐閣
塩沢由典（1997）『複雑系経済学入門』生産性出版
塩野谷祐一（1998）『シュンペーターの経済観』岩波書店
清水和巳・河野勝編（2008）『入門政治経済学方法論』東洋経済新報社
神野直彦（2002）『人間回復の経済学』岩波新書
鈴木淑夫（2009）「危機の日本経済」（福岡正夫・鈴木淑夫編『危機の日本経済』NTT 出版）
都留重人（1993）『近代経済学の群像』社会思想社
土居丈朗（2002）『財政学から見た日本経済』光文社新書

堂目卓生（2008）『アダム・スミス』中公新書
中谷巌（2008）『資本主義はなぜ自壊したのか』集英社
根井雅弘（2008）『経済学とは何か』中央公論新社
根岸隆（1981）『古典派経済学と近代経済学』岩波書店
——（1985）『経済学における古典と現代理論』有斐閣
——（1985）『ワルラス経済学入門』岩波書店
野口旭（2007）『グローバル経済を学ぶ』ちくま新書
野口悠紀雄（2009）『金融危機の本質は何か』東洋経済新報社
平井敏顕（2007）『ケインズとケンブリッジ的世界』ミネルヴァ書房
森嶋通夫（1994）『思想としての近代経済学』岩波新書
八木紀一郎（1993）『経済思想』日経文庫
——（2006）『社会経済学』名古屋大学出版会
藪下史郎（1995）『金融システムと情報の理論』東京大学出版会
——（2002）『非対称情報の経済学』光文社新書
吉川洋（1999）「日本経済の成長力」（小野善康・吉川洋編『経済政策の正しい考え方』東洋経済新報社）
——（2003）『構造改革と日本経済』岩波書店
若田部昌澄（2010）『「日銀デフレ」大不況』講談社
渡辺良夫（1998）『内生的貨幣供給理論』多賀出版
Freedman, M.（1962）"Capitalism and Freedom"（村井章子訳〔2008〕『資本主義と自由』日経BP社）
Keynes, J. M.（1936）"The General Theory of Employment, Interest, and Money"（塩野谷祐一訳〔1995〕『雇用・利子および貨幣の一般理論』東洋経済新報社）
Krugman, P.（2007）"The Conscience of a Liberal"（三上義一訳〔2008〕『格差はつくられた』早川書房）
Marx, K. H., and Engels, F.（1948）"Manifest der Kommunistischen Partei/Das Kommunistische Manifest"（大内兵衛・向坂逸郎訳〔1951〕『共産党宣言』岩波文庫）
Popper, K. R.（1957）"The Poverty of Historicism"（久野収・市井三郎訳

〔1961〕『歴史主義の貧困』中央公論社）
Reich, R. B.（2007）“Supercapitalism”（雨宮寛・今井章子訳〔2008〕『暴走する資本主義』東洋経済新報社）
Sen, A.（1976）“Rational Fools：A Critique of the Behavioral Foundations of Economic Theory”（大庭健・川本隆史訳〔1989〕『合理的な愚か者』勁草書房）
Schumpeter, J. A.（1908）“Das Wesen und Hauptinhalt der theoretischen Nationalokonomie”（大野忠男・木村健康・安井琢磨訳〔1983-84〕『理論経済学の本質と主要内容』岩波文庫）
——（1912）“Theorie der wirtschaftlichen Entwicklung”（塩野谷祐一・中山伊知郎・東畑精一訳〔1977〕『経済発展の理論』岩波文庫）
——（1942）“Capitalism, Socialism, and Democracy”（中山伊知郎・東畑精一訳〔1995〕『資本主義・社会主義・民主主義』東洋経済新報社）
——（1954）“History of Economic Analysis”（東畑精一訳〔1962〕『経済分析の歴史』岩波書店）
——（1939）“Business Cycles：A Theoretical, Historical, and Statistical Analysis of the Capitalist Process”（吉田昇三監修〔1958-64〕『景気循環論』有斐閣）
Weber, M.（1904）“Die protestantische Ethik und der ‘Geist’ des Kapitalismus”（大塚久雄訳〔1989〕『プロテスタンティズムの倫理と資本主義の精神』岩波文庫）

索　　引

◆ア　行

◆カ　行

◆マ　行

◆ラ　行

◆ワ　行

◆著者紹介◆

青木泰樹（あおき・やすき）

1956年　神奈川県生まれ
1986年　早稲田大学大学院経済学研究科博士課程単位取得
現　在　帝京大学短期大学現代ビジネス学科教授
専　門　シュンペーター研究、経済変動論

主要著書
『シュンペーター理論の展開構造』（御茶ノ水書房、1987年）
『近代経済学』（共著、八千代出版、1993年）
『動態経済分析への道』（八千代出版、2004年）

経済学とは何だろうか
―現実との対話―

2012年3月26日　第1版1刷発行
2014年3月10日　第1版2刷発行

著　者―青　木　泰　樹
発行者―森　口　恵美子
印刷所―㈱　誠　信　社
製本所―グ　リ　ー　ン
発行所―八千代出版株式会社
〒101-0061　東京都千代田区三崎町2-2-13
TEL　03-3262-0420
FAX　03-3237-0723
振 替　00190-4-168060

＊定価はカバーに表示してあります。
＊落丁・乱丁本はお取替えいたします。

ISBN 978-4-8429-1560-9